基金资助项目
广西大学汉语言文字学学科建设基金
教育部人文社会科学研究规划基金（编号：10YJA740002）
教育部人文社会科学研究规划基金（编号：11YJA740048）

山东长山方言研究

◎艾红娟 著

语文出版社
·北京·

图书在版编目(CIP)数据

山东长山方言研究 / 艾红娟著. —北京：语文出版社，2011
ISBN 978-7-80241-196-8

Ⅰ.①山… Ⅱ.①艾… Ⅲ.①北方方言-方言研究-山东省 Ⅳ.①H172.1

中国版本图书馆CIP数据核字（2011）第271192号

书名拼音 SHANDONG CHANGSHAN FANGYAN YANJIU
书　　名 山东长山方言研究
作　　者 艾红娟 著
出　　版 语文出版社
地　　址 北京市东城区朝阳门内南小街51号 100010
电子信箱 ywcbsywp@163.com
责任编辑 张双亭
装帧设计 李建章
排　　版 语文出版社照排室
印刷装订 北京鑫海达印刷有限公司
发　　行 语文出版社 新华书店经销
规　　格 890M×1240
开　　本 A5
印　　张 8.375
字　　数 240千字
版　　次 2012年3月第1版
印　　次 2012年3月第1次印刷
印　　数 1-2,000（册）
定　　价 29.00元
本书如有质量问题请与本社发行部联系 ☎：010-65251033

目　录

1.绪　论

1.1　长山地理、历史及人文概况

长山镇属于滨州市邹平县，地处山东省中北部，邹平县东部，是鲁中山区北部边缘和鲁北平原的结合部。东临淄博市桓台县，南靠淄博市周村区，西连礼参乡，北接苑城乡。南北最大纵距为9.5公里，东西最大横距为10公里。地理坐标为东经117°49′~117°57′，北纬36°50′~36°59′，版图总面积是66.22平方公里。镇政府驻长山城，该城原为长山县城，1956年长山并入邹平后，才成为区、公社、镇驻地。长山城西距邹平县城12.5公里，南距淄博市周村区9公里。

长山人杰地灵，远在新石器时代就有氏族聚居。人们在当地渔猎开垦，繁衍生息。城南一公里鲍家遗址出土的大量石器、陶器、贝壳工具等文物被证明属于龙山文化。长山城在夏商两代属青州之域，周为齐国夫于邑属地，战国属齐於陵邑，秦属齐郡，西汉属於陵县，东汉因旧制，晋改於陵县为乌陵县。南北朝刘宋孝武帝改乌陵县为武强县，并于境内侨置广川郡，治所即今长山城。北魏因之，北齐改广川郡为东平原郡。隋开皇三年（583年），郡废，以平原县属齐州，移武强县入广川郡废城中（即今之长山城）。隋开皇十八年（598年），改武强县为长山县。唐武德元年属邹州，武德八年废邹州改属淄川长山县。宋金因旧制，元代属济南路长山县。明代初属般阳路长山县，洪武九年（1376年）改属济南府长山县。清因旧制。中华民国属济南府长山县。1939年，长山、邹平两县合并为邹长县。1942年，改邹长县为北邹长和南邹长。南邹长大部分为原长山县，长山城属南邹长。1943年，南邹长改为耀南县。1938年12月至1945年8月日伪政权时期，长山属日伪山东省公署济南道，后改属青州道，1944年改属青州特别行政区长山县，治所均在周村。1945年至1949年解放战争时期，长山属耀南县。1950年4月，改耀南县为长山县，治所在七里庄。1952年秋，长山县府搬到长山城里新址。1956年8月撤销长山县建置，长山并入邹平县，长山改为邹平县官庄区，治所在官庄村。1958年10月，人民公社化后，官庄区改为邹平县红旗第十人民公社，不久即改为长山人民公社，治所在长山城里。1984年6月，长山人民公社改建为长山镇。

长山历史文化底蕴丰厚，战国时代，它是齐都临淄的后花园。从南北朝开始到1956年区划变更之前，一千四百多年间这里一直是长山县县治所在地。北宋著名的政治家、文学家范仲淹四岁随母亲迁徙到长山，在这里学习生活了二十年，度过了他的童年和青少年时代，铸就了其"先天下之忧而忧，后天下之乐而乐"的光辉思想，终成一代名家。现在范仲淹的享堂范公祠位于长山镇河南村东南隅，西距县城12公里，濒临河水，古木参天。建筑清新幽雅，肃穆巍然。据《长山县志》记载，该祠始建于宋治平二年（1065年），系邑人知县韩泽倡议并主持修建，距今已有九百多年的历史。

1.2 长山方言的历史形成及区域归属

新石器时代长山以及整个山东居住者是东夷人。根据历史学家的研究，东夷人是东方的土著居民，与西方的炎黄部落属于不同的集团。东夷人在山东创造的原始文字是"陶文"。在山东发现的陶文，有在莒县陵阳河、大朱村及诸城前寨出土的刻在陶尊上的一种图象文字，属于大汶口晚期文化；有在长山丁公遗址灰坑中发现的刻有11个文字的陶盘残片，属于龙山文化。丁公遗址位于长山镇丁公村和石羊村中间，1981年被发现，1992年被山东省人民政府公布为省级重点文物保护单位。该遗址南北长550米，东西宽450米，面积近24万平方米，主要包括大汶口文化、龙山文化、岳石文化、商代和汉代五个时期的遗存，其中以龙山文化最为丰富重要。遗址包含时代从距今5500年至距今2000年，延续时间3500年左右。出土各类文物标本5000余件。其中1991年发现的一件刻有11个文字的龙山文化陶片，被列为1991年全国十大考古发现之首。这些文字与通常看到的甲骨文差别较大。对于陶文的性质和解释，各家的看法还没取得一致，但“陶文”是我国的原始文字这一观点已为越来越多的学者所认同。文字是记录语言的工具，长山陶器文字的出现，说明当时长山一带的语言已经到了相当发达的程度。从夏代开始，东夷人与西方来的炎黄部落在长期的斗争中不断融合，起于山东西部的有夷人血统的商部落后来击败夏，建立商朝，成为全国的统治者。春秋战国时代，山东地区作者写的或根据山东人的言行写的文献有《论语》、《孟子》、《管子》等。关于秦汉魏晋南北朝隋唐元明清的山东方言概况，请参见汪启明（1998）《先秦两汉齐语研究》、张树铮（1999：37～62）《山东方言简史》、华学诚（2003）《周秦汉晋方言研究史》和董达武（1992）《周秦两汉魏晋南北朝方言共同语初探》的相关章节，这里不再赘述。历史上由于长山离山东的政治文化中心临淄和济南都很近，且长期隶属于它们，受后者影响，现代长山方言与两地方言的语音面貌是比较接近的。

现代长山方言是在古代及近代长山方言的基础上发展来的。长山方言除了语言自身的演变外，还受历史文化、人口迁移等因素的影响。对现代长山方言产生重大影响的是明代移民，《邹平县志》（1992：192）记载：“元朝末年，战争频仍，瘟疫流行，县内人口大减，土地荒芜。为增殖人口，发展生产，明王朝从河北枣强、山西洪洞迁来大量移民。县内大部分村庄是由明洪武、永乐年间移民所建。据张氏、王氏家谱记载，张姓从河北枣强迁入，王氏于山西洪洞移来。”两地移民具体数量已不可考。邹平县礼参中学卢兴国老师搜集了邹平县内的家谱，关于移民的家谱总共七个，具体如下：

太和庄刘氏（代表人物刘鸿训，官至明宰相）家族于洪武元年由直隶宁津县（今属山东德州市）①迁来；

傅家庄李氏（代表人物李化熙，官至清刑部尚书）家族于永乐四年由直隶枣强（今河北枣强县）迁来；

西街徐氏、徐毛（指长山城西徐毛驼庄）徐氏（代表人物徐以贞，曾任明怀庆府知府）家族于洪武二年由直隶枣强（今河北枣强县）迁来；

北关李氏（代表人物李世翺，曾任明工部尚书）家族于洪武二年由直隶枣强（今河北枣强县）迁来；

东街王氏（代表人物王桢，曾任清太常寺少卿）家族于洪武二年由直隶枣强（今河北枣强县）迁来；

鲍家庄鲍氏家族于洪武四年由直隶枣强（今河北枣强县）迁来；

吕家庄卢氏家族于洪武二年由直隶枣强（今河北枣强县）迁来。

可惜因为"文化大革命"时破四旧，绝大部分家谱被没收烧毁，存留下来的已经不多了。这七个家谱记载的家族全是从河北迁来的，没有从山西迁来的，这可能说明邹平县内河北移民数量较山西移民为多。据现有史料可知，山东境内山西移民集中的地区在聊城。殷焕先（1995：4）讲道："元代末年，烽烟四起，战乱再次造成'白骨露于野，千里无鸡鸣'的惨况，史书记载山东西部'多是无人之地'。明朝立国后，曾经从泽、潞二州大批移民屯垦，史载：洪武二十八年仅东昌府（笔者注：在山东聊城）即有屯民58124户。""泽、潞二州"在山西南部，是晋南地区。至今聊城滕州知系合口字读p、f类声母就是晋南方言的特点。而山西、河北移民数量相当的地方有寿光、青州。新修《寿光县志》讲道："今县境内有

①金天会六年（1128年）置宁津县，治今址，属景州。蒙古元世祖时属济南路。至元二年（1265年）改属河间路。明属河间府。清因之。1914年属直隶省津海道。1940年更名振华县。1941年抗日民主政权于西部复置宁津县。1943年宁津县并入振华县。1949年改振华县为宁津县。1965年由河北省划入山东省，属德州专区。1967年属德州地区。1994年属德州市。

990个自然村，其中由山西洪洞移民立村182个，河北枣强移民立村88个。”[①]《青州市志》载：“今市境内1164个自然村中，在明洪武二年至永乐二十一年间（1369—1423年），由河北枣强县迁民立村的就有430余个，由山西洪洞县迁民立村的近300个。”[②]从地图上看，晋南离聊城较近，便于向聊城移民；而河北枣强县离邹平较近，便于向邹平移民。

按《中国语言地图集》(1987)，长山方言属于北方官话中沧惠片的章桓小片，章桓小片只包括章丘市、桓台市、邹平县（包括长山镇）三地，本小片的特点是：“古入声清音声母多数字今读入声（自成调类，一般读平调），少数字今读阴平，这是本小片和其他各片的主要差别。”《中国语言地图集》的分类比较粗略，而且现在发现的入声点已经达到12个县市（赵学玲2003），所以这种分类就不太确切了。贺巍（1985）把山东省的方言分为三个官话区：胶辽官话、北方官话（后改称冀鲁官话）和中原官话，长山方言属于冀鲁官话。殷焕先（1995：5）根据中古入声字的演变情况，参照其他条件，把现代山东方言分为三区：属于胶辽官话的东区，属于冀鲁官话的中北区，属于中原官话的西南区。各区内部差异主要表现在声母方面。根据某些声母的分合和有无，各区又可作下位区分：东区分为东莱片和东潍片，中北区分为中济片和北陵片，西南区分为西荷片、南兖片、南临片。长山方言属于中北区中济片。钱曾怡、高文达等（1985）根据各地方言特点，把山东话分成两个大区：西区、东区；四个小区：西齐区、西鲁区、东潍区、东莱区。大致是西齐区归冀鲁官话，西鲁区归中原官话，东莱和东潍归胶辽官话。长山方言属于西齐区。

1.3　山东方言和长山方言的研究现状

关于山东方言，总结性的文章或著作主要有汪启明（1998)《先秦两汉齐语研究》、张树铮《山东方言简史》(1999：37~62)、钱曾怡《山东方

① 转引自钱曾怡主编《山东方言研究》，第439页。

② 转引自钱曾怡主编《山东方言研究》，第439页。

言研究概述》（2001：24～30）。

《先秦两汉齐语研究》广泛搜集先秦两汉时期的齐语语料，运用传统语言学的实证方法，吸收现代语言学的共时和历时概念，联系古代齐人的历史、文化背景，对齐语进行了多方面的探索，其中《齐音钩沉》上下两章对有关齐语的材料，包括韵语、异文、假借、声训、经师读音等都作了广泛搜集和详尽分析，归纳出齐语声类和韵类的十项特点。《山东方言简史》按远古时期、夏商周时期、秦汉时期、魏晋南北朝时期、隋唐五代时期、宋金元时期、明清时期介绍了各期山东方言的特点、各期出现的关于山东方言的记载、山东方言的文献以及后人对这些文献的研究成果，为我们勾勒了山东方言的文献史和研究史。

《山东方言研究概述》则介绍了新中国成立以来山东方言的研究情况。钱曾怡把它分为两个阶段：五六十年代的语音调查，改革开放以来的研究。50年代对山东省110个县市的103个点进行了调查，60年代对山东方言调查进行总结，写出了《山东方言语音概况》,并编写了胶东、昌潍、泗水、滕县人学习普通话的手册三种。五六十年代的山东方言普查主要是为了推广普通话，调查内容主要是单字音，成果主要在单字音系和方言与普通话的对照两方面。改革开放以来，山东方言研究具有以下特点：由以语音为主到语音词汇语法全面铺开，从单字音调查向语流研究发展，从单点调查到成片的特点比较，从共时研究到历时研究，现代化手段的应用。

改革开放以后经过30年的发展，山东方言研究已取得可观的成果。以整个山东方言为研究对象的有殷焕先的《山东省志·方言志》、钱曾怡的《山东方言研究》。以各市县方言为研究对象的主要有钱曾怡主编的“山东方言志丛书”，已经出版了20种左右，如《利津方言志》（杨秋泽1990）、《即墨方言志》（赵日新、沈明、扈长举1991）、《德州方言志》（曹延杰1991）、《平度方言志》（于克仁1992）、《牟平方言志》（罗福腾1992）、《潍坊方言志》（钱曾怡、罗福腾1992）、《淄川方言志》（孟庆泰、罗福腾1994）、《荣成方言志》（王淑霞1995）、《寿光方言志》（张树铮1995）、《聊城方言志》（张鹤泉1995）、《新泰方言志》（高慎贵1996）、《沂水方言志》（张廷兴1999）、《金乡方言志》（马凤如2000）、《诸城方言志》(钱曾怡、曹志耘、罗福腾2002)、《宁津方言志》(曹延杰2003)、《临沂方言志》(马静、吴永焕2003)、《莱州方言志》(钱曾怡、太田斋、陈洪昕、杨秋泽2005)、《汶上方言志》(宋恩泉2005)。丛书以外的还有《济南方言志》(高文达1992)、《曲阜方言志》(张志静、丁振芳1992)、《阳谷方言志》(董绍克1991)、《莒县方言志》(石明远1995)、《青岛市志·方言志》(李行杰1997)、《威海方言志》(徐明轩、朴炯春1997)等等，大的市县基本都已出版方言志，山东方言的整体面貌已经呈现。

虽然山东方言的整体面貌已经呈现，但乡镇一级的方言却甚少研究。李荣(1985)说："一县的人往往学习县城的话，同府的人往往学习府城的话，全省的人往往学习省城的话。城市越大，来往的人越多，那儿的方言对周围方言的影响也越大，受周围方言的影响也越大。地方越小，方言越纯，地方越大，方言越杂。"有些特点在乡村有，而在县城未必有。随着电视、网络等的普及，普通话甚至已经在偏远的农村扎了根。受普通话的影响，方言的很多特点已经或正在消失。所以我们有责任抢记乡镇甚至村庄的方言。长山方言迄今为止还没有人系统研究过，仅《邹平县志》、《长山镇志》(征求意见稿)用很少篇幅列出了方言音系，举例说明了长山方言的特点。因此我们有必要对长山方言进行全面的调查和研究。

关于山东方言韵书的研究著作主要有张玉来(1999)《韵略易通研究》、张玉来(1995)《韵略汇通音系研究》、张鸿魁(2005)《明清山东韵书研究》、张树铮(1999)《方言历史探索》、张树铮(2005)《清代山东方言语音研究》等。与现代山东方言研究比较起来，对方言韵书和方言历史的探究还很不够，因为它受到材料的限制。

值得庆幸的是，张鸿魁惠赠笔者清康熙年间长山人刘尔整的韵书《韵助略集》，在一定程度上带有长山当地方言的特点。《韵助略集·序》作于1712年，距今已有三百多年。它按照马自援《等音》(约成书于1673年至1681年间)的框架，把兰廷秀《韵略易通》(成书于1442年)的收字包括释义填入同音位置。《韵助略集》一直不为人所知，直到张鸿魁（2005）《明清山东韵书研究》才提到它。张鸿魁在第二章《〈韵助略集〉研究》中介绍了作者和版本、音韵观念、宗旨和体例、继承和改革、音系结构和拟音等，并附了《韵助略集》五声字音表。忌浮（2006）《〈韵助略集〉与十八世纪初叶的山东长山方音》一文，讨论了入声字的归并特点、照穿审是一类还是两类声母、影疑母字的转化、"而""耳"读来母等四个问题，拟测出它的音系。但他们的分析还很粗略。因为当时现代长山方言还没有详细的研究成果问世，所以他们不可能将《韵助略集》与现代长山方言进行深入细致的比较。

1.4　长山方言的研究方法

1.田野调查法。田野调查法就是实地考察，是方言研究的起点，没有调查就没有发言权。我先赴长山进行了为期一个月的调查，之后又进行了一周复查，并多次电话联系发音人复查，全面调查了长山方言的语音、词汇和语法，写出了长山方言同音字表、词汇表，搜集了很多语法例句，建立了长山方言语料库。同时把以上语料和发音人的一些随机谈话都作了录音。本书限于篇幅，略去了语法部分。

2.共时历时比较法。从共时角度把长山方言和普通话及其他方言进行比较，从历时角度对现代长山方言和300年前的长山方言进行比较。具体做法是：把《广韵》、《中原音韵》等韵书和《韵助略集》比较，得出《韵助略集》所反映的300年前长山方言的特点；比较《韵助略集》与现代长山方言，拟测《韵助略集》音系的音值，并根据语音演变的一般规律，拟测长山方言音变的历时过程。

3.定量—定性分析法。把《韵助略集》音系、马自援《等音》音系建成一个数据库，把现代长山方言的语音、词汇也做成数据库，对它们进行大规模、多角度的统计分析，据此得出结论。

1.5 记音符号

本文采用国际音标记音，所用符号图表如下：

表1-1 长山方言辅音表

发音部位 发音方法			双唇	唇齿	舌尖前	舌尖中	舌尖后	舌面前	舌根
塞音	不送气	清音	p			t			k
	送气		p‘			t‘			k‘
塞擦音	不送气				ts		tʂ	tɕ	
	送气				ts‘		tʂ‘	tɕ‘	
鼻音		浊	m			n		ȵ	ŋ
边音						l	ɭ		
擦音		清		f	s		ʂ	ɕ	x
		浊					ʐ		

表1-2 长山方言元音表

	舌面元音						舌尖元音	
	前		央		后		前	后
	不圆	圆	不圆	圆	不圆	圆	不圆	不圆
高	i	y				u	ɿ	ʅ
半高	e							
中			ə					
半低	ɛ					ɔ		
低	a				ɑ			

1.6 发音合作人

长山方言发音合作人：

李云凤，男，60岁，邹平县长山镇人，教育程度中专，医生。

边重九，男，61岁，邹平县长山镇人，教育程度小学，务农。

樊传新，男，46岁，邹平县长山镇人，教育程度小学，务农。

孙桂芹，女，45岁，邹平县长山镇人，教育程度初中，务农。

以上发音合作人都生活在本地，没有长期在外居留，发音纯正可靠，长山方言记音主要依据李云凤的发音，有疑问之处再向另三位调查核实。

2.长山方言语音系统

2.1 声母

长山方言有声母24个，包括零声母在内：

p布帮步薄　p‘怕胖盘派　m门母忙面　f飞赴冯服

t到当道读　t‘太汤同突　n难怒女囊　l兰利软驴

ts增脏自足　ts‘仓粗侧菜　s桑三四苏

tʂ蒸知拽烛　tʂ‘超昌测锄　ʂ声森熟蛇　ʐ绕热柔　ɭ儿二而耳

tɕ精集经及　tɕ‘秋齐丘茄　ɕ修囚休屑

k贵官柜搁　k‘开葵客苦　ŋ俺肮摁蛾　x化黑话亥

ø危言音郁

长山方言声母的发音部位、发音方法与普通话基本相同。不同之处在以下几个声母：

1.以u开头的复韵母自成音节时u改为w。

2.普通话n声母长山方言在开口、合口前是n，在齐齿、撮口前是ȵ。

2.2 韵母

长山方言有韵母37个，不包括儿化韵：

a八拿　ia家压　ua瓜华

ə蛾车　iə叶接　uə哥多　yə缺越

ɿ资字　ʅ支吃

i衣细　u屋猪　y鱼居

ɛ耐外	iɛ街崖	uɛ怪踹	
ei被妹		uei对雷	
ɔ刨招	iɔ学校		
əu头周	iəu丢牛		
ã班玩	iã边前	uã端船	yã远娟
ə̃跟真	iə̃音今	uə̃准蹲	yə̃云群
aŋ邦章	iaŋ良强	uaŋ庄床	
əŋ登能		uəŋ翁瓮	
	iŋ英清	uŋ中充	yŋ勇荣

1.ã的鼻化音在逐渐消亡，有些字中几乎没有，成为a音。如“产量”中的“产”读tʂʻa^{214}，“苤蓝”中的“蓝”读la·。

2.后鼻韵尾ŋ较弱，可以说是后鼻化音。

3.a、ia、ua的a发音位置十分靠后，在舌根后喉头处，比普通话aŋ中a舌位还靠后，双唇比较圆，但开口度比较小。ã、a、aŋ按发音部位从前到后排序为ã、aŋ、a。

4.ei、əu两韵的动程比较小。

5.ə和唇音声母p、pʻ、m、f相拼时，唇稍圆。

2.3 声调

长山方言声调3个，古四声来源不同的字用“|”分开：

平声214，如：诗梯衣灯抽安婚伤三|匹刮。

上声55，如：时题移爬|食石笛局|使体等免|识滴割急。

去声31，如：试替近柱是坐|抗怕大谢岸饭|月入六麦袜药。

2.4 特殊字音

所谓特殊字音，主要指跟普通话相比是特殊的，和不合古今演变规律的两项。下面分“个别字音的特殊读法”和“个别字在某些特定语词中的特殊读法”两项列出。有几个字虽然符合古今音变规律，但跟普通话明显不同，也一并列出。

2.4.1 个别字音的特殊读法（字下横线表示白读音）

踏tʂa^{214}用脚～[yŋ^{31}tɕiɔ^{55}tʂa^{214}]

蝉t‘ã^{55}

还xã^{55}～是[xã^{55}ʂʅ^{31}]

酿ʐaŋ^{55}酝～酝～[yə̃^{31}ʐaŋ^{55}yə̃^{31}ʐaŋ^{55}]

囔naŋ^{55}胡～～[xu^{55}naŋ^{55}naŋ^{55}]

饷ʂaŋ^{55}

缩ʂuə^{55}

凿tsuə^{55} ～子[tsuə$^{55-35}$tsʅ$^{•}$]

损荀笋榫ɕyə̃^{55}

泽择tʂei^{55}

贞侦tʂəŋ^{214}

畦ɕi^{55}

履li^{55}

裴p‘i^{55}

庇p‘i^{55}包~[pɔ^{214}p‘i^{55}]

阉ʂã^{214}～猪[ʂã^{214}tʂu^{214}]

癣ɕiã^{55}

做tsu^{31}

嫩luə̃^{31}

瑞ʂuei^{31}

拽tʂuei^{31}

农侬nu^{55}

或xuei^{55}

捆tɕ‘yə̃^{55}一～[i^{55}tɕ‘yə̃^{55}]、～东西[tɕ‘yə̃^{55}tuŋ$^{214-32}$ɕi^{35}]

堆tsuei^{214}

耘yə̃^{31}～地yə̃^{31}ti^{31}

软yã^{55}

虹tɕiaŋ^{31}

2.4.2 个别字在某些特定语词中的特殊读法（特殊音下加横线）

闺女kuə̃$^{214-32}$ny•

茴香xuə̃^{55}ɕiaŋ^{214}

葛根ka$^{214-32}$kə̃•

恶心uə$^{214-32}$ɕiə̃•

影壁墙iŋ$^{214-32}$pei•tɕʻiaŋ^{55}

不对pu^{214}tei^{31}

蛙子uɛ^{55}tsɿ•

2.5 特殊词汇

蹲tsuə̃^{214}或tuə̃^{214}：坐。

咕得ku$^{214-32}$tei•：蹲。

哕yə^{31}：呕吐。《正字通·口部》：“方书：有物无声曰吐，有声无物曰哕，有物有声曰呕。”唐皮日休《二游诗·徐诗》：“有此竞苟荣，闻之兼可哕。”《西游记》第七十五回：“你们快去烧些盐白汤，等我灌下肚去，把它哕出来，慢慢地煎了吃酒。”

老牛风lau^{55}iəu$^{55-35}$fəŋ•：冬天刮的猛烈的、持续时间长的风。

饭巴拉子fan$^{31-55}$pa•la•zɿ•：原指小米，后也指米粒状的雪。

雾露u$^{31-55}$lu•：雾。

死黑土地sɿ^{55}xei^{55}tʻu^{55}ti^{31}：黑土地雨天很黏，干了很硬，不易耕耘，所以叫“死黑土地”，但产量比沙地高。

保甲里约pɔ^{55}tɕia^{55}li^{55}iɔ^{55}：相当于镇区乡村四级行政组织。保：相当于镇政府。甲：相当于管理区。里：相当于生产队。约：相当于小组。

约长iɔ^{55}tʂaŋ^{214}：相当于组长，有事如开会时不用大喇叭吆喝，只要约长约一下就可以了。

大车道ta^{31}tʂʻə^{214}tɔ^{31}：够大车走的道。后来有了汽车，才有了“汽车道”的名称。

指头肚子tʂʅ$^{214-32}$tʻəu•tu$^{31-55}$tsɿ•：指手指头肚子，若指脚的就叫“脚指头肚子”。

背河pei^{31}xuə^{55}：夏天发山水的时候河水涨得漫过桥了，就会有人背人过河，当然是收费的。也叫“背水”。

佮伙kuə^{55}xuə^{55}：指两人或两家合作干农活。也指寡妇鳏夫同居。

戒尺tɕiɛ^{55}tʂʻʅ^{214}：神仙鬼怪等都是文化人，即使算不上文化人也得有启蒙之师。所以神仙鬼怪也是尊敬和畏惧戒尺的。有的戒尺上有字，如：戒有志之士，打无耻之徒。

舒身ʂu$^{214-32}$ʂə̃^{214}：伸懒腰。

扔了的火石了ʐəŋ^{214}liɔ^{55}ti•xuə^{55}ʂʅ^{55}liə•：已经到了要丢弃的地步了。

□kuɛ^{214}：①抛，扔。把东西～了、把东西～出去、～砖撩瓦跐着人。
②放。你～的不是个地方、你～在桌上、你～这里。
③说。～个侃子（出个歇后语）、～些文词、～文。

挂挂kua$^{31-55}$kua•：挂念。一家人～着你。

叮对叮对tiŋ$^{55-31}$tuei•tiŋ$^{55-31}$tuei•：商量商量。

一把连子i^{55}pa^{55}liã$^{55-35}$tsɿ•：一般年纪一起长大的人。从小～长起来的。

死上熟里滚sɿ^{55}ʂaŋ^{31}ʂu^{55}ni•kuə̃^{55}：硬套近乎。如一陌生人问你：“咱老家咋样？咱贵庄咋样啊？”这就是～。

熊ɕyŋ^{55}：男子精液。～样、～种。

拉耷二哈la$^{55-31}$ta^{55}ɭə^{31}xa^{214}：原指男子精液软扑拉的。形容人不硬气。

笨达二嗤pə̃^{31}ta^{55}ɭə^{31}tʂʻʅ^{214}：笨乎乎。

吃熊tʂʻʅ^{55}ɕyŋ^{55}、喝熊xə^{55}ɕyŋ^{55}：吃喝精液。你干什么行？吃熊脖子短，喝熊打了碗。

差末儿点儿tʂʻa^{214}mei^{55}tiɛ^{55}：差一点点。

加末儿点儿tɕia$^{214-32}$ mei^{55}tiɛ^{55}：差一点点。比“差末儿点儿”的表达更土。

闹虫子nɔ^{31}tʂʻuŋ$^{55-35}$tsɿ•：闹耗子。

闹子nɔ$^{31-55}$ʦɿ$^{\bullet}$：很早以前砒霜叫闹子，也叫信石，现在闹子泛指毒药。下~咧。

闹煞咧nɔ$^{31-55}$ʂa$^{\bullet}$liə$^{\bullet}$：药死了。他老婆喝了敌敌畏，~。

闹三代nɔ^{31}sã^{214}tɛ^{31}：指富乙酰安。它把老鼠药死后，还能把吃这只老鼠的猫药死，还能把吃这只猫的那个动物药死。

薅草xɔ^{214}tsʻɔ^{55}：①拔草留着苗。②间苗。

咪拉mi$^{55-31}$la$^{\bullet}$：舔。

背生子pei$^{31-55}$ʂəŋ$^{\bullet}$tsɿ^{55}：父亲死后才出生的儿子。

乍么生的tʂa$^{31-55}$mə$^{\bullet}$ʂəŋ$^{214-32}$ti$^{\bullet}$：偶尔。

龛塔子kʻa$^{214-32}$tʻa$^{\bullet}$tsɿ^{55}：在墙内挖的小壁橱，有的还有门，里面放神像或零碎生活用品。

糖果蘸tʻaŋ^{55}kuə^{55}tʂã^{31}：用麦子和糖混合做出来的点心。

2.6 长山方言声韵配合情况

表 2-1 长山方言声韵配合表

	开口呼											
	a	ə	ɿ	ʅ	ɛ	ei	ɔ	əu	ã	ə̃	aŋ	əŋ
p	扒	波			摆	北	包		班	本	帮	崩
p‘	趴	坡			排	培	抛	剖	潘	喷	旁	棚
m	妈	摸			买	梅	毛		慢	门	忙	蒙
f	法	佛				飞	否		翻	分	方	风
t	搭				呆	得	刀	豆	丹		裆	灯
t‘	塔	特			胎		涛	偷	滩		汤	疼
n	哪				奶	内	孬		男		囔	能
l	拉	乐			来		老	漏	兰		浪	冷
ts	砸	则	资		灾	贼	早	走	咱	怎	脏	增
ts‘	擦	厕	此		猜		草	凑	残	岑	藏	蹭
s	撒	啬	思		腮	塞	臊	艘	三		嗓	僧
tʂ	渣	这		支	斋	宅	招	周	粘	真	张	争
tʂ‘	叉	车		尺	钗	拆	超	抽	产	深	昌	撑
ʂ	沙	射		师	筛	谁	烧	收	山	森	商	生
ʐ		热		日			绕	肉	然	人	让	仍
ɭ		二										
tɕ												
tɕ‘												
ɕ												
k	嘎	鸽			该	格	高	沟	肝	根	刚	耿
k‘	卡	可			开	刻	烤	抠	砍	肯	康	坑
x	哈	喝			海	黑	好	齁	喊	很	航	横
ŋ	啊	轭			哀	□①	熬	藕	安	恩	肮	
ø												

说明：①□ŋei^{55}：你，你们，你的，你们的。

	齐齿呼											
	i	ia	iə	iɛ	iɔ	iəu	iã	iə̃	iaŋ	iŋ		
p	比	□①	鳖		标		鞭	宾		兵		
p‘	批	□②	撇		飘		篇	拼		平		
m	泥		咩		秒		面	民		明		
f												
t	底		爹		掉	丢	颠			丁		
t‘	梯		铁		挑		天			听		
n	你	□③	捏		尿	扭	年		娘	宁		
l	里	俩	列		料	刘	连	邻	梁	玲		
ts												
ts‘												
s												
tʂ												
tʂ‘												
ʂ												
ʐ												
ɭ												
tɕ	鸡	家	杰	街	交	酒	肩	金	江	京		
tɕ‘	期	掐	切		敲	秋	千	钦	腔	轻		
ɕ	溪	虾	写	鞋	萧	修	仙	欣	香	兴		
k												
k‘												
x												
ŋ												
ø	衣	牙	爷	矮	腰	有	烟	因	央	英		

说明：①□pia^{214}：拟声词。②□p‘ia^{214}：拟声词。③□nia^{214}：祖母；泛指老太太。

	合口呼										撮口呼				
	u	ua	uə	uɛ	uei	uã	uə̃	uaŋ	uŋ	uəŋ	y	yə	yã	yə̃	yŋ
p	布														
p‘	铺														
m	木														
f	斧														
t	毒		多		对	端	吨		东						
t‘	图		托		退	团	豚		通						
n	努		挪			暖			脓		女				浓
l	卢		罗		泪	软	轮		溶		绿	略			龙
ts	族		坐		堆	钻	尊		宗						
ts‘	粗		撮		崔	窜	村		葱						
s	苏		锁		岁	酸	孙		送						
tʂ	朱	抓	桌	跩	拽	砖	准	妆	中						
tʂ‘	初	欻	戳	踹	吹	穿	春	窗	充						
ʂ	书	刷	说	帅	水	拴	顺	双							
ʐ	入		若						绒						
ɭ															
tɕ											菊	撅	娟	军	纵
tɕ‘											区	缺	圈	群	穷
ɕ											许	穴	暄	训	熊
k	股	瓜	果	乖	贵	官	滚	光	公						
k‘	库	夸	阔	快	溃	宽	昆	狂	空						
x	呼	花	火	坏	汇	欢	婚	荒	红						
ŋ															
ø	雾	洼	握	歪	伟	弯	文	汪		翁	雨	约	冤	云	用

不计声调差别，长山方言共有400个音节。长山方言音节与普通话的主要不同有：

1.普通话的fou、sen音节长山读为fɔ、ʂə̃。

2.长山方言的nyŋ、lyŋ音节普通话读为nuŋ、luŋ。

3.长山方言中ŋ可作声母，普通话的开口呼零声母音节a、ɤ、ai、ao、ou、en、an、aŋ在长山读成ŋa、ŋə、ŋɛ、ŋɔ、ŋəu、ŋə̃、ŋã、ŋaŋ音节。

4.“儿而”等字经常读得很紧，这时就是自成音节的ɭ。

2.7 文白异读

白	文
约iɔ^{214}～摸着、婚～、～定、大～	yə^{55}大～
软yã^{55}～和	luã^{55}很～
蛇ʂa^{51}	ʂə^{55}
药iɔ^{31}～片	yə^{31}～片
牛iəu^{55}小～庄（村名）、老～风	niəu^{55}放～、养～
披p‘ei^{214}～着	p‘i^{214}～着
羞ɕiɔ^{214}害～	ɕiəu^{214}蒙～
塑suə^{55}～料	su^{31}～料
割ka^{55}～肉	kə^{55}～肉
朽tɕ‘iəu^{55}～烂	ɕiəu^{214}不～

2.8 长山话标音举例

歇后语：

t‘u^{55}tsʅ^{55}kə̃$^{214-32}$tʂɔ•yə$^{31-55}$liaŋ•tsəu^{55}——tʂã^{214}kuaŋ^{214}tʂã^{214}kuaŋ^{214}。

秃子跟着月亮走——沾光沾光。

iə̃n^{214}t‘iã^{214}ta^{55}xɛ$^{55-35}$tsʅ•——tʂ‘ə̃^{31}k‘uŋ^{31}。

阴天打孩子——趁空。

ʂɔ$^{214-32}$piŋ•xu$^{55-35}$liə•——pu^{214}k‘ã^{31}xuə$^{55-31}$ʂuei•。

烧饼糊了——不看火水。

ɕi$^{214-32}$pei·fəŋ^{214}tɕia^{55}fã$^{31-55}$pa·la$^{55-31}$tsɿ·——liã^{55}fəŋ^{214}（fəŋ^{214}）tɛ^{31}ts‘ɿ^{31}。

西北风夹饭巴拉子——连风（讽）带刺。

ʂa^{214}kuə$^{214-32}$tsɿ^{55}tɔ^{55}suã^{31}——i^{214}tʂ‘uei$^{55-35}$tsɿ·mɛ$^{55-31}$mɛ·。

沙锅子捣蒜—— 一锤子买卖。

piã$^{55-31}$tã·ʂaŋ^{31}ʂuei^{31}tɕiɔ^{31}——ɕiaŋ$^{55-31}$ti·k‘uã^{214}。

扁担上睡觉——想得宽。

lɔ$^{55-31}$ʂu·k‘ə̃^{55}ɕiaŋ$^{214-32}$tsɿ^{214}——mə^{55}ia^{55}。

老鼠啃箱子——磨牙。

kəu^{55}iɔ^{55}ma$^{214-32}$xu·——liaŋ$^{55-31}$tɕia·p‘a^{31}。

狗咬犸猢——两家怕。

ʂʅ$^{55-31}$k‘ə·laŋ^{55}pã^{214}tɕia^{214}——kuə̃^{55}tã^{31}。

屎壳郎搬家——滚蛋。

xei^{214}ɕia·tsɿ·t‘i^{55}tɕiã$^{31-55}$tsɿ·——i^{214}kuə^{31}pu^{214}kuə^{31}。

黑瞎子踢毽子—— 一个不个。

i^{31}pə̃^{55}kuei$^{55-31}$tsɿ·tʂ‘ʅ^{55}kɔ$^{214-32}$liaŋ·——mu^{55}iəu^{55}pã$^{31-55}$fa·。

日本鬼子吃高粱——没有办法。

iɔ^{31}fã$^{31-55}$ti·tɕ‘iã$^{214-32}$tʂɔ·kua^{31}t‘əu^{55}——uã^{55}ɕiə̃^{214}pu^{214}t‘uei^{31}。

要饭的牵着褂头——玩心不退。

ɕyŋ$^{214-32}$ti·ɕi^{55}fu^{55}tɕiã^{31}ta$^{31-55}$pei·tsɿ·——kɔ$^{214-24}$ʂəŋ^{214}i$^{214-24}$tɕi^{214}。

兄弟媳妇见大伯子——高升一级。

niə$^{55-31}$tʂɔ·ɭə$^{55-31}$tɔ·ɕiŋ^{55}pi$^{55-35}$tsɿ·——iəu^{55}tɕiə̃^{31}ʂʅ$^{55-31}$pu·ʂaŋ^{31}。

捏着耳朵擤鼻子——有劲使不上。

lɔ^{55}xu^{55}la^{214}tʂ‘ə^{214}——pu^{55}t‘iŋ^{214}t‘ɔ^{31}。

老虎拉车——不听套。

ʂu^{55}xuə$^{55-31}$tʂu·ti·——i^{55}t‘əu$^{55-35}$tsɿ·ʐə^{31}。

属火箸的—— 一头子热。

t‘u$^{55-31}$ti·iə$^{55-35}$iə·tsuã^{214}tɕi$^{214-32}$uə·tsɿ·——ɕiaŋ^{55}miɔ^{31}。

土地爷爷钻鸡窝子——想庙。

ta^{31}lã^{55}ni·ti·ʂʅ$^{55-35}$t‘əu·——iəu^{31}tʂ‘əu^{31}iəu^{31}iŋ^{31}。

大栏里的石头——又臭又硬。

ʂɔ$^{214-32}$piŋ^{55}ta^{55}ly^{53}——tɕʻy$^{31-55}$i^{55}pã$^{31-55}$lə˙。

烧饼打驴——去一半了（指被驴吃掉了一半）。

tsʻɛ^{55}ʂə̃^{55}iə$^{55-35}$iə˙kʻã^{31}ɕi$^{214-32}$fu˙——ɕiã^{31}tʂʅ^{214}ɕiã^{31}xəŋ^{31}。

财神爷爷看媳妇（指妓女）——现支现扔（不赊欠）。

nɔ$^{31-55}$tsɿ˙pu^{214}tɕiɔ^{31}nɔ$^{31-55}$tsɿ˙——tɕiɔ^{31}ɕiə̃$^{31-55}$ʂʅ˙（ɕiə̃$^{31-55}$ʂʅ˙）liə˙。

闹子不叫闹子——叫信石（信实）咧。

tsu^{31}məŋ^{31}tɕʻy^{55}ɕi$^{55-31}$fu˙——ɕiaŋ^{55}xɔ^{55}ʂei^{31}。

做梦娶媳妇——想好事儿。

谚语：

tɕi$^{214-32}$fã˙kʻɛ^{214}tiã^{31}，tɕiəu^{31}pu^{214}pʻa^{31}ta^{31}tu$^{31-55}$tsɿ˙xã^{31}。

几凡（只要）开店，就不怕大肚子汉。

pu$^{55-35}$ləŋ^{55}pu$^{55-35}$ʐə^{31}pu$^{55-35}$tʂʻəŋ^{55}niã$^{55-35}$yə˙, pu^{214}ʐə^{31}pu^{214}ləŋ^{55}pu^{214}tʂʻəŋ^{55} niã^{55}tɕiŋ^{55}。

不冷不热不成年月，不热不冷不成年景。

ta$^{55-31}$lə˙tʂʻuə̃$^{214-32}$ti˙ɕyə^{55}，kəu^{55}iə^{55}kã$^{55-31}$pu˙ʂaŋ^{31}。

打了春的雪，狗也赶不上。

tɛ^{31}tʂʻʅ^{55}miã^{31}，ni$^{55-35}$ni˙kã^{31}。

待吃面，泥里干。

ʂəŋ$^{55-31}$liɔ^{55}iã^{55}，suã$^{214-32}$liɔ^{55}tɕiaŋ^{31}。

省了盐，酸了酱。

ta^{55}tʂaŋ^{31}tɕʻiə̃^{214}ɕyŋ^{214}ti^{31}，ʂaŋ^{31}tʂə̃^{31}fu^{31}tsɿ^{55}piŋ^{214}。

打仗亲兄弟，上阵父子兵。

yə^{31}tʂʻʅ^{55}yə^{31}tʂʻã^{55}，yə^{31}uã^{55}yə^{31}lã^{55}。

越吃越馋，越玩越懒。

lɔ^{55}ʂʅ^{55}tʂʻaŋ^{55}tsɛ^{31}，tiɔ^{55}pɔ^{55}tʂʻaŋ^{55}xuɛ^{31}。

老实常在，碉堡长坏。

iã^{55}tuə$^{214-32}$liɔ˙ʂaŋ^{214}ʂʅ^{55}，ʂʅ^{55}ʂəŋ$^{214-32}$liɔ˙ʂaŋ^{214}ʐə̃^{55}。

盐多了伤食，食生了伤人。

tɕʻiəu^{214}tʻiã^{214}kuei^{214}kuei^{214}iɔ^{214}，tɕʻiaŋ$^{55-35}$tɕʻi˙tuŋ^{214}tʻiã^{214}tsəu$^{55-31}$i˙tsɔ^{214}。

秋天龟龟腰，强起冬天走一遭。

xɔ$^{55-31}$ʂa•ti•kuŋ^{214}p‘ə^{55}pu^{214}ʐu^{55}tiə^{214}niaŋ^{55}。

好煞的公婆不如爹娘。

ʐə̃^{55}pu^{55}xuə̃^{31}tʂaŋ^{31}，tʂaŋ^{31}pu^{55}xuə̃^{31}ʐə̃^{55}。

人不混账，账不混人。

sɿ$^{55-31}$liɔ•xua^{214}i^{55}uã^{31}，pu^{214}ʐu^{55}xuə$^{55-35}$tʂɔ•tʂ‘ʅ^{55}pɔ^{55}fã^{31}。

死了花一万，不如活着吃饱饭。

p‘ei$^{55-35}$suŋ•pu^{55}uã$^{55-35}$ti•kuə̃$^{214-32}$ny•，pã$^{31-55}$pu•tɕ‘i^{55}ti•niã^{55}。

陪送不完的闺女，办不起的年。

zə̃^{55}ʂəu^{31}tɕ‘uã^{31}，fə^{55}ʂəu^{31}yã^{31}。

人受劝，佛受愿。

ʂəu^{31}zə̃^{55}tɕ‘uã^{31}，tʂ‘ʅ^{55}pɔ^{55}fã^{31}。

受人劝，吃饱饭。

yə$^{31-55}$xɛ•tsɿ^{55}pu^{55}p‘a^{31}lɔ^{55}xu^{55}。

月孩子不怕老虎。

tʂʅ$^{55-31}$uaŋ•p‘ə^{31}ɕiɛ^{55}，tʂa^{55}lã$^{31-55}$liɔ•tɕiɔ^{55}。

指望破鞋，扎烂了脚。

xɛ$^{55-35}$tsɿ•k‘u^{55}，pɔ$^{31-55}$kei•t‘a^{55}niaŋ^{55}。

孩子哭，抱给他娘。

iəu^{55}tɕ‘iã^{55}nã^{55}mɛ^{55}u$^{55-31}$yə•ti•xã^{31}，liəu$^{31-55}$yə•ni•liã$^{55-35}$iə̃•tʂ‘ʅ^{55}pɔ^{55}fã^{31}。

有钱难买五月的旱，六月里连阴吃饱饭。

pɛ^{55}yə̃^{55}ʂã$^{214-32}$ʂaŋ^{55}tɛ$^{31-55}$liɔ•mɔ^{31}，ta^{31}tu$^{31-55}$tsɿ•mi$^{31-55}$xã•ʂuei^{31}ta^{31}tɕiɔ^{31}。

白云山上戴了帽，大肚子觅汉睡大觉。

tuŋ^{214}tɕiaŋ^{31}yə̃$^{55-35}$ts‘ɛ•ɕi^{214}tɕiaŋ^{31}y^{55}，nã^{55}tɕiaŋ^{31}tʂ‘u$^{55-31}$lɛ•mɛ^{31}ɭə^{55}ny^{55}。

东虹云彩西虹雨，南虹出来卖儿女。

tʂuŋ^{31}ti^{31}pu$^{55-35}$ʂʅ^{55}fə̃^{31}，təŋ^{55}y^{55}ʂʅ^{31}ɕia^{214}xu^{55}xuə̃^{31}。

种地不使粪，等于是瞎胡混。

mei$^{31-55}$sɿ•tsuei^{31}p‘a^{31}tʂ‘uə̃$^{214-32}$ni•xã^{31}。

麦子最怕春里旱。

tɕ‘iəu$^{214-32}$pu•tɕ‘iəu^{214}t‘iã^{214}，liəu$^{31-55}$yə•ɭə$^{31-55}$ʂʅ•t‘əu•。

秋不秋天，六月二十头。

ʂɔ^{214}tɕʻiã^{55}ʂɔ^{214}ʂɔ$^{55-31}$liə•，ʂɔ^{214}xua^{31}ʂɔ^{214}tuə^{214}liə•。

捎钱捎少咧，捎话捎多咧。

ʂa^{214}kuə$^{214-32}$tsɿ•pu^{214}ta^{55}，i^{214}pei$^{31-55}$tsɿ•pu^{214}ləu^{31}。

沙锅子不打，一辈子不漏。

pʻiã$^{55-35}$i•u^{55}xɔ^{55}xuə^{31}，ʂəŋ^{55}tɕʻiã^{53}mɛ^{55}tɕʻyə^{53}ly^{53}。

便宜无好货，省钱买瘸驴。

tɕʻiŋ^{55}kʻei^{55}ʐuŋ$^{55-35}$i•suŋ^{31} kʻei^{55}nã^{55}。

请客容易送客难。

ɭə^{55}kʻu^{55}i^{214}səŋ^{214}tʂə̃^{214}ɕiə̃^{214}ʂɿ^{55}i^{31}，kuə̃$^{214-32}$ny• kʻu^{55}i^{214}səŋ^{214}tɕiŋ^{214}tʻiã^{214}tuŋ^{31}ti^{31}，kuə̃$^{214-32}$ny•ny$^{214-32}$ɕy•kʻu^{55}i^{214}səŋ^{214}ly$^{55-35}$tɕy•tsɿ•faŋ^{31}pʻi^{31}。

儿哭一声真心实意，闺女哭一声惊天动地，闺女女婿哭一声驴驹子放屁。

tɛ^{31}iɔ^{31}tɕʻiɔ^{31}，i^{214}ʂə̃^{214}ɕiɔ^{31}。

待要俏，一身孝。（指女的穿上白棉布孝服显瘦，显得亭亭玉立。）

tɛ^{31}iɔ^{31}tɕʻiɔ^{31}，i^{214}ʂə̃^{214}tsɔ^{31}。

待要俏，一身皂。（指男的穿上一身黑色衣服显瘦，比较好看。）

ni^{55}iã^{55}pu^{214}ɕiɔ^{55}，xaŋ^{31}ɕəŋ^{31}ɕiŋ$^{214-32}$tsɿ•ʂɿ$^{31-55}$ti•。

你眼不小，和秤星子似的。（形容人眼睛小。）

tɕiə̃$^{214-32}$i•xaŋ^{31}ni^{55}i^{214}ku$^{55-31}$tsɿ•，miŋ^{55}i•xaŋ^{31}tʻa^{55}i^{214}ku$^{55-31}$tsɿ•，liəu$^{31-55}$ʂɿ•si^{31}ku$^{55-31}$tsɿ•ʂə̃^{55}tɕʻi^{31}。

今日和你一股子，明日和他一股子，六十四股子神气。（比喻不团结。）

na$^{55-35}$tʂɔ•xuaŋ^{55}iəu^{55}taŋ^{55}ma^{55}tɕʻi^{55}。

拿着黄鼬当马骑。

na$^{55-35}$tʂɔ•mə$^{55-35}$mə•pu^{35}taŋ^{55}kã$^{214-32}$liaŋ•。

拿着馍馍不当干粮。

tu^{55}ʂu^{214}kuei^{31}iəu^{55}yŋ^{31}，tʂʻu^{31}ʂɿ^{31}tsɛ^{31}tʻuŋ^{214}tɕʻiŋ^{55}。

读书贵有用，处世在通情。

tʂʻɛ^{55}tʻɛ$^{55-35}$ti• ɕi^{31}，pa^{55}tɕia$^{31-55}$ti• kua^{214}，ta^{55}ʂu$^{214-32}$liɔ• kuã$^{214-32}$sɿ• tɕia^{31}

ʐə̃^{55}tɕia^{214}。

拆台的戏，拔架的瓜，打输了官司嫁人家。（嫁指寡妇再嫁，一般不声张，冷冷清清的。）

ni^{55}tɔ^{31}xɔ^{55}，tuə$^{214-32}$tʂɔ•uə^{214}，pei$^{31-55}$ʂəŋ•tsɿ^{55}，pu^{214}tɕiã^{31}miã^{31}。

你倒好，躲着我，背生子，不见面。（就像背生子与父亲不见面一样。）

tʂ'əŋ^{31}t'uə^{55}pu^{214}li^{31}na^{31} tʂ'əŋ^{31}kã$^{214-32}$tsɿ•，lɔ$^{55-31}$p'ə•pu^{214}li^{31}na^{31}lɔ^{55}xã$^{31-55}$tsɿ•。

秤砣不离那秤杆子，老婆不离那老汉子。

xaŋ$^{55-35}$ʂʅ•xaŋ$^{55-35}$ʂʅ•，iəu^{55}xaŋ^{55}u^{55}ʂʅ^{31}，ni^{55}iɔ$^{31-55}$ti•ʂʅ^{31}tɕia^{31}，uə^{55}xuã$^{55-35}$ti•ʂʅ^{31}tɕ'iã^{55}。

行市行市，有行无市，你要的是价，我还的是钱。

ʐə̃^{55}kuə^{31}sɿ^{31}ʂʅ^{55}t'iã^{214}kuə^{31}ʂaŋ^{55}，kuə$^{31-55}$i•t'iã^{214}tʂuã$^{31-55}$i•t'iã^{214}。sɿ^{31}ʂʅ^{55}ʅ^{55}tʂʅ^{214}t'iã^{214}miŋ^{31}。

人过四十天过晌，过一天赚一天。四十而知天命。

ʐə̃^{55}kuə^{31}sɿ^{31}ʂʅ^{55}pei^{55}li^{31}p'iŋ^{55}。

人过四十本儿利平。

ɕyə^{55}xuə^{55}xua^{214}tʂ'u^{55}u^{214}ni^{55}ɭə^{55}pu^{214}ʐã^{55}，tsuə^{31}ɕiaŋ^{31}y^{55}tɕy^{31}tu^{31}tʂəu^{214}kã^{214}ɕyə̃^{55}tɕiə^{55}。

学荷花出污泥而不染，做项羽拒渡舟甘殉节。

ʐə̃^{55}suei^{55}ʂʅ^{31}，ts'ɔ^{55}suei^{55}fəŋ^{214}。

人随事，草随风。

tsu^{31}ʂa^{55}ʂʅ^{31}nəŋ^{55}t'uŋ^{55}liəu^{55}pu^{214}xə^{55}u^{214}。

做啥事能同流不合污。

ʂʅ^{31}ʂʅ^{31}tuŋ^{31}miŋ^{55}ɕiɛ^{214}ɕyə$^{55-35}$uə̃•，ʐə̃^{55}tɕ'iŋ^{55}liã^{31}ta^{55}ɕiɛ^{214}uə̃$^{55-35}$tʂaŋ•。

世事洞明皆学问，人情练达皆文章。

ɕia^{31}paŋ$^{214-32}$tɕ'i•tʂuŋ^{214}ɕiə̃^{214}pɔ^{55}kuə^{55}，iɛ^{55}ts'ɿ$^{214-32}$la•li^{55}suə^{55}taŋ^{55}ʐã^{55}。

下帮棋衷心保国，挨呲拉理所当然。（虽然观棋者忠心耿耿地为下棋者帮忙，但少不了被讽刺批评，此句告诫观棋者不要帮忙下棋。）

xuə^{55}piɛ^{214}u^{55}tɕ'iŋ^{214}ts'ɔ^{55}，pu^{214}iaŋ^{55}tuə^{214}tsuei^{55}ly^{55}。kuã^{214}tɕ'i^{55}pu^{214}y^{55}tʂə̃^{214}

tɕyə̃^{214}tsɿ^{55}, tsəu^{55}tɕʻi^{55}pu^{214}xuei^{55}ta^{31}tʂaŋ$^{31-55}$fu̇。

河边儿无青草，不养多嘴驴。观棋不语真君子，走棋不悔大丈夫。

谜语：

ua$^{55-31}$u˙ i^{214}tɕiã^{214}，mə̃^{55}kʻəu^{55}tʂʻɔ^{55}tʻiã^{214}，xuə$^{55-35}$ʂaŋ^{31}tɕiə̃$^{31-55}$tɕʻy^{31}，kʻu^{55} tɕiɔ^{31}liã^{55}tʻiã^{214}。(iə^{31}xu^{55})

瓦屋一间，门口朝天，和尚进去，哭叫连天。(夜壶)

tsɿ$^{55-31}$mei˙tɕʻi^{55}pa^{55}kuə^{31}，uei$^{55-35}$tʂɔ˙kuaŋ^{214}kuə̃^{31}tsuə^{31}，pa$^{214-32}$kʻɛ˙ɕiə̃^{214} i$^{214-32}$fu˙，tɕʻiŋ$^{55-35}$tʂɔ˙i^{214}tɕia$^{214-32}$xuə˙。(suã^{31})

姊妹七八个，围着光棍坐，扒开新衣服，擎着一家伙。(蒜)

ʐəu^{31}tʻəu^{55}tuei^{31}ʐəu^{31}fəŋ^{31}，pei^{55}ʂuei^{55}uaŋ^{31}li^{55}suŋ^{31}。i^{214}kuə^{31}lã$^{214-32}$tʂɔ˙iɔ^{214}，i^{214}kuə^{31}pu$^{31-55}$tʂɔ˙tiŋ^{31}，i^{214}kuə^{31}ʂuə^{214}suã$^{31-55}$liɔ˙pa˙，i^{214}kuə^{31}ʂuə^{214}ŋ̍^{214}ŋ̍^{214}ŋ̍^{214}。(uei^{31}nɛ^{55})

肉头对肉缝，白水往里送。一个揽着腰，一个抱着腚，一个说算了吧，一个说□ŋ̍^{214}□ŋ̍^{214}□ŋ̍^{214}。(喂奶)

i^{214}kuə^{31}nã^{55}tɔ^{31}ny^{55}tʂʻaŋ^{214}，i^{214}kuə^{31}pu^{214}tɕi^{55}tʂʅ^{55}tʂɔ^{214}。(iɔ^{55})

一个男盗女娼，一个不吉之兆。(姚)

ni^{55}ɕiŋ^{31}ʂə̃^{31}mə˙？pʻa^{31}ni^{55}tʂʻʅ$^{55-31}$uə˙。(iəu^{55}、iã^{55}、tɕiaŋ^{214}、tʻiã^{55}、tʻaŋ^{55}、ʂʅ^{55})

你姓什么？怕你吃我。(尤、颜、姜、田、唐、史)

i^{214}kuə^{31}ta^{31}i^{214}kuə^{31}ɕiɔ^{55}，i^{214}kuə^{31}tʻiɔ^{31}i^{214}kuə^{31}pʻɔ^{55}，i^{214}kuə^{31}u^{55}ʂəŋ^{214} i^{214}kuə^{31}sɿ^{214}tɕiɔ^{31}，i^{214}kuə^{31}tʂʻʅ^{55}ʐə̃^{55}i^{214}kuə^{31}tʂʻʅ^{55}tsʻɔ^{55}。(sɔ^{55})

一个大一个小，一个跳一个跑，一个无声一个嘶叫，一个吃人一个吃草。(骚)

ʂə̃^{214}tsɛ^{31}ɕyə^{214}tʂuŋ^{214}pa$^{214-31}$kuŋ^{214}la^{55}，tɕʻyã^{55}kuə^{55}uaŋ^{55}tsɿ^{55}pu^{214}tsɛ^{31}tɕia^{214}。xuɛ^{55}xã^{31}liaŋ^{55}xuə^{55}tɕiɛ^{214}u^{55}ʂuei^{55}，tɕʻiɔ^{55}u^{55}tʻiã^{214}mu^{31}tɕiə̃^{31}u^{55}tɕia^{214}。(tɕʻyŋ^{55} ʐə̃^{55}nã^{55}kuə^{31})

身在穴中把弓拉，全国王子不在家。淮汉两河皆无水，桥无天木进无家。(穷人难过。)

ti^{31}uei^{55}ʂu^{214}tɕi^{31}liaŋ^{55}tʻəu^{55}pʻiŋ^{55}。(ɕiɔ^{55}tɕiɔ^{31}tʂʻə^{214})

地委书记两头平。(小轿车)

ɕiã^{31}uei^{55}ʂu^{214}tɕi^{31}fã^{214}pu^{31}p‘əŋ^{55}。（tɕi^{214}p‘u^{55}tʂ‘ə^{214}）

县委书记帆布篷。（吉普车）

ta^{31}tuei^{31}ʂu^{214}tɕi^{31}pəŋ^{31}pəŋ^{31}pəŋ^{31}。（tuə$^{214\text{-}32}$la•tɕi^{214}）

大队书记蹦蹦蹦。（拖拉机）

3.长山方言同音字汇

说明：

1.本字汇收长山方言常用字近四千个，按韵母表、声母表、声调表的顺序排列，即先以韵母分类，再依声母和声调顺序排开，只读轻声的字排在最后。

2.文中“[214]”“[55]”“[31]”分别表示平声、上声、去声。只读轻声的字，单列一类，放在其他调类之后，以“[·]”表示。

3.有音无字或本字尚未考证出来的，用“□”表示。

4.多音多义字，适当加以释义或举例。例中出现的字，都用“～”代替。

5.字下标“＝”和“－”分别表示文读和白读。有的文读音有新旧两层，新文读音用字下标“＝”后加“（新）”表示，旧文读音用字下标“＝”后加“（旧）”表示。有的白读音有新老两种读法，分别用下标“－”后加“（新）”和字下标“－”后加“（老）”表示。有的白读音是不同人有不同的读法，分不出新和老，就用字后加“（又）”表示。

6.有新老两种读法的字用“（新）”、“（老）”表示。

a

p[214]巴疤[55]八拔雹~子芭笆把[31]霸欛坝爸罢

p‘[214]趴[55]爬琶杷耙[31]怕

m[55]麻蟆妈马码抹~布[31]骂

f[55]伐筏罚阀法发

t[55]答达搭打[31]大

t‘[214]踏~实[55]他它塔榻塌溻遢獭[31]搨沓

n[55]哪拿[31]那纳捺

l[214]拉~屎[55]拉~绳[31]腊蜡镴邋辣

ts[55]杂砸

ts‘[55]擦

s[214]卅撒~手仨[55]撒~种萨

tʂ[214]楂渣踏用脚~[55]榨压~炸~丸子闸铡扎~针札眨[31]诈乍栅炸爆~

tʂ‘[214]叉杈差~别、很~[55]茶搽茬查察插[31]岔汊

ʂ[214]沙纱[55]洒蛇傻霎杀煞~车[31]厦煞凶神恶~

k[214]葛~根[55]尬蛤

k‘[214]龛~塔子[55]卡~车

ŋ[31]啊

x[214]哈~气[55]哈喝

ø[214]阿~姨

ia

p[214]□拟声词

p‘[214]□拟声词

n[214]□祖母；泛指老太太

l[55]俩

tɕ[214]家加痂稼胛[55]佳嘉假贾夹甲挟[31]架驾嫁价

tɕ‘[55]恰掐[31]洽

ɕ[214]虾[55]霞遐暇狭峡匣侠辖瞎[31]吓恐~下夏厦

ø[214]丫[55]牙芽衙雅涯哑椏鸦鸭押[31]亚压轧

ua

tʂ[214]抓

tʂ‘[214]欻贬义词，吃

ʂ[214]刷[55]耍

k[214]刮~风瓜剐[55]刮~脸寡[31]挂卦[·]鸹

k‘[214]夸刮[55]垮刮~脸[31]跨胯

x[214]花[55]铧华桦滑猾[31]化画话划

ø[214]洼挖凹[55]瓦砖~蛙[31]袜瓦~工

ə

p[214]波菠簸玻钵饽[55]帛彩~薄很~钹泊~船、淡~踱簸播拨剥勃博驳伯

p'[214]颇坡朴川厚~：药名[55]婆拍帕手~魄泊梁山~泼[31]破[·]膊胳~

m[55]魔摩馍磨~面漠沙~抹涂~膜[31]墨默陌末沫没莫寞摸漠冷~磨石~

f[55]佛缚

t'[55]特

l[31]乐

ɭ[55]儿尔而耳饵[31]二贰

ts[55]则

ts'[55]厕侧

s[55]瑟[31]塞色啬

tʂ[214]遮蔗鹧[55]蛰辙者褶哲折浙

tʂ'[214]车[55]扯[31]彻撤

ʂ[214]奢赊舍[55]舌设折~本[31]射麝赦舍畲社涉

ʐ[55]惹[31]热

k[214]歌哥[55]戈鸽割革阁（新）搁（新）胳（新）

k'[214]窠棵蝌颗科[55]可苛坷坎~克[31]课客

x[55]和禾（又）合（又）盒（又）黑（旧）喝[31]和鹤吓

ŋ[55]俄腭鄂额扼鹅蛾饿恶凶~[31]轭

iə

p[55]别告~、~去鳖瘪憋

p'[214]撇~嘴[55]撇~捺

m[31]灭篾

t[214]爹[55]叠碟蝶谍跌

t'[55]铁帖贴

n[31]聂镊蹑摄孽捏

l[55]裂[31]猎列烈劣

tɕ[55]劫捷杰截洁姐接揭竭节疖结团~、~果[31]借藉褯

tɕʻ[55]茄且切[31]妾怯切窃

ɕ[214]些挟[55]写邪斜谐谢胁携协歇蝎楔血[31]泻卸泄

ø[55]爷野椰也噎掖液腋[31]夜靥叶页业

uə

t[214]多朵[55]躲夺铎[31]舵剁堕垛惰踱

tʻ[214]拖妥[55]驼驮椭唾脱托

n[55]挪糯懦诺

l[214]啰[55]罗锣箩骡螺裸瘰摞萝烙~人[31]落骆洛络乐快~

ts[55]凿作柞[31]左佐坐座作昨

tsʻ[214]搓[55]矬撮[31]挫锉措错

s[214]蓑梭[55]唆锁索朔琐所塑~料[31]嗽

tʂ[55]酌斟~着~量灼浊镯拙卓桌捉琢啄

tʂʻ[55]戳绰龊

ʂ[55]朔数脉~：脉搏跳得快硕缩说

ʐ[31]弱若

k[214]歌哥锅[55]果裹括各国葛诸~亮阁（老）搁（老）胳（老）郭[31]个过

kʻ[214]渴科[55]括磕瞌廓扩[31]阔

x[214]豁[55]禾（又）合（又）盒（又）活火伙惑获货喝吆~、吃~霍~然藿[31]荷河何贺祸和郝镬获

ø[214]握龌阿窝涡莴蜗沃[55]蛾鹅讹倭我恶~心[31]饿卧

yə

l[31]略掠

tɕ[214]绝厥蕨掘倔[55]觉角决诀[31]镢

tɕʻ[55]瘸缺却确搉[31]雀

ɕ[214]靴[55]学穴薛雪

ø[214]约[55]哕干~[31]跃大~进悦阅月虐~待钥乐岳越曰粤

ɿ

ts[214]资姿咨滋梓[55]姊子紫兹辎滓[31]自字牸

tsʻ[214]差糍[55]此瓷慈磁鹚辞词祠[31]疵雌刺次茨伺赐

s[214]司有~撕私丝思饲[55]斯厮司~令死[31]四肆似祀巳寺嗣俟

ʅ

tʂ[214]知蜘支枝肢栀之芝只淄[55]止趾址侄直值秩指执汁滞制纸只雉稚脂旨织职殖植掷炙帜质[31]智致质至置痔治志痣

tʂ'[214]踟眵痴[55]池持驰匙钥~、~子耻侈嗤恃殖（旧）生~吃迟尺肢胳~、胳~窝豉齿赤斥[31]翅[·]匙钥~

ʂ[214]师狮蛳尸诗始[55]时鲥十什拾食蚀石使适释施湿失虱实识豕矢屎史驶室饰示屉抽~[31]世势誓逝是氏视嗜士仕柿事试市侍式

i

p[214]屄[55]彼鄙比秕鼻逼篦笔毕必[31]蔽敝弊币毙蓖闭箅陛臂避畀碧璧壁

p'[214]披批纰匹[55]劈霹皮疲脾婢辟譬裴琵枇痞庇僻辟[31]痹屁

m[55]迷谜糜弥靡米[31]秘泌密蜜觅

t[214]低堤大~提~溜蒂[55]笛敌狄涤荻底抵的目~的我~滴嫡[31]帝弟第递地

t'[214]屉抽~堤大~梯[55]体踢剔题提~溜蹄啼[31]嚏替涕剃惕

n[55]泥尼你[31]倪拟霓腻匿溺[·]呢

l[55]犁黎离篱梨厘礼李里履理鲤[31]厉励例丽隶荔蜊利痢吏立笠粒栗力历疬履~行[·]璃狸

tɕ[214]稽屐鸡饥机讥肌麂基级己计技妓[55]缉集辑给即鲫极寂吉挤济几~个几茶~急及疾籍藉戟脊绩迹积击激[31]祭际荠剂继系冀纪记忌既季寄

tɕ'[214]妻凄栖欺期启乞弃泣讫[55]戚齐脐鳍杞其棋旗麒祈起倚~门企奇骑岐歧祁岂七漆[31]契器气汽

ɕ[214]西犀溪牺希稀锡[55]畦习袭析吸洗玺息徙喜嬉熙悉膝蟋熄惜夕昔媳席[31]系

ø[214]蚁~蝉[55]夷姨疑已以沂遗译疫役谊肄易倚椅尾二~子：两性人乙一抑翼臀医衣依[31]艺刈缢宜仪义议意异逆

u

p[55]不醭补[31]布怖部簿步埠抱~孩子、一~菜

p‘[214]铺[55]蒲菩葡脯卜扑仆朴~素、~实谱圃普浦捕甫赴讣[31]铺曝瀑

m[55]模~样、~子亩牡母拇某谋[31]暮慕墓募幕木目牧睦

f[214]孵麸[55]浮服伏栿斧付赋复夫芙肤辐福蝠符俘扶府腑俯敷抚釜腐附腹覆父咐[31]傅驸富副妇负幅

t[214]犊[55]独读牍毒都督堵赌笃妒[31]肚杜度渡镀

t‘[55]徒屠途涂土图突秃[31]吐兔[·]萄葡~

n[55]农侬奴努[31]怒

l[55]卢炉芦鸬庐虏卤汝儒乳鲁橹辱[31]路赂露鹭鹿禄陆录褥如

ts[214]租组阻[55]卒族祖足[31]做

ts‘[214]粗[55]猝促[31]醋

s[214]苏酥速粟[55]俗[31]素诉塑（又）嗉肃

tʂ[214]猪蛛株朱珠[55]轴诛竹烛嘱煮拄主触接~逐[31]著助诸驻柱住注蛀铸筑祝[·]帚扫~

tʂ‘[214]初褚楚杵舂[55]出储础畜苎除锄厨橱雏殊特~[31]处到~、~理

ʂ[214]梳疏书舒输运~输~了戍束[55]蔬枢淑署薯熟孰塾赎术述庶恕蜀属黍叔暑鼠数[31]数竖树漱

ʐ[31]入

k[214]姑[55]孤估箍鸪辜古牯股骨谷[31]故固锢雇顾

k‘[214]枯[55]苦窟哭[31]库裤酷

x[214]呼[55]虎狐浒戽胡湖壶葫蝴糊瓠乎忽[31]核桃~户沪互护

ø[214]乌污坞巫侮鹉[55]吴蜈无诬武吾舞梧五伍午屋[31]误悟恶犯~务雾物勿

y

n[55]女

l[55]驴缕屡吕旅捋[31]虑滤律率绿

tɕ[214]车香~桔拘驹[55]举局橘菊鞠[31]居据锯聚剧巨拒距俱矩

句具惧

tɕ'[214]蛆黢渠[55]趋取娶屈曲歌~、弯~、~阜区驱瞿[31]趣去

ɕ[214]墟须戌虚嘘[55]徐需畜婿恤宿一~、~舍蓄旭[31]絮序叙绪续

ø[214]郁于（又）淤愚[55]鱼渔榆余馀与虞迂于语禹誉雨羽盂宇预豫寓[31]郁育玉狱浴欲御娱遇芋逾愉愈喻裕

ɛ

p[55]白 帛财~摆[31]拜败

p'[55]排牌[31]派

m[55]埋买[31]卖迈（新）脉

t[214]怠殆呆逮[31]戴带贷待代袋大~夫

t'[214]胎态[55]台苔抬[31]太泰

n[55]乃奶[31]耐奈

l[55]来[31]赖癞

ts[214]载十年八~灾栽再[55]宰崽[31]载~重、满~在

ts'[214]猜[55]彩采睬才材财裁[31]菜蔡

s[214]腮鳃[31]赛

tʂ[214]斋[55]债择摘[31]寨

tʂ'[214]钗差[55]柴豺

ʂ[214]筛[31]晒

k[55]该改[31]概溉盖丐

k'[214]开[55]凯慨~叹、慷~揩楷

x[55]海孩亥核~对[31]害骇

ŋ[214]哀蔼[55]埃苏维~癌[31]碍艾爱

ø[214]哀[55]埃苏维~

iɛ

tɕ[214]皆阶秸街[55]解[31]介界芥届戒解

ɕ[55]鞋[31]械懈解蟹屑头皮~、不~一顾

ø[214]捱[55]挨崖矮~个子[31]隘

uɛ

tʂ[31]拽

tʂ‘[214]揣

ʂ[214]衰[31]帅率蟀

k[55]拐[31]乖怪

k‘[31]块会快筷

x[55]怀槐淮[31]坏

ø[214]歪[55]蛙~子[31]外

ei

p[214]杯碑掰悲[55]白卑北百柏伯[31]贝辈背~孩子背后~倍焙被~子被~打备

p‘[214]披胚坯佩[55]培陪赔迫拍魄[31]沛配辔

m[55]梅枚玫媒煤脢莓眉楣霉没每美[31]迈(旧)谜妹昧媚寐墨默陌麦脉

f[214]非飞匪榧痱妃翡[55]肥[31]废肺吠费

t[55]得德

n[31]内

ts[55]贼

s[55]塞

tʂ[55]泽择宅窄责

tʂ‘[55]测拆策册

ʂ[55]谁涩色

k[55]给格隔

k‘[55]坷~垃刻

x[55]黑

ŋ[55]□你，你们，你的，你们的

uei

t[31]对队兑

t‘[214]推[55]腿颓[31]退蜕

l[55]雷擂儡累蕊垒[31]芮锐累类泪肋勒

ts[214]堆[55]嘴[31]罪最醉

ts‘[214]催崔[31]淬脆翠粹

s[214]尿[55]髓随绥虽遂隧[31]碎岁穗[·]荽

tʂ[214]追锥[31]缀赘坠拽

tʂ'[214]吹[55]垂槌锤炊

ʂ[55]水[31]税说睡瑞

k[214]圭龟轨归[55]鬼规诡癸[31]刽鳜桂跪柜贵

k'[214]亏盔[55]魁傀奎窥逵葵[31]溃殡愧

x[214]盔灰麾辉徽[55]恢挥回悔毁晦或[31]贿汇桧会绘彗秽惠慧讳汇

ø[214]威畏[55]萎委桅煨卫危伪慰~问围违伟苇维惟唯微尾[31]纬胃谓猬位未味为~了、因~

ɔ

p[214]包胞苞[55]饱褒保堡宝[31]报暴菢豹爆鲍抱

p'[214]泡抛脬[55]袍跑刨[31]炮泡

m[55]毛茅猫小~、~着腰锚卯矛[31]冒帽貌茂贸

f[55]否

t[214]刀[55]祷岛倒捣导掇[31]到倒道稻盗悼[·]叨唠~

t'[214]滔掏涛[55]讨桃逃淘陶萄[31]套

n[214]铙挠[55]脑恼[31]闹

l[55]劳捞牢唠痨老姥[31]落梅花~、莲花~烙~饼酪

ts[214]遭糟[55]早枣蚤澡凿藻[31]躁灶皂造燥

ts'[214]操[55]草曹槽[31]糙

s[214]骚臊搔[55]扫~地嫂

tʂ[214]朝召号~、~见昭招[55]着走~着~急酌~情、斟~爪找[31]罩笊赵兆肇照

tʂ'[214]抄钞巢剿围~超[55]吵焯

ʂ[214]梢捎筲烧[55]少很~韶绍勺芍稍~微[31]潲少~年邵

ʐ[214]扰[55]饶桡绕[31]绕弱

k[214]高膏~药篙羔糕[55]稿搞膏石~[31]告

k'[55]考烤拷犒[31]靠

x[214]蒿薅[55]好耗豪壕毫嚎[31]好浩号

ŋ[55]熬袄[31]傲鳌奥懊

iɔ

p[214]膘标彪[55]表

p‘[214]漂飘[55]瓢嫖[31]票漂鳔

m[55]藐渺秒[31]庙妙

t[214]刁貂雕[55]屌[31]钓吊掉调

t‘[214]挑[55]条调[31]跳粜

n[55]鸟[31]尿

l[55]燎疗聊辽撩僚嘹鹩了瞭廖[31]料镣略

tɕ[214]焦蕉椒剿围~郊胶教狡骄娇矫浇缴[55]绞铰爵嚼脚觉~着茭搅较饶角饺[31]教校酵窖觉睡~轿叫

tɕ‘[214]锹铁~敲[55]巧樵瞧蹻乔侨桥荞悄雀~古：夜盲鹊野~[31]壳鸡蛋~鞘俏翘窍

ɕ[214]消宵霄硝销小嚣萧箫晓淆羞削[55]逍稍[31]孝效校笑

ø[214]妖邀腰要幺杳约[55]肴摇谣窑姚遥尧舀咬吆[31]要耀鹞疟药钥跃虐~待

əu

p‘[214]剖

f[55]否

t[214]兜[55]斗抖陡[31]都斗豆逗痘

t‘[214]偷[55]头投[31]透

l[214]篓[55]楼搂耧[31]露漏陋

ts[55]走[31]奏

ts‘[31]凑

s[214]艘搜飕馊

tʂ[214]邹绉周舟州洲粥搊[55]肘[31]昼纣宙胄皱骤咒[·]帚扫~

tʂ‘[214]抽[55]丑绸稠愁仇酬售筹[31]臭

ʂ[214]收[55]首守手（又）[31]瘦兽受寿授售

ʐ[55]柔揉[31]肉

k[214]勾钩狗[55]沟[31]苟垢够构购媾

k‘[214]抠[55]口[31]叩扣寇

x[55]吼侯喉猴瘊候[31]后厚

ŋ[214]偶欧瓯鸥呕殴沤[55]藕[31]怄

iəu

t[214]丢

n[55]牛放~纽扭钮[31]谬

l[55]流刘留榴硫琉柳[31]溜馏六

tɕ[214]揪鬏鸠阄纠究[55]酒九久韭灸柩[31]就救臼舅旧

tɕ'[214]锹铁~朽~烂木头秋鳅丘蚯[55]囚泅求球仇

ɕ[214]修休朽[31]秀绣袖嗅锈

ø[214]优忧尤悠[55]牛小~庄：村名邮柚鼬釉由油游犹有友酉莠幽[31]又右佑诱幼

ã

p[214]班斑颁扳般搬瘢[55]板版[31]扮瓣办半绊伴拌

p'[214]攀潘[55]盘[31]盼襻判叛

m[55]蛮瞒馒满[31]慢漫幔曼

f[214]帆翻番[55]泛范反返烦凡矾繁藩[31]犯贩饭

t[214]耽担丹单[55]胆疸掸[31]淡旦诞但弹蛋

t'[214]滩坍贪摊瘫坦[55]蝉潭谭坛毯谈痰檀弹[31]探炭叹

n[55]男南难[31]难

l[55]缆兰拦栏銮卵览揽榄懒蓝篮[31]滥烂

ts[214]簪暂攒[31]赞

ts'[214]参惨餐[55]蚕[31]惭灿残

s[214]三[55]散麻沸~伞[31]散~步

tʂ[214]沾毡[55]斩粘瞻展[31]站车~、~立蘸占绽栈战颤

tʂ'[214]掺[55]蟾谗~言馋很~搀忏铲产缠禅

ʂ'[214]杉衫珊山删搧阉~猪[55]膻陕闪[31]疝扇善鳝单姓~膳禅

ʐ[55]染冉然燃

k[214]甘柑泔尴干肝竿秆杆[55]感敢橄杆擀赶[31]干

k'[214]堪坎勘看刊[55]砍侃[31]看

x[214]憾憨酣鼾罕[55]含函喊寒韩翰还[31]撼汉旱汗焊

ŋ[214]庵鹌安鞍按[55]揞[31]暗岸案

iã

p[214]鞭编边[55]贬蝙扁匾[31]变辨辩汴便徧遍辫

p‘[214]篇偏[55]便[31]骗片

m[55]免眠绵棉勉娩[31]缅面麺

t[214]掂颠癫[55]点典[31]店电殿奠垫淀靛

t‘[214]添天田填[55]舔甜腆[31]

n[55]鲇年拈碾[55]黏辇捻撵[31]念碾

l[55]廉镰帘连联鲢敛脸[31]殓怜莲练炼楝恋

tɕ[214]监鉴~别尖兼艰间简奸煎肩坚歼笺[55]检柬拣谏涧锏裥减碱俭剪茧趼[31]剑舰渐箭溅践贱饯件犍建键健腱荐笕见鉴年~

tɕ‘[214]歼签谦迁千遣虔潜牵铅[55]钳钱乾前浅[31]嵌欠歉

ɕ[214]纤杴仙鲜掀先[55]衔嫌闲涎贤弦舷癣险限苋咸显[31]陷馅线羡宪献现县

ø[214]淹腌蔫焉烟燕[55]艳红~~岩炎盐阎檐严沿颜言研俨眼焰掩延演衍[31]验阉魇厌艳酽雁晏谚筵堰砚胭燕咽宴

uã

t[214]端[55]短[31]锻断段缎

t‘[55]团

n[55]暖

l[55]鸾软（又）

ts[214]钻[55]纂[31]钻

ts‘[214]汆[31]窜篡

s[214]酸[31]算蒜

tʂ[214]专砖[55]篆传[31]赚撰转

tʂ‘[214]川穿[55]传椽船喘[31]串

ʂ[214]闩拴栓[31]涮

k[214]官棺观冠管鳏关[55]馆[31]贯灌罐观冠惯

k‘[214]宽[55]款

x[214]欢[55]桓缓还环[31]焕唤换幻患宦

ø[214]豌剜弯湾[55]丸翫完皖碗顽晚挽宛婉[31]惋腕万蔓

yã

tɕ[214]捐鹃[31]眷卷绢圈倦

tɕ'[214]圈[55]全泉拳权颧犬[31]劝券

ɕ[55]轩喧玄悬眩[55]宣选旋[31]楦

ø[214]冤鸳渊[55]圆员缘元原源袁辕园援猿远阮怨软(又)[31]院愿

ə̃

p[214]锛[55]本[31]奔笨

p'[214]喷[55]盆

m[55]门[31]闷

f[214]芬纷焚分[55]粉坟[31]粪奋愤忿份

ts[214]怎

ts'[214]参岑

tʂ[214]针斟珍臻真诊疹[31]枕镇阵振震

tʂ'[214]深[55]辰晨臣陈尘沉娠[31]趁衬称

ʂ[214]深森参身申伸娠[55]沈审婶神[31]葚甚肾慎渗

ʐ[55]人仁忍[31]壬任刃认韧

k[214]跟根[55]哏

k'[55]恳垦啃

x[214]很[55]痕~迹[31]痕伤~恨

ŋ[214]恩

iə̃

p[214]宾槟[31]殡鬓

p'[214]拼拚[55]品贫频[31]聘

m[55]民闽悯怜~敏抿皿

l[55]林淋临檩邻鳞磷[31]赁吝

tɕ[214]今金襟斤筋[55]谨紧锦巾仅[31]禁~止、~不住妗尽进晋劲近劲浸

tɕ'[214]浸侵寝亲[55]琴禽擒秦勤芹钦[31]沁

ɕ[214]心辛新薪衅欣馨[31]信

ø[214]音阴荫姻吟隐[55]因饮~水银寅引蚓殷尹淫人（又）[31]窨饮印孕
刃刀~子

uə̃

t[214]蹲（又）敦墩[55]囤[31]顿沌钝遁盾饨
t'[214]吞[55]屯臀豚[31]饨
l[55]仑伦轮淋[31]嫩论润
ts[214]尊蹲（又）遵
ts'[214]村忖[55]存[31]寸
s[214]孙狲
tʂ[55]准谆
tʂ'[214]鹑椿春[55]纯醇蠢唇
ʂ[31]顺舜
k[214]闺[55]滚[31]棍
k'[214]坤昆[55]捆[31]困
x[214]昏婚[55]茴魂馄浑荤[31]混
ø[214]温瘟[55]稳文纹蚊闻吻刎[31]问璺

yə̃

tɕ[214]津均钧君军郡[55]菌[31]俊骏
tɕ'[214]皴[55]群裙捆（老）一~、~东西
ɕ[214]熏[55]寻损荀笋榫旬循巡殉勋[31]迅驯训逊
ø[214]晕[55]耘耕~匀允云[31]孕闰熨酝耘~地韵运

aŋ

p[214]帮邦[55]榜绑膀[31]谤傍棒蚌
p'[55]滂旁螃庞[31]胖
m[55]忙芒茫莽蟒盲虻
f[214]方坊芳[55]肪仿妨纺访房防[31]放
t[214]铛裆[55]党挡当[31]当档荡宕
t'[214]汤倘[55]堂棠螳唐糖塘躺[31]烫趟
n[55]囊曩攮[·]囔胡~~
l[55]郎廊狼螂榔朗[31]浪

ts[214]赃脏

ts‘[214]仓苍舱[55]藏[31]葬藏脏

s[214]桑[55]磉嗓搡[31]丧~事、~气

tʂ[214]章樟瘴[55]掌长涨[31]帐账胀涨丈仗杖障

tʂ‘[214]畅昌菖倡[55]常尝偿长肠场厂敞[31]唱[·]尚和~

ʂ[214]商伤[55]裳赏晌饷[31]上尚

ʐ[55]酿酝~穰壤攘瓤[31]让

k[214]刚纲钢缸肛缰[55]冈岗港[31]杠

k‘[214]康糠慷[31]抗炕扛

x[55]行航杭

ŋ[55]昂

iaŋ

n[55]娘姑~、老~

l[55]良凉量粮梁粱两俩[31]亮谅辆量

tɕ[214]浆蒋疆僵姜礓缰姜江豇[55]讲将桨奖耩[31]酱匠降将

tɕ‘[214]羌枪腔[55]抢墙强犟

ɕ[214]相箱厢湘镶香乡[55]详祥翔享响想降巷[31]相象像橡向项

ø[214]央秧殃鸯恙[55]仰羊洋烊杨阳扬疡养痒[31]样

uaŋ

tʂ[214]庄装妆桩[31]壮状撞

tʂ‘[214]疮窗[55]床闯[31]创~伤、~造

ʂ[214]霜孀双[55]爽

k[214]光胱广[31]逛

k‘[214]筐[55]狂况[31]旷匡眶框矿

x[214]荒慌[55]黄簧皇蝗凰隍蟥谎恍[31]晃幌

ø[55]汪亡网辋妄王枉往旺[31]忘望

əŋ

p[214]崩绷迸[31]蹦

p‘[214]烹[55]捧朋鹏彭膨棚蓬篷[31]碰

m[55]猛萌氓盟蒙懵蠓[31]孟梦

f[214]风枫疯讽丰封蜂[55]冯峰锋逢缝[31]凤奉俸缝

t[214]登灯瞪[55]等[31]凳邓澄

t‘[55]腾誊藤疼

n[55]能

l[31]棱愣

ts[214]曾增憎赠僧

ts‘[55]曾层[31]蹭

s[214]僧

tʂ[214]正征蒸拯争筝睁贞侦[55]整[31]证症郑正政

tʂ‘[214]撑称铛[55]惩乘承丞澄橙逞呈程成城诚盛[31]秤

ʂ[214]升生牲笙甥声[55]绳胜省[31]剩圣盛

ʐ[214]仍扔

k[214]更打~耕[55]更埂梗庚羹哽耿

k‘[214]坑

x[214]亨哼[55]横恒衡[31]横

uəŋ

ø[214]翁嗡[31]瓮

iŋ

p[214]兵丙冰[55]秉并禀柄饼[31]病并

p‘[55]凭平坪评苹瓶屏[31]萍

m[55]鸣明名铭冥[31]命

t[214]丁钉疔[55]顶鼎[31]钉订锭定

t‘[214]听厅[55]汀贺绿~停廷庭蜓艇挺铤

n[55]凝宁佞

l[55]陵凌菱绫灵零铃伶翎龄拎岭领[31]另

tɕ[214]粳耕京荆惊晶精睛经径鲸(新)~鱼[55]景警井[31]茎境敬竟镜竞静靖净颈

tɕ‘[214]卿鲸(旧)~鱼清轻青蜻倾[55]情晴擎顷请[31]庆磬

ɕ[214]兴星腥猩[55]行形型刑醒省[31]兴杏幸性姓

ø[214]应鹰莺鹦樱英婴缨盈[55]蝇迎赢莹营茔颖萤影映[31]硬

uŋ

t[214]东冬[55]董懂[31]冻栋动洞

t‘[214]通统[55]同铜桐童瞳桶捅筒[31]痛

n[55]脓浓[31]弄

l[55]笼聋胧拢笼隆窿融陇茸荣溶榕熔龙蓉镕[·]窿咙

ts[214]棕鬃粽宗综踪[55]总[31]纵

ts‘[214]聪匆葱囱丛

s[214]松[55]耸怂[31]送宋诵颂讼

tʂ[214]中忠衷终钟锺盅[55]肿种[31]中仲众重种

tʂ‘[214]忡充铳冲[55]虫崇重宠

ʐ[55]戎绒

k[214]公蚣工功攻弓躬宫恭供[55]汞龚拱巩[31]贡供共

k‘[214]空[55]孔恐[31]控空

x[214]轰烘[55]虹弘宏红洪鸿虹哄

yŋ

n[55]浓

l[55]龙垄

tɕ[55]窘[31]迥纵

tɕ‘[55]琼穷

ɕ[214]胸匈兄[55]熊雄凶

ø[214]庸（又）中~ 痈壅拥涌[55]容庸（又）~俗臃永泳咏勇恿踊[31]用

4.长山方音与普通话和中古音的比较

4.1 长山方音与普通话语音的比较

4.1.1 长山方音与普通话声母的比较

表4-1长山方音与普通话声母对照表

长＼普	p	p‘	m	f	t	t‘	n	l	ts	ts‘	s	tʂ	tʂ‘	ʂ	ʐ	ɭ	tɕ	tɕ‘	ɕ	k	k‘	x	ø	ŋ
p	波	捕																						
p‘		坡																						
m			摸																					
f				风																				
t					德																			
t‘						特																		
n							南	嫩																
l								兰																
ts									资			责												
ts‘										此			策											
s											思			森										
tʂ												猪												
tʂ‘													处											
ʂ													深	书										
ʐ								荣						瑞	让								刃	
tɕ													剿				吉							
tɕ‘																		气	洽					
ɕ																			喜					
k																	刚			哥				
k‘																		捆		括	客			
x																						黑	淆	
ø																儿								袄

长山方言有24个声母，比普通话多ɭ、ŋ两个，其主要不同是：

1.长山ɭ声母，普通话是零声母，如“二、儿、耳、而、饵”等。

2.长山ŋ声母，普通话是开口呼的零声母，如“啊、爱、呕、昂”等。

3.普通话ʐ声母在长山方言中按韵母是否是合口分读l和ʐ：

（1）韵母是合口呼的普通话ʐ声母字在长山方言中读l声母，如“润、锐、汝、乳、软、蕊”等。但入、若两字仍读ʐ声母，这是因为这两字口语中不用，所以按普通话的声母读。

（2）韵母是开口呼的普通话ʐ声母字在长山方言中仍读ʐ声母，如“让、染、冉、绕、热”等。

4.长山读tʂ、tʂʻ、ʂ三声母的少部分字，普通话是ts、tsʻ、s。如：

长山	普通话	例字
tʂ	ts	泽择（澄）责邹淄（庄）
tʂʻ	tsʻ	策册测（初）踩
ʂ	s	缩森涩色洒（生）

这些字除了“踩”之外，都是知二庄组字。

5.长山少量tʂʻ声母字，普通话读ʂ声母，如：顺tʂʻuə̃˙孝~、深tʂʻə̃^{214}、售tʂʻəu^{55}、殊tʂʻu^{55}特~、尚tʂʻaŋ˙和~，等等。

6.长山方言和普通话有送气不送气的区别：

（1）长山送气，普通话不送气，如：膊pʻə˙胳~、捕甫赴讣pʻu^{55}、堤tʻi^{214}大~、肢tʂʻʅ^{55}胳~，胳~窝、恃tʂʻʅ^{55}有~无恐、匙tʂʻʅ˙钥~。

（2）长山不送气，普通话送气，如：饨tuə̃^{31}馄~、触tʂu^{55}接~。

（3）有些字长山有送气不送气两读，如“提溜”表示“手提”义时，有ti$^{214-32}$liəu˙（白）和tʻi$^{55-35}$liəu˙（文）两读；表示“小孩两手指扣住挂在大人胳膊上把身体悬空”的动作时，只有ti$^{214-32}$liəu˙一读。“提”在其他词语如“提篮”、“提东西”中都只有送气一读。再如“刮”表示“用刀子去掉物体表面的东西”时有kua^{55}（文）和kʻua^{55}（白）两读，如“刮脸”、“刮胡子”、“刮毛”等词；表示“风吹动”义时只有kua^{214}一读，如“刮风”。

7.长山的少数零声母字，普通话有些念ʐ声母，如“容阮闰”；有些念n声母，如“蔫逆虐疟”。牛在“小牛庄”（村庄名）、“莫拉牛”（蜗牛）、“老牛风”（冬天刮的西北风）中读零声母 iəu[55]，家畜“牛”旧读也是零声母 iəu[55]，现在多读 niəu[55] 了。这是受普通话的影响。

4.1.2 长山方音与普通话韵母的比较

表 4-2 长山方音与普通话韵母对照表

（一）

长＼普	ɿ	ʅ	a	ə	ɛ	ei	ɔ	əu	ã	ə̃	aŋ	əŋ	i	ia	iə	iɛ	iɔ	iəu	iə̃	iŋ	u	uə	uei	uã	uə̃
ɿ	四																								
ʅ		诗																							
a			妈																						
o			剥	摸		迫																			
ɤ			割	热		德																个			
ɚ				耳																					
ai					盖	百										矮									
ei						妹															没		雷		
au							高																		
ou								斗													某				
an									俺	含															
ən										根		贞													嫩
aŋ											方														
əŋ												碰													
i													李												
ia														家											
iə															爷	街									
iau														角			叫								
iəu																		酒							
in																			音						淋
iŋ																				英					
u																					土				
uo							弱														做	国	或		
uei																							对		
uan																								短	
un																									村

（二）

长／普	iã	iɔ	iaŋ	iŋ	u	ua	uɛ	uei	uã	uə̃	uaŋ	uəŋ	uŋ	əŋ	y	yə	yã	yə̃	yŋ
ian	淹																		
in																		津	
iaŋ			娘																
iŋ				庆															倾
u					屋														
ua						瓜													
uai							怪	拽											
uei								灰											
uan									惯										
uən										温								损	
uaŋ											光								
uəŋ												瓮							
uŋ													东						龙
əŋ				耕										崩					
y															吕				
ye		雀														月			
yan																	卷		
yn																		军	
yŋ																			穷

长山有37个韵母，比普通话少er韵母，主要不同是：

1.长山方言的iɛ韵母普通话读ie、ai或ia。长山方言可与iɛ韵母结合的声母只有tɕ、ɕ声母和零声母，它们与普通话的对应如下：

长山	普通话	例字
tɕiɛ	tɕie	皆秸街解介界芥疥戒届
ɕiɛ	ɕie	鞋蟹懈械些屑
iɛ	ai	矮挨
	ia	崖涯

长山这些字的读音与邹平、博山方言甚至整个山东方言都基本一致。

2.长山a韵母的少数字，普通话读ɤ韵母，如：

例字	蛇	割	喝	葛
长山	ʂa	ka	xa	ka
普通话	ʂɤ	kɤ	xɤ	kɤ

3.长山的ə韵母字，普通话读o、ɤ两个韵母，其分化以声母为条件，即在唇音声母后读o，在其他声母后读ɤ。另外，长山音节ḷə普通话读ɚ：

例字	波	破	末	佛	热	哲	车	而
长山	pə	p'ə	mə	fə	ʐə	tʂə	tʂ'ə	ḷə
普通话	po	p'o	mo	fo	ʐɤ	tʂɤ	tʂ'ɤ	ɚ

4.长山的uə普通话多数读uo，例如"夺罗桌过"等。但在舌根音k、x声母后普通话常读ɤ。而在舌根音k'声母后，长山则读和普通话近似的ə音。如：

长山	普通话	例字
kuə	kɤ	哥歌个各胳
xuə	xɤ	和何合河盒禾
k'ə	k'ɤ	可颗课棵蝌咳

5.长山ei韵母字，普通话读ei（uei）、ɤ、ai、o等韵母，如：

长山	普通话	例字
ei	ei(uei)	悲非内威贼黑
	ɤ	得德则泽择册色革刻客克
	ai	伯掰白拍麦脉塞摘窄宅拆
	o	帛迫魄墨默

6.长山两个撮口呼韵母y和yŋ的一部分字，普通话读为合口呼的u和uŋ。其声母长山是tɕ和ɕ，普通话就是ts和s。如：

例字	纵	松	龙	垄	浓
长山	tɕyŋ	ɕyŋ	lyŋ	lyŋ	nyŋ
普通话	tsuŋ	suŋ	luŋ	luŋ	nuŋ

7.长山的一些ɔ、iɔ韵母字普通话读ɤ、uo、ye。如：

例字	壳鸡蛋~	着走~	酌	羞	觉~得	鹊	学~校	疟虐
长山	tɕ'iɔ	tʂɔ	tʂɔ	ɕiɔ	tɕiɔ	tɕ'iɔ	ɕiɔ	iɔ
普通话	k'ɤ	tʂɤ	tʂuo	ɕiou	tɕye	tɕ'ye	ɕye	nye

4.1.3 长山方音与普通话声调的比较

表 4-3 长山方音与普通话声调对照表

长山	普通话	例字	例外字长山音（普通话音）
平声	阴平	沙爹推区掰刮	
	阳平	桔橘	
	上声	匹渴	
	去声	束速卅粟握沃郁	
上声	阳平	邪胡驴爬伯族达局协	锱ᶜtsɿ（꜀tsɿ）诛ᶜtʂu（꜀tʂu）脂ᶜtʂʅ（꜀tʂʅ）
	上声	打写虎吕	
	去声	液翼裂疫腭诺漠域	
去声	去声	沪妹谢破袜灭入律	疵ts'ɿᵓ（꜀ts'ɿ）诸tʂuᵓ（꜀tʂu）茎tɕiŋᵓ（꜀tɕiŋ）

从上表可以看出长山方音和普通话声调的主要差别如下：

1.长山只有三个声调，比普通话少一个。长山的上声字大约等于普通话阳平字和上声字之和，再加一部分普通话去声字，这些普通话去声字主要是古次浊入声字，如“疫役腭鄂诺没漠域液腋翼裂”等字。

2.长山的平声字，普通话除多数也读阴平以外，还有一部分读阳平、上声、去声。这部分字主要来源于古清声母入声。

3.长山的去声字约等于普通话的去声字，但长山有个别去声字普通话读为阴平或阳平。这主要是古平声字，如“疵饨惭诸茎”等字。

4.2 长山方音与中古音的比较

中古音指以《切韵》系统为代表的中古音系，古音声母系组的分类，以及韵摄的排列，均依中国社会科学院语言研究所编《方言调查字表》（修订本）。

4.2.1 长山方音与中古音声母的比较

表 4-4 长山方音和中古音声母比较表

中古声母	条件	长山音	例字	例外字举例
帮		p	波变	圃 p‘u^{55} 庇 p‘i^{31} 泌 mi^{31}
滂		p‘	坡片	玻 pə^{214} 怖 pu^{31} 醭 pu^{55}
並	古平声	p‘	婆盘	瘢 pã^{214}
	古仄声	p	步白	叛 p‘ã^{31} 捕 p‘u^{55}
明		m	磨麦	谬 niəu^{31}
非			府废	
敷		f	俘肺	
奉			符肥	
微		ø	雾威	
端		t	多都	嚏 t‘i^{31} 堆 tsuei^{214}
透		t‘	拖吐	贷 tɛ^{31}
定	古平声	t‘	驮图	
	古仄声	t	淡电	艇挺铤 t‘iŋ^{55}
泥（娘）		n	挪奴	泥 mi^{55} 酿 ʐaŋ^{31} 赁 liə̃^{31}
来		l	罗弄	辇 niã^{55}
精	开合一、止开合三、通合三	ts	左租	挫 ts‘uə^{31}
	开合三（止、通摄除外）、开口四等	tɕ	酒剪	遵 tsuə̃^{214} 歼 tɕ‘iã^{214} 剿 tʂ‘ɔ^{214}
清	开合一、止开合三、通合三	ts‘	搓次	
	开合三（止、通摄除外）、开口四等	tɕ‘	娶秋	脆 ts‘uei^{31}

续表

从	开合一、止摄、通摄的平声	ts‘	才锉	
	开合一、止摄、通摄的仄声	ts	坐在	
	开合三（止、通摄除外）、开四的平声	tɕ‘	钱墙	
	开合三（止、通摄除外）、开四的仄声	tɕ	就集	
心	开合一、止开合三、通合三	s	锁腮	珊ʂã^{214}损ɕyə̃^{55}赐ts‘ɿ^{31}粹ts‘uei^{31}
	开合三（止、通摄除外）、开口四等	ɕ	笑选	岁suei^{31} 栖tɕ‘i^{214}
邪	止开合三（之韵除外）、通合三	s	寺随	
	之韵	ts‘	辞词祠	
	开合三等（止、通摄除外）	ɕ	斜徐	囚泅tɕ‘iəu^{55}
知		tʂ	知追	嘲tʂ‘ɔ^{55}
彻		tʂ‘	超抽	
澄	古平声	tʂ‘	池绸	
	古仄声	tʂ	住治	瞪təŋ^{214}
庄		tʂ	抓邹责	阻tsu^{214}滓tsɿ^{55}
初		tʂ‘	炒测	
崇	古平声	tʂ‘	锄柴	
	古仄声（止开三除外）	tʂ	助寨	
	止开三	ʂ	士仕事	

续表

生		ʂ	洒森色	搜 səu^{214} 渗 tʂ‘ə̃^{31}
章		tʂ	真粥	
昌		tʂ‘	车吹	枢ʂu^{55} 触(又)tʂu^{55}
船	三等平声	tʂ‘	唇船	
	三等仄声	ʂ	射剩	
书		ʂ	世手	翅 tʂ‘ʅ^{31} 深 tʂ‘ə̃^{214} 春 tʂ‘u^{214}
禅	三等平声	tʂ‘	匙臣殊	
	三等仄声	ʂ	社勺	恃 tʂ‘ʅ^{55} 豉 tʂ‘ʅ^{55} 殖植 tʂʅ^{55}
日	开三等(止开三除外)	ʐ	日瓤柔	人(又)iə̃^{55} 刃 iə̃^{31} 嚷 naŋ^{55}
	合三等	l	茸如儒	戎绒ʐuŋ^{55} 肉ʐəu^{31} 闰 yə̃^{31}
	止开三	ɭ	儿二耳	
见	开合一等,合口二等,梗摄开口二等,止合三,宕、通摄舒声合口三、四等	k	哥庚格贵鬼逛供	桧 xuei^{31} 蜗 uə^{214} 矿 k‘uaŋ^{31} 粳耕 tɕiŋ^{214} 季 tɕi^{31}
	开口二等(梗摄除外),开口三、四等,遇、山、臻摄合口三、四等,宕、通摄入声合口三、四等	tɕ	家寄足矩吉	懈 ɕiɛ^{31} 肛 kaŋ^{31} 扛 k‘aŋ^{31} 港 kaŋ^{55} 给 kei^{55} 缰 kaŋ^{214}
溪	开合一等,合口二等,梗摄、蟹摄开口二等,蟹、止摄合口三、四等,宕、通摄舒声合口三、四等	k‘	可坑客揩楷奎亏筐恐	恢 xuei^{55}
	开口二等(梗、蟹摄除外),开口三、四等,遇、山、臻、梗摄合口三、四等,宕、通摄入声合口三、四等	tɕ‘	壳腔起轻去曲	溪ɕi^{214} 墟ɕy^{214}

续表

群	开口三等及果、遇、山、臻、梗、通摄合口三等的平声	tɕ‘	颧瘸	仇 tʂ‘əu^{55}
	开口三等及遇、山、臻、通摄合口三等的仄声	tɕ‘	技巨	
	止、宕摄合口三等的平声	k‘	葵狂	
	止、宕摄合口三等的仄声	k	跪	
疑	开口一等	ŋ	碍熬藕	饿 uə^{31} 我 uə^{55}
	其他	ø	牙研卧	额ŋə^{55} 凝 niŋ^{55} 霓 ni^{31}
晓	开合一，合口二等，止、宕摄合口三等	x	海花	歪 uɛ^{214} 况 k‘uaŋ^{31}
	开口二等，开口三、四等，果、遇、山、臻、梗、通合口三四等	ɕ	休虾	夯 xaŋ^{214}
匣	开合一、合口二等、蟹合四	x	号换惠	苛 k‘ə^{55} 溃 k‘uei^{31}
	开口二等，开口四等，山、梗摄合口三四等	ɕ	陷畦	衡 xəŋ^{55}
影	开口一等	ŋ	爱安	
	其他	ø	椅迂屋	握龌 uə^{214} 扼 ŋə^{55} 轭 ŋə^{31} 秽 xuei^{31}
喻(云)		ø	位有雨	荣 luŋ^{55} 熊雄ɕyŋ^{55}
喻(以)	蟹合三、通摄东钟韵合口三等	l	锐融溶榕熔蓉	容庸勇 yŋ^{55} 用 yŋ^{31} 踊涌 yŋ^{55}
	其他	ø	遥营维	铅 tɕ‘iã^{214} 捐 tɕyã^{214}

中古音系的40个声母在长山方音中演变为24个声母，通过比较可以总结出长山方音声母与中古音的对应规律：

1.古全浊声母清化，平声送气，仄声不送气。

2.尖团合流。精组开合三（止、通摄除外）、开口四等字今音均读细音，在今细音前声母是舌面前声母；见系字开口二等，开口三、四等，果、遇、山、臻摄及宕、曾、通摄入声字今音读细音，在今细音前声母也是舌面前声母。

3.现代长山方言也还存在疑母，它包括《广韵》疑母、影母的开口一等字（果开一除外）和少数开口二等字如“癌额（疑）、扼（影）”，它们在现代长山方言是开口字，声母是ŋ。果开一比较特殊，白读为uə，如“我$uə^{55}$、蛾饿$uə^{55}$”。文读还有ŋ声母，如“蛾饿ŋə55”。而《广韵》疑母、影母的开口二、三、四等和合口字，现代长山方言都无ŋ声母，都读为零声母。

4.知、庄、章三组合并，都读为舌尖后音。

5.现代长山方言止摄开口三等日母字全部读为ɭ，如“儿尔耳”等字；止开三之外的开三基本读ʐ，如“穰瓤”等字；合口三等字基本读l，如“茸如”等字。

4.2.2 长山方音与中古音韵母的比较

表 4-5 长山方音和中古音韵母比较表

中古音		条件	长山音	例字	例外字举例
摄、等	韵				
果开一	歌	端系、见系	uə	多罗贺饿	他 t‘a^{55}可 k‘ə^{55}
果开三	戈	见系	iə	茄	
果合一	戈	帮系	ə	菠婆	
		端系、见系	uə	坐蝌卧	棵颗 k‘ə^{214}课 k‘ə^{31}
果合三	戈	见系	yə	瘸靴	
假开二	麻	帮系、端系、知系	a	巴拿茶洒	
		见系	ia	加牙虾鸦	
假开三	麻	精组、影组	iə	借些爷野	
		知组、章组、日母	ə	射麝遮惹	
假合二	麻	见系	ua	夸华瓦洼	蜗 uə^{214}
		庄组	a	傻	
遇合一	模	帮系、端系、见系	u	布步肚醋	都 təu^{55}错 tsuə^{31}
遇合三	鱼	泥组、精组、见系	y	女蛆居鱼	庐 lu^{55}
		知系	u	舒如诸储	所 suo^{55}
	虞	泥组、精组、见系	y	屡需俱	
		帮系、知系	u	厨肤	
蟹开一	哈	端系、见系	ε	代耐栽赛	
	泰	帮系	ei	贝沛	
		端系、见系	ε	带太	
蟹开二	皆	帮系、庄组	ε	拜排埋斋	
		见系	iε	介械	揩 kε^{55}谐 ɕiə^{55}尬 ka^{55}
	佳	帮系、泥组、庄组	ε	牌摆奶柴	罢 pa^{31}
		见系	iε	鞋矮街	佳 tɕia^{55}涯 ia^{55}
	夬		ε	败寨迈	

续表

蟹开三	祭	帮系、端系、见系	i	币例际艺	
		知系	ʅ	逝滞制	
蟹开四	齐	帮系、端系、见系	i	批低丽鸡	
蟹合一	灰	帮系	ei	辈配	
		端系、见系	uei	盔灰回	
	泰	疑母	uɛ	外	
		端系、见系（疑母除外）	uei	最绘	
蟹合二	夬	溪母	uɛ	快	
		匣母	ua	话	
	皆	见系	uɛ	怪坏	
	佳	见系	ua	挂卦画	拐 $kuɛ^{55}$歪 $uɛ^{214}$
蟹合三	祭		uei	岁	
	废	帮系	ei	废肺	
		见系	uei	秽	
蟹合四	齐	见系	uei	闺奎桂慧	畦 $çi^{55}$携 $çiə^{55}$
止开三	支	帮系（部分）	ei	卑碑被	
		帮系（部分）、泥组、见系	i	避谊戏	
		精组	ɿ	疵雌斯	
		知系	ʅ	知驰支匙	
		日母	ə	儿尔	
	脂	帮系（部分）	ei	悲眉辔备	
		帮系（部分）、端组、泥组、见系	i	鄙地梨器	
		精组	ɿ	资瓷自死	
		知系	ʅ	稚狮脂尸	
		日母	ə	二贰	

续表

	之	泥组、见系	i	基里你	
		精组	ɿ	子字	
		知系（日母除外)	ʅ	士耻治	厕 ts'ə^{55}
		日母	ə	而耳饵	
	微	见系	i	几希气	
止合三	支	端系、知系、见系	uei	累嘴睡为	
	脂	端系、知系、见系	uei	泪坠位谁	帅 ʂuɛ^{31}衰 ʂuɛ^{214}
	微	帮系	ei	非	
		见系	uei	归辉微胃	
效开一	豪	帮系、端系、见系	ɔ	褒刀高奥	
效开二	肴	帮系、泥组、知组、庄组	ɔ	包闹抄	
		见系	iɔ	教肴	
效开三	宵	帮系、端系、见系	iɔ	标飘焦娇	
		知系	ɔ	超召烧	
效开四	萧	端系、见系	iɔ	叼萧浇	
流开一	侯	帮系（部分）	u	某亩母戊	
		帮系（部分）	ɔ	茂贸	
		端系、见系	əu	偷楼走钩	
流开三	尤	帮组	ɔ	矛	
			iəu	谬	
			u	浮妇副复	谋 məu^{55}
		端系、见系	iəu	流酒就又	
		知系	əu	抽愁手柔	帚 tʂu^{31}

续表

	幽	帮母	iɔ	彪	
		明母、影母	iəu	谬幼幽	
咸开一	覃	端系、见系	ã	贪男簪堪	
	合	端系、见系	a	杂沓答	合盒 xuə^{55}合盒 xə^{55}
	谈	端系、见系	ã	担谈甘敢	
	盍	端系	a	塔塌腊蜡	
		见组	uə	嗑瞌	
咸开二	咸	知系	ã	站杉	赚 tʂuã^{31}
		见系	iã	减陷	
	洽	知系	a	眨插	
		见系	ia	洽恰掐	
	衔	庄组	ã	忏搀衫	
		见系	iã	监嵌岩	
	狎	见系	ia	甲鸭押压	
咸开三	盐	帮系、端系、见系	iã	尖检险	
		知系	ã	瞻沾染	
	叶	端系、影组	iə	聂猎接叶	
		章组	ə	涉褶	
	严	见系	iã	剑欠严	
	业	见系	iə	劫怯胁业	
咸开四	添	端组、见系	iã	添甜谦嫌	
	帖	端组、见系	iə	贴迭协	

续表

咸合三	凡	帮系	ã	凡帆范泛	
	乏	帮系	a	法乏	
深开三	侵	帮系、端系、见系	iə̃	品林心今	禀 piŋ⁵⁵寻 ɕyə̃
		知系	ə̃	簪森针深	
	缉	端系、见系	i	立集级吸	给 kei⁵⁵
		知系	ʅ	执汁	涩 ʂei⁵⁵
山开一	寒	端系、见系	ã	丹滩看寒	
	曷	端系、见系	a	达辣擦割	
山开二	山	帮系、庄组	ã	扮盏山产	
		见系	iã	间闲眼	
	黠	帮系、庄组	a	拔察杀	
		影母	ia	轧	
	删	帮系、庄组	ã	攀删板	
		见系	iã	涧锏雁晏	
	辖	庄组	a	铡	
		晓组	ia	辖瞎	
山开三	仙	帮系、端系、见系	iã	鞭连件谚	
		知系	ã	战蝉善扇	
	薛	帮系、端系、见系	iə	别灭列孽	薛 ɕyə⁵⁵
		知系	ə	哲撤浙	
	元	见系	iã	建健宪	
	月	见系	iə	揭竭歇蝎	
山开四	先	帮系、端组、见系	iã	边天肩烟	
	屑	帮系、端组、见系	iə	篾铁洁截	桔 tɕi⁵⁵~梗

续表

山合一	桓	帮系	ã	搬	
		端系、见系	uã	官钻完	銮 lã^{55}卵 lã^{55}攒 tsã^{214}
	末	帮系	ə	拨沫泼	
		端系、见系	uə	撮阔豁活	掇 tɔ^{31}捋 ly^{55}
山合二	山	知组、庄组、见系	uã	纶幻	
	黠		ua	滑猾挖	
	删	见系、庄组	uã	关环弯	
	辖	生母、见母	ua	刮刷	
山合三	仙	泥组	iã	恋	
		精组、见系	yã	全选院	
		知组、章组、日母	uã	传转船软	
	薛	泥组	iə	劣	
		章组	uə	拙说	
		精组、见系	yə	阅绝雪悦	
	元	帮系	ã	反烦饭	
		见系	yã	原元冤远	
	月	非组	a	发伐罚	
		见系	yə	月越粤	
山合四	先	见系	yã	犬鹃悬渊	县 ɕiã^{31}
	屑	见系	yə	决诀缺穴	血 ɕiə^{214}
臻开一	痕	端系	uə̃	吞	
		见系	ə̃	恳痕恩恨	

续表

臻开三	真、臻	帮系、端系、见系	iə̃	彬邻巾因	讯 ɕyə̃^{31}津 tɕyə̃^{214}
		知系	ə̃	珍神仁臻	人 iə̃^{55}刃 iə̃^{31}
	质、栉	帮系、精组、见系	i	匹七吉	瑟sə^{55}
		知系	ʅ	侄质实日	
	殷	见系	iə̃	斤勤欣隐	
	迄	见组	i	乞讫	
臻合一	魂	帮系	ə̃	奔喷闷	
		端系、见系	uə̃	豚敦昆稳	嫩 lə̃^{31}损 ɕyə̃^{55}
	没	帮系	ə	饽勃没	
		端系、见系	u	突骨忽	
臻合三	谆	泥组、知组、章组、日母	uə̃	轮润纯春	闰 yə̃^{31}
		精组、见系	yə̃	笋榫旬循 俊菌匀允	尹 iə̃^{55}
	术	泥组、精组、见组	y	橘律恤	
		知组、章组	u	出术	
		生母	uɛ	蟀	
	文	非组	ə̃	分坟芬文	
		见系	yə̃	军群勋耘	荤 xuə̃^{214}
	物	帮系	u	不物勿	佛 fə^{55}
		见系	y	屈鬱	倔 tɕyə^{55}
宕开一	唐	帮系、端系、见系	aŋ	帮当刚抗	
	铎	帮系、疑母、匣母	ə	膊泊博鹤	幕 mu^{31}
		端系、见母、晓母	uə	洛各胳凿	胳 kə^{55}烙 lɔ^{31}

续表

宕开三	阳	泥组、见系	iaŋ	娘将疆央	
		知组、章组、日母	aŋ	张长章掌	
		庄组	uaŋ	庄疮床霜	
	药	精组、见系、泥组	iɔ	嚼脚鹊药	钥 yə^{31}掠 lyə^{31}
		知组、章组	uə	绰灼着~量若	
			ɔ	勺芍若着走~	
宕合一	唐	见系	uaŋ	光旷荒黄	
	铎	见系	uə	郭廓镬	
宕合三	阳	帮系	aŋ	方芳房网	
		见系	uaŋ	逛筐狂况	
	药	帮系	ə	缚	
		见系	yə	镢	
江开二	江	帮系、泥组	aŋ	邦庞攮	
		知组、庄组	uaŋ	撞窗双桩	
		见系	iaŋ	讲耩腔降	扛k‘aŋ^{31}肛kaŋ^{214}港kaŋ^{55}
	觉	帮系	ə	驳剥	雹 pa^{55}雹 pɔ^{55} 剥 pa^{55}~开
		知组、庄组	uə	戳浊镯龊	
		见系	uə	握	
			yə	确角学岳	
			iɔ	饺壳角觉	
曾开一	登	帮系、端系、见系	əŋ	崩灯僧恒	肯k‘ə̃^{214}
	德	帮系、端系、见系	ei	北德刻	肋luei^{31}勒 luei^{31}

续表

曾开三	蒸	帮系、端系、见系	iŋ	凭陵兴应	孕 yə̃³¹ 孕iə̃³¹
		知组、章组、日母	əŋ	蒸称剩仍	
	职	帮系、端系、见系	i	力鲫极翼	
		知组、章组	ʅ	直食职植	
		庄组	ei	测色	啬 sə³¹侧 ts'ə⁵⁵
曾合一	登	晓组	uŋ	弘	
	德	见系	uə	惑国	或 xuei⁵⁵
曾合三	职	云母	y	域	
梗开二	庚	帮系、泥组、知组、庄组、见系	əŋ	烹彭省冷	打 ta⁵⁵硬 iŋ³¹杏 ɕiŋ³¹
	陌	帮系、知组、庄组、见系	ei	百拆择宅	
	耕	帮系、知组、庄组	əŋ	棚萌氓争	
		见系	iŋ	茎莺樱幸	耿 kəŋ⁵⁵耕 kəŋ²¹⁴
	麦	帮系、知组、庄组、见系	ei	掰策册隔	革 kə⁵⁵栅 tʂa³¹摘 tʂɛ⁵⁵
梗开三	庚	帮系、见系	iŋ	兵迎京英	盟 məŋ⁵⁵
	陌	帮系、见系	i	碧戟屐逆	剧 tɕy³¹
	清	帮系、端系、见系	iŋ	饼精轻婴	
		知组、章组	əŋ	贞圣政逞	
	昔	帮系、精组、见系	i	璧脊昔亦	掖液腋 iə⁵⁵
		知组、章组	ʅ	石赤掷适	硕 ʂuə⁵⁵
梗开四	青	帮系、端系、见系	iŋ	瓶丁青经	
	锡	帮系、端系、见系	i	壁寂的击	吃 tʂ'ʅ⁵⁵

续表

梗合二	庚	见系	əŋ	横（纵横）	
	耕	见系	uŋ	宏轰	
	麦	匣母	ua	劃	
			uə	获	
梗合三	庚	见系	yŋ	兄泳咏永	荣 luŋ^{55}莹 iŋ^{55}
	清	见系	iŋ	倾顷营颖	琼 tç‘yŋ^{55}
	昔	见系	i	疫役	
通合一	东	帮系	əŋ	蓬蒙	
		端系、见系	uŋ	东同丛工	弄 nəŋ^{31}
	屋	帮系、端系、见系	u	扑秃哭屋	
	冬	端系	uŋ	宗冬松宋	农 nu^{55}
	沃	端系	u	督毒笃	沃 uə^{214}
通合三	东	帮系	əŋ	疯冯丰梦	
		泥组、精组、知系、见母	uŋ	充弓戎融	
		群母、云母	yŋ	穷熊雄	
	屋	帮系、知组、章组	u	蟄陆幅	肉 ʐəu^{31}粥 tʂəu^{214}
		庄组	uə	缩	
		见系	y	菊蓄育郁	
	锺	帮系	əŋ	封缝峰	
		精组、知组、章组、日母、见组	uŋ	垄踪供盅宠茸	纵 tçyŋ^{31}春 tʂ‘u^{55}
		泥组、晓组、影组	yŋ	浓胸容龙	龙 luŋ^{55}溶榕熔蓉 luŋ^{55}
	烛	见系	y	局曲狱浴	
		泥组、精组、章组、日母	u	触足录辱	绿 ly^{31}续 çy^{31}

中古音系16摄在长山方音中演变为37个韵母，通过比较可以总结出长山方音韵母与中古音的对应规律：

1.古入声韵塞音尾丢失，派入舒声韵；-m尾并入-n尾，并进一步变为前鼻化韵。

2.i韵母主要来自中古止蟹两摄开口三四等和梗曾臻深四摄入声三四等的大部分字；ʅ韵母主要来自中古支脂之三韵的精系字；ʅ韵母主要来自中古止蟹两摄开口三四等和梗曾臻深四摄入声三四等的知庄章组字。

3.u、y两组韵母主要来自中古遇摄以及臻摄合口入声、通摄入声。

4.ə、iə、uə、yə组韵母主要来自中古果摄、假开三以及咸摄、宕摄、江摄的入声韵，另还有止摄开口日母字。

5.a、ia、ua组韵母主要来自中古假摄以及咸摄、山摄的入声韵。

6.ɛ、iɛ、uɛ组韵母主要来自中古蟹摄。

7.ɔ、iɔ组韵母主要来自中古效摄及流摄帮组字。

8.ei、uei组韵母主要来自中古蟹摄合口灰祭废齐韵，止摄开口帮组字，止摄合口以及曾梗摄入声韵。

9.əu、iəu组韵母主要来自中古流摄。

10.ã、iã、uã、yã组韵母主要来自中古咸山摄舒声韵。

11.aŋ、iaŋ、uaŋ组韵母主要来自中古宕江摄舒声韵。

12.ə̃、iə̃、uə̃、yə̃组韵母主要来自中古深臻摄舒声韵。

13.əŋ、iŋ、uŋ、yŋ组韵母主要来自中古曾梗通摄舒声韵。

4.2.3 长山方音与中古音声调的比较

表4-6长山方音与中古音声调比较表

中古音＼长山方言		平声	上声	去声
		214	55	31
平	全清	多边针缸		
	次清	坡千清空		
	全浊		棚瓷头咸	茎饨疵惭
	次浊		梅狼男龙	
上	全清		洒嘴敢井	
	次清		苦腿厂捅	
	次浊		鲁苇碾猛	
	全浊			棒杜坐甚
去	全清			贝档醉镇
	次清			菜骗秤炕
	全浊			耙睡换撞
	次浊			妹漏雁闰
入	全清	束刮沃速	侧屋国急	
	次清	踏渴朴乞	塌铁客吃	
	全浊		饽夺石局	
	次浊		膜拉捋疫	六日麦药

长山只有三个声调，平声、上声、去声，比普通话少一个。其平声相当于阴平，一般来源于古清声母平声，少数来自清入声；上声主要来源于古浊声母平声、古清声母和次浊声母上声、古清声母入声和古浊声母入声少数字；去声主要来自古代去声和全浊声母上声以及次浊声母入声。长山的浊声母平声字归入上声，入声消失派入平、上、去三声，但是全

浊音声母清化为同部位送气和不送气清音是按古平声、古仄声分化的，这说明在长山方言中古平声是先分化为送气阳平，然后阳平又合并到上声中去的。

中古入声字在长山方言中归入平、上、去三声。《方言调查字表》（中国社会科学院语言研究所2002）中长山方言所用的入声字中,有322个清声母入声字，149个全浊声母入声字以及114个次浊声母入声字。我们统计一下古入声字在长山方言的读音，字表出现两次的同形词算两个词，声调方面有异读的字不统计在内。

全浊入声字归平声的3个，其中多音字0个；归上声的128个，其中多音字2个；归去声的21个，其中多音字1个。去掉多音字，归各调的数量分别为：3/126/20，归上声的为84.6%，占绝大多数。

次浊入声字归平声的0个；归上声的19个，其中多音字1个；归去声的98个，其中多音字2个。去掉多音字，归各调的数量分别为：0/18/96，归上声的占15.8%，归去声的占84.2%。归去声的占绝大多数。

清入字的归类有些混杂。清入字归平声的有37个，其中在声调方面有异读的字4个；归上声的269个，其中在声调方面有异读的字14个；归去声的42个，其中在声调方面有异读的字8个。去掉异读字，归各调的数量分别为：33/255/34。归平声的占10.3%，归上声的占79.1%，归去声的占10.6%。长山方言清入字归上声的最多。据钱曾怡（2001：21），清入字在山东方言整个西区大多数归阴平，东区大多数归上声。而长山在西区，清入字归上声者却占多数。

在邹平县城还保留入声调，没有塞音尾，只是独成一个调类，且发音较短，为55调。邹平县城读入声调的多数是清声母入声字，但仍存在古浊声母入声字今读阴入调，如“液腋袭辑倔橛穴疾突柞踱值殖泽择额夕掷狄犊淑”等（《邹平县志》1992：860）。邹平的上声字是45调，与入声调差别较小，但仍是两个独立的调类。而长山的入声已经不是一个独立的调类，归入了平、上、去三声。一般来说，县治中心会变得快一些，在乡镇会慢，为什么长山和邹平恰好相反呢?原来在清代时，长山是县城，而邹平只是长山县的一个小镇，1956年长山并入邹平后，才成为区、公社、镇驻地，而邹平则成了县城，所以邹平保留古音会多一些。

在山东保留入声的地区还有张店、高清、利津、桓台等，其来源主要是古代的清声母入声字。这些方言的阴入调都已经消失了塞音尾，只是独成一个调类。阴入调音高与本方言上声调音高很相近，如利津阴入调是44，上声是55，章丘阴入是445，上声是55。

5.《韵助略集》音系[①]

5.1 《韵助略集》简介

《韵助略集》(以下除标题外皆简称《韵助》)的作者刘尔整，字肃若，是今山东滨州市邹平县长山镇人。《韵助略集》现在只发现抄本，存吉林省社会科学院。抄本前有抄写者“学恕堂主人”对借书者的告诫：“此书尚未发刻，抄写图书甚费心力……”可见直到学恕堂主人抄此本时，书还没刊刻。书前有刘尔整的自序，作于康熙壬辰冬日(1712年)，还有一种“又叙”，作于康熙己亥冬日(1719年)。

作者在《序》中，对宗旨说得很明确，是“欲为从游门人与寒家子弟学韵之一助”。《韵助》按照马自援《等音》(约成书于1673年至1681年间)的框架，把兰廷秀《韵略易通》(成书于1442年)的收字包括释义填入同音位置。

《韵助》的编排体例是：以韵为纲，以四呼为序，分列声母，别以五声，简略解释。以韵为纲就是按照主要元音和韵尾的不同，分为13个韵：《韵助》的韵部以序数为名，称第一韵、第二韵……一直到第十三韵。每韵部再以“五音”(实际只有宫商徵羽四音)来划分韵类，相当于通常说的合口呼、开口呼、齐齿呼、撮口呼，如宫音第一韵到宫音第十三韵、商音第一韵到商音第十三韵、徵音第一韵到徵音第十三韵、羽音第一韵到羽音第十三韵。另外，第十韵和十一韵之间还有半韵，其中有些韵无字，共有41个小韵。这41个小韵实际就是把韵基和韵头结合成了完整的韵母，所以就是41个韵母。每个小韵再按声母顺序排列。《韵助》

① 本书用简化字排印，但本章和第6章为论述需要而使用了一些繁体字。

有21个声母：见溪疑端透泥帮滂明精清心照穿审晓影非微来日。同韵母同声母的字再按五声排列：《韵助》有声调五种，依次是“平、上、去、入、全”，相当于通常说的阴平、上声、去声、入声、阳平。简略解释就是对所收的字进行简略的释义。可以说，《韵助》的排列顺序已经和现代汉语的声韵调配合表一致。

《韵助》的编排体例继承了《韵略易通》。据张玉来（1999），《韵略易通》的编排体例是：以韵为纲，以声为序，分列四呼，别以五声，简略解释。两者差别仅在于声母与四呼的顺序不同。《韵略易通》先区别声母，再分列四呼，就是在同声同韵基之下再按韵头的不同分列开齐合撮四呼；《韵助》则是先区别四呼，再分列声母，就是先把韵头和韵基结合成完整的韵母后再按声母顺序排列。可以说《韵助》的这一点改动是很了不起的，这样有利于声韵的拼合。我们拼普通话音节时，基本是要先把韵头和韵基结合成39个韵母，然后再和声母相拼，再区别四声的。

张鸿魁（2005：67）认为它反映了作者刘尔整的时音方言即邹平县的方言，原因是：

1.从所列韵图和附记的叙述评论文字来看，刘氏对前代韵书并不精通。“秦火以后，字音长夜至今，此六乐所以绝也。”这反映了刘氏缺乏历史变化的观点。刘氏认为“韵书注音要合乎人之所同然”，也就是他所能听到的同时同乡人的方言。以往韵书在声韵调方面与刘氏语感的差异，他都认为是错误。他说：“细玩历代之书籍，其间字书中之切脚，与韵文中之韵脚，多有不合乎人口之所同然者。……始知凡不合乎人口之所同然者，土音之误呼者半，旧韵之背讳（晦）者亦半也。”

2.从序言看，刘氏早年曾参加科考，并收徒教读。后来放弃举业，专研音韵，曾游历泰山、曲阜，但没跨出山东。因为刘氏写书的宗旨是“欲为从游门人与寒家子弟学韵之一助”，所以要简便易学，要合乎自然之音。这自然之音，应该就是刘氏当地的口语音。

我们基本同意张鸿魁的观点。同时想补充两点：

1.刘氏认为，“土音”是“误呼”，是不合乎“人口之所同然”的，所以此书记录的应是作者心目中的“标准音”。从序言看，刘氏并没跨出山东，所以作者心目中的标准音未必就是当时全国的标准音，而是较多地反映了作者的方音。

2.刘尔整自称是“长山后学”，所以确切地说他是长山县人，因为康熙年间长山县和邹平县是相邻的两个县，直到1956年3月长山县才被撤销，作为长山镇并入邹平县。可以说，《韵助》反映了300年前长山方音的特点。

5.2 《韵助略集》的声母

《韵助》有21个声母，见溪疑端透泥帮滂明精清心照穿审晓影非微来日，声母代表字、排列顺序和数量与《等音》完全相同。作者刘尔整评价《等音》声母说：“二十一字母，等音新并字母也。既无重叠，复无乖舛，不啻天造地设，真韵学之指南，斯文之大幸，知音君子，当共赏之。”《韵助》比《韵略易通》20个声母多了一个疑母ŋ。刘尔整评价《韵略易通》说：“字母二十，乃《韵略易通》所独用者也，全无重叠，惜次序乖舛，未能天造地设耳。”

《韵助》声母的特点是：

1.全浊声母清化。清化的规律是平声变送气清音、仄声变不送气清音，浊擦音变清擦音。

2.tɕ、tɕ‘、ɕ尚未形成。在徵音（i-）和羽音（y-）中，精组和见组字绝不相混，如徵音第四韵中清母字是“侵寝沁吣七（《广韵》清母）蠑（《广韵》从母）”，而溪母字是“衾钦嵚（《广韵》溪母）勤禽琴芩檎擒（《广韵》群母）”，两组字绝不相混。

3.知庄章三组声母合并，都用照穿审表示，同时“照穿审”在商音二、三、四、五、七韵部中分为知二庄和知三章两类。

4.影云以合流为零声母，用影母表示。

5.微母、疑母存留。

我们对《韵助》21个声母的拟音是：见k溪k‘疑ŋ端t透t‘泥n帮p滂p‘明m精ts清ts‘心s照tʂ穿tʂ‘审ʂ晓x影ø非f微v来l日ʐ。

下面我们重点讨论一下照穿审三母的拟音。其他声母的拟音因为与当时一般官话韵书基本相同，所以不再讨论。

照穿审三母张鸿魁（2005：79）和忌浮（2006）都拟为两套：tʂ、tʂʻ、ʂ和tʃ、tʃʻ、ʃ。忌浮进一步说明："在宫者即合口呼，庄知组二等字和章知组三等字已经合流，照穿审只有一类，……声母为tʂ-、tʂʻ-、ʂ-。徵音羽音的照穿审也只有一类，读tʃ-、tʃʻ-、ʃ-。"我们不太同意他们的观点。先看一下知庄章三组声母在《韵助》中的具体表现：

《韵助》中，知庄章三组声母用"照穿审"表示。"照穿审"在商音二、三、四、五、七等韵中分为两类，请看照穿审在以上各韵中的表现情况：

表 5-1《韵助》照穿审在商音二、三、四、五、七韵中的表现

	B. 庄组/知组二等	A. 知组三等/章组
商音二	盏斩馋铲衫赡庄二/站谦绽知二	沾展谄知三/詹瞻战颤煽章
商音三	争筝诤铮生庄二/橙知二	贞祯桢症郑呈知三/徵怔钲整拯政证称声章
商音四	臻榛碜岑莘森庄三	珍砧琛沈知三/真箴瞋身章
商音五	爪吵巢梢捎庄二/嘲罩棹知二	赵兆超朝知三/昭招少邵章
商音七	邹皱愁瘦庄三	肘昼抽知三/舟周臭寿章

在商二、商三、商四、商五、商七中分两类，其中，知二庄为一类，知三章为一类，两组分立。另外需要说明的是，除了"测"（《广韵》初母）一个字是商10清入外，其他的知二庄组字跟精组字都不相混，如：暂、蘸两字对立，"暂"是《韵助》精母字，"蘸"是《韵助》照母B类字。《韵助》知二庄为一类，知三章为一类，与《蒙古字韵》、《中原音韵》、《韵略易通》表现相同。其他韵中有知庄章声母的是：

宫一：知组开二（戆闯幢）、庄组开三（庄妆疮创双），声母都是知二庄组。

商一：知组开三（张丈畅肠）、章组开三（章璋昌偿伤），声母都是知三章组。

宫二：庄组（篡潺栓）、知组合三（啭篆传）、章组合三（专砖颛穿），声母是庄和知三章组合口字。

宫三：庄组（崇）、知组合三（忠仲冲）、章组合三（终肿充春），声母是庄和知三章组合口字。

宫四：知组合三（椿）、章组合三（肫准春瞬），声母都是知三章组合口字。

宫六：庄组（揣帅）、知组合三（搋虿），声母是庄和知三组合口字。

商六：庄组开二（斋债钗洒）、知组开三（豸）、章组开三（茝），声母是庄组和知三章组开口字。

羽八：知组合三（猪伫除）、章组合三（朱珠处书），声母都是知三章组合口字。

宫九入：章组开三（灼酌绰），声母都是知三章组。

商九入：知组开二（桌浊）、庄组开二（捉镯龊朔），声母都是知二庄组。

宫十：庄组字（衰帅）、章组合三（锥骓吹水）、知组合三（坠锤），声母是庄和知三章组合口字。

商十入：知组开二（宅泽）、庄组（窄策瑟），声母都是知二庄组。

徵半：知组开三（哲蜇撤）、章组开三（遮浙奢），声母都是知三章组。

羽半入：章组合三（拙歠说），声母都是知三章组。

宫十一：庄组合三（阻助初蔬）、章组合三（粥触束）、知组合三（竹妯畜），声母是庄组和知三章组合口字。

徵十二：庄组开三（淄師）、知组开三（知痴）、章组开三（之眵诗），声母是庄组和知三章组。

宫十三：庄组合二（鬔潺刷）、知组合二（䆲），声母都是知二庄组。

商十三：知组开二（诈乍茶）、庄组开二（札眨杈沙），声母都是知二庄组。

我们把以上知庄章组在《韵助》中的分布列成一个表，用“庄”表示知二庄组，用“章”表示知三章组，用“/”表示不出现这三组声母，用“:”表示分两类。

表 5-2《韵助》知庄章组分布表

	1 aŋ	2 an	3 əŋ	4 ən	5 au	6 ai	7 əu	8 y	9 o	10 əi	半 e	11 u	12 ɨ	13 a
宫 -u-	庄	庄 章	庄 章	章	/	庄 章	/	/	章	庄 章	/	庄 章	/	庄
商 -∅-	章	庄: 章	庄: 章	庄: 章	庄: 章	庄 章	庄: 章	/	庄	庄	/	/	/	庄
徵 -i-	/	/	/	/	/	/	/	/	/	/	章	/	庄 章	/
羽 -y-	/	/	/	/	/	/	/	章	/	/	章	/	/	/

《韵助》宫音中是《广韵》除遇摄之外的知庄章合口字，知二庄与知三章混列，已经合并为一组。《广韵》知三章组麻开三、昔开三、叶开三、薛开三在《韵助》徵音半韵中，还有介音i。而在徵音第12韵中，知庄章不存在对立，如庄开三“淄锱鲻菑辎”等字在《韵助》中与章开三“之支枝”、知开三“知蜘”等都是一类。忌浮认为在徵音羽音的照穿审也只有一类，读tʃ-、tʃ‘-、ʃ-，可在徵音第12韵中，还有庄组字，那么庄组字得由tʂ、tʂ‘、ʂ变为tʃ、tʃ‘、ʃ，这与宫音中知三章的变化正好相反，所以拟为两套音存在自相矛盾之处。

《韵助》商音2、3、4、5、7韵中，知庄章分知二庄和知三章两类，而在商音第6韵中，知庄章又合为一类。分两类的五个韵相应的徵音知三章组是空着的。由此我们可以认为，虽然商音2、3、4、5、7韵中，知庄章分两类，但它们是在同一个声母之下分的两个小类，而且在其他韵中，知庄章已归一类。现代长山方音中知庄章已经合为一类，而且徵音第12韵中的庄组字如“淄锱鲻菑辎”等字声母也都是tʂ、tʂ‘、ʂ，所以我们把知庄章母归为一个音位，拟为tʂ、tʂ‘、ʂ一套读音。

5.3 《韵助略集》的韵母

《韵助》的韵部以序数为名，从第一韵一直到第十三韵，第十韵和十一韵之间还有半韵，其中有些韵无字。每韵以“五音”（实际只有宫商徵羽四音）来划分韵类，相当于通常说的合口呼、开口呼、齐齿呼、撮口呼，如第一韵排列的顺序是：宫音第一韵、商音第一韵、徵音第一韵、羽音第一韵；第十韵和十一韵排列的顺序是：宫音第十韵、商音第十韵、徵音半韵入声、羽音半韵入声、宫音第十一韵、商音第十一韵、徵音第十一韵、羽音第十一韵。《韵助》的韵母框架继承了《等音》，表现为两个方面：1.韵数相同，都是13个韵。2.韵母代表字也几乎相同，仅几处做了改动。请看《韵助》所列图表：

表5-3《等音》十三韵表

一	二	三	四	五	六	七	八	九	十	十一	十二	十三	
光	官	公	裩	○	乖	○	规	锅	国	孤	骨	瓜	宫音
冈	干	庚	根	高	该	钩	○	歌	革	○	○	迦	商音
江	间	京	巾	交	皆	鸠	○	○	结	○	基	家	徵音
恇	涓	弓	君	○	○	樛	○	○	决	俱	居	○	羽音

表5-4《韵助》十三韵表

一	二	三	四	五	六	七	八	九	十	十一	十二	十三	
光	官	公	裩	○	乖	○	○	锅	规	孤	○	瓜	宫音
冈	干	庚	根	高	该	钩	○	歌	○	○	○	迦	商音
江	间	京	巾	交	皆	鸠	○	○	结	○	基	家	徵音
○	涓	弓	君	○	○	○	居	○	○	○	○	○	羽音

张鸿魁（2005：78）对各韵的拟音是：

表 5-5 张鸿魁对《韵助》中各韵的拟音

	1	2	3	4	5	6	7	8	9	10	半	11	12	13
宫	光 uang	官 uan	公 ueng	裩 uen	*包 uao	乖 uai	*陡 uou		锅 uo	规 uei		孤 u		瓜 ua
商	刚 ang	干 an	庚 eng	根 en	高 ao	该 ai	钩 ou		歌 o	革 ei			赀 ɿ	迦 a
徵	江 iang	间 ian	京 ieng	巾 ien	交 iao	皆 iai	鸠 iou		脚 io		结 ie		基 i	家 ia
羽	*狂 yang	涓 yan	弓 yeng	君 yen			*樛 you	居 y	*镢 yo		决 ye			

画*的是《韵助》中出现了代表字而张鸿魁认为是不可能出现的音节。

忌浮（2006）的拟音与张稍有不同，我们也改成上表格式：

表 5-6 忌浮对《韵助》中各韵的拟音

	1	2	3	4	5	6	7	8	9	10	半	11	12	13
宫	光 uaŋ	官 uan	公 uəŋ	裩 un		乖 uai			锅 uə	规 uei		孤 u		瓜 ua
商	刚 aŋ	干 an	庚 əŋ	根 ən	高 ao	该 ai	钩 əu		歌 ə	革 ei			赀 ɿ	迦 a
徵	江 iaŋ	间 ian	京 iəŋ	巾 in	交 iao	皆 iai	鸠 iəu		脚 iə		结 ie		基 i	家 ia
羽		涓 yan	弓 yəŋ	君 yn				居 y	镢 yə		决 ye			

我们的拟音是：

表 5-7 我们对《韵助》中各韵的拟音

	1	2	3	4	5	6	7	8	9	10	半	11	12	13
宫	光 uaŋ	官 uan	公 uəŋ	裩 un		乖 uai			锅 uo	规 uei		孤 u		瓜 ua
商	刚 aŋ	干 an	庚 əŋ	根 ən	高 ao	该 ai	钩 əu		歌 o	革 ei			赀 ɨ	迦 a
徵	江 iaŋ	间 ian	京 iəŋ	巾 in	交 iao	皆 iai	鸠 iəu		脚 io		结 ie		基 i	家 ia
羽		涓 yan	弓 yəŋ	君 yn				居 y	镢 yo		决 ye			

关于韵母拟音的讨论：

1.张鸿魁与忌浮拟音的主要差别在第九韵上，张拟为uo、o、io、yo，忌浮拟为uə、ə、iə、yə。徵音第9韵和羽音第9韵主要是宕摄药韵和江摄觉韵字，徵音半韵和羽音半韵主要是山摄薛月屑韵和臻摄物韵。在山东大多数地方，这两个韵的字已无区别，而在今山东长岛、牟平、荣成、文登等地，宕摄药韵、江摄觉韵字与山摄薛月屑韵、臻摄物韵有区别，如“药”yo与“月”ye读音不同，“悦”yo与“越”ye读音不同（据钱曾怡2001：65），两者区别就在于前者圆唇，后者不圆。现代山东方言中未见存在iə类韵母与ie类韵母对立的方言，而且现代长山方言“药”韵、觉韵的白读是ɔ、iɔ，拟为圆唇音有利于解释后来的音变。所以，第九韵我们采用张鸿魁的拟音。

2.商音第12韵，张鸿魁与忌浮的拟音都是舌尖前元音ɿ，因为与之搭配的声母主要是精组字，但“耳、而”两字也在商音第十二韵，是来母，来母和ɿ无法相拼，所以还是拟为ɨ比较合适。

《韵助》韵母的特点是：

1.-m尾消失，中古咸深摄阳声韵字并入山臻摄。《韵助》的商音第二韵是《广韵》的山、咸摄字，如“惨（咸）、残（山）”都是商2清上。《韵助》的商音第四韵是《广韵》的深臻摄字，如“沉（深）、臣

(臻)”都是商4穿A全。

2.塞音尾消失，中古入声韵韵母读同阴声韵。作者在《又叙》中评价马自援的《等音》：

“规”与“国”、“孤”与“骨”……不宜各分韵头。

“国”、“骨”在中古是有塞音尾的入声韵，而“规”“孤”是阴声韵，作者认为“规”与“国”、“孤”与“骨”不宜各分韵头。他把“国”放在“规”韵（第十韵）中的“入声”位置，与“规”韵的平、上、去声如“规鬼贵”并列；把“骨”放在“孤”韵（第十一韵）中的“入声”位置，与阴声韵的平、上、去声如“孤古故”并列。

《韵助》“新立入声六韵半十三字头横图”前讲道：“一韵至七韵，俱系借韵入声，八韵以下，俱系本韵入声。”一至四韵是阳声韵，后有借韵入声，字数很少，如宫音第一韵（uaŋ）的入声位置仅有“郭、阔、拨、臬、戳、芍、豁、缚、落、若”等11个字，是“借韵入声”；而这11个字又都在阴声韵的入声位置出现，与阴声韵的平、上、去声并列，是“本韵入声”。五至十三韵是阴声韵，其中第五韵（au）入声位置无字。第六韵（ai）只有一个“国”字，第七韵（ou）只有“覆”“一”两个字。“一”字可能是笔误，“国”也出现在第十韵中的入声，“覆”还出现在第十一韵的入声。五至七韵这三韵也是“借韵入声”。而八至十三韵入声位置的字较多，与阴声韵的平、上、去声并列，是“本韵入声”。

《韵助》入声字跟在相应的阴声字后，与阴声韵的平、上、去声并列，可见入声韵韵母与阴声韵韵母读音相同，塞音尾已经消失了。

3.y介音产生。《韵助》明确地分为四呼宫商徵羽，说明y介音已经产生。另外，作者在《又叙》中评价马自援的《等音》：

“俱”与“居”，不宜各分韵头；“孤”与“俱”、“基”与“居”，不宜混作一韵。

“‘俱’与‘居’，不宜各分韵头”说明，“鱼”“虞”两韵在长山方言没有区别，合为一韵，都是羽音。“‘孤’与‘俱’、‘基’与‘居’，不宜混作一韵”则说明，它们与模韵、之韵的差别已经很大。这也说明，“俱”与“居”的韵母已经是y了。

5.4《韵助略集》的声调

《韵助》有声调五种，依次是“平、上、去、入、全”，相当于通常说的阴平、上声、去声、入声、阳平。其声调特点是：

1.浊平归全声，浊上归去声，浊去与清去合并。

2.保留入声调类。中古入声字在《韵助》还是入声。在上节我们已经分析，入声韵的塞音尾在《韵助》中已经消失，那《韵助》为什么还要保留入声调类呢？可能它和现代邹平方言一样，虽然没有塞音尾，但具体调值还是和其他声调不同，所以还是保留了入声调类。另外，《韵助》的目的是“欲为从游门人与寒家子弟学韵之一助”，保留中古的入声调类，也便于“学韵”。

5.5　在excel表中匹配《广韵》和《韵助》的方法①

现代韵书研究提倡量化分析和穷尽式统计，在把每个字在韵书中的音韵地位都输入电脑做成数据库后，还必须查找韵书中的每个字在《广韵》中的反切和音韵地位，这要耗费很长时间。以《韵助》为例，它有七千多字，按普通查找方法在《广韵》excel表格中查找每个字的反切和音韵地位，查完再复制到《韵助》表格中，假设一个字用一分钟，就要一百多小时。而用本节介绍的方法，可以在半小时内把这七千多字在《广韵》中的反切和音韵地位全部、准确地查找完毕，查找结果会自动复制到相应表格中。具体步骤如下：

第一步：找到《广韵》的电子文本，与原书校对。做出《韵助》单字音表，并核对无误。

《韵助》单字音表有七千多字，只选取宫音第1韵中的5个字为例：

①本节内容主要运用了精通电脑的金少华师弟设计的程序，这使我匹配韵书和方言调查字表的效率大大提高，特在此表示衷心感谢！

表5-8《韵助》单字音表（以下简称《韵助表》）

	A	B	C	D	E	F	G	H	I	J	K	L	M	N	O
1	韵助字数	韵助单字	韵助地位	广韵地位											
2	1	光	宫1见平第1页												
3	2	胱	宫1见平第1页												
4	3	廣	宫1见上第1页												
5	4	桄	宫1见去第1页												
6	5	誑	宫1见去第1页												

《广韵》单字两万多，只选取其中10个字为例：

表5-9《广韵》单字音表（以下简称《广韵表》）

	A	B	C	D	E	F
23126	408HB		光		古曠	見宕合一去宕
23127	161HF		光		古黄	見唐合一平宕
23128	408HB		光		古黄	見唐合一平宕
23129	383BE		鸛		古玩	見換合一去山
23130	383AC		鑵		古玩	見換合一去山
23131	382JE		矔		古玩	見換合一去山
23132	385GH		矔		古患	見諫合二去山
23133	383AB		瓘		古玩	見換合一去山
23134	383CD		爟		古玩	見換合一去山
23135	383BC		灌		古玩	見換合一去山

第二步，把《广韵表》的字按拼音递减顺序排序。

选中《广韵表》C列，然后在编辑菜单栏选择“数据→排序→扩展选定区域→排序→递减→无标题行→确定”命令，这样《广韵表》就按拼音递减顺序排序了：第一个字的声母是Z，最后一个字的拼音是A；拼音相同的字都排在一起，如上表鹳、鑵、矔、矔、瓘、爟、灌都读guàn，就会排在一起，多次出现的同一个字，如《广韵表》有三个"光"字，也会排在一起。

第三步：找出《韵助表》第一个字"光"在《广韵表》的数量，或者说，"光"在《广韵表》中出现了几次。

1.选中《韵助表》D列的"光"对应的单元格D2，在表上面的编辑栏写公式：=countif(

2.选中《广韵表》C列，在编辑栏的公式会变为：=COUNTIF（[广韵.xls]Sheet1!$C：$C

3.在后面加一英文逗号","，在编辑栏的公式成为：=COUNTIF（[广韵.xls]Sheet1!$C：$C,

4.选中《韵助表》"光"字的单元格B2，在编辑栏的公式会变为：=COUNTIF（[广韵.xls]Sheet1!$C：$C，B2

5.在后面加括号成为：=COUNTIF（[广韵.xls]Sheet1!$C：$C，B2）

6.按enter键，在B2格出现"3"，表示在《广韵表》中找到了三个"光"。

第四步：找出《广韵表》中第一个"光"所在行号。

1.选中《韵助表》E列的"光"对应的单元格E2，在编辑栏写公式：=match(

2.选中《韵助表》"光"单元格B2，在编辑栏的公式会变为：=MATCH（B2

3.在后面加一英文逗号","，在编辑栏的公式成为：=MATCH（B2,

4.选中《广韵表》C列，在编辑栏的公式会变为：=MATCH（B2,[广韵.xls]Sheet1!$C：$C

5.在后面加英文逗号","和MATCH函数的第三个参数"0"，并添加后半括号"）"成为：=MATCH（B2，[广韵.xls]Sheet1!$C：$C，0）

6.按enter键，这时会在《韵助表》E2格出现"23126"，表示"光"字在《广韵表》的23126行，检查一下《广韵表》23126行，确实是"光"。

第五步：找出《广韵表》中第一个"光"的反切和音韵地位。

1.找出《广韵表》中第一个“光”的反切。

（1）选中《韵助表》F列“光”对应的单元格F2，在编辑栏写公式：=index(

（2）选《广韵表》E列反切，在编辑栏的公式会变为：=INDEX([广韵.xls]Sheet1!$E：$E

（3）在后面加一英文逗号“,”，在编辑栏的公式成为：=INDEX([广韵.xls]Sheet1!$E：$E,

（4）选中match函数结果E2，在编辑栏的公式会变为：=INDEX([广韵.xls]Sheet1!$E：$E，E2

（5）在E2前加“$”固定并添加后半括号“）”，成为=INDEX（[广韵.xls]Sheet1!$E：$E，$E2）

（6）按enter键，就会在《韵助表》F2格出现“光”在《广韵表》中的反切“古曠”。

2.找出《广韵表》中第一个“光”的音韵地位。

（1）选中《韵助表》G列“光”对应的单元格G2，在编辑栏写公式：=index(

（2）选《广韵表》F列反切，在编辑栏的公式会变为：=INDEX([广韵.xls]Sheet1!$F：$F

（3）在后面加一英文逗号“,”，在编辑栏的公式成为：=INDEX([广韵.xls]Sheet1!$F：$F,

（4）选中match函数结果E2，在编辑栏的公式会变为：=INDEX([广韵.xls]Sheet1!$F：$F，E2

（5）在E2前加“$”固定并添加后半括号“）”，成为=INDEX（[广韵.xls]Sheet1!$F：$F，$E2）

（6）按enter键，就会在《韵助表》G2格出现“光”在广韵中的音韵地位“見宕合一去宕”。

第六步：找出《广韵表》中第二个“光”的反切和音韵地位。

1.找出《广韵表》中第二个“光”的反切。

（1）复制《韵助表》“古曠、見宕合一去宕”两个单元格F2、G2到本行右边的两格H2、I2格。

（2）点击《韵助表》H2单元格，在编辑栏出现了公式：=INDEX（[广韵.xls]Sheet1!$E：$E，$E2）

因为这是从“古曠”粘贴过来的，所以，与“古曠”单元格的公式是一样的。在$E2后加1，成为：=INDEX（[广韵.xls]Sheet1!$E：$E，$E2+1）

（3）在这个函数外加if（　　），成为=if（INDEX（[广韵.xls]Sheet1!$E：$E，$E2+1））

（4）If函数有三个参数，上面公式作为第二个参数。

第一个参数：是判断条件（COLUMN（）-COLUMN（$F2））/2<$D2，

第二个参数后加英文逗号“,”，

第三个参数：是#N/A（该参数仅作标识，可使用任意字符串）。

总起来就是：

=IF（(COLUMN（）-COLUMN（$F2））/2<$D2，INDEX（[广韵.xls]Sheet1!$E：$E，$E2+1），#N/A）

注意：这个公式括号很多，必须仔细检查无误，否则查不出来。

对“光”来说，这个公式的意思是：《广韵表》中有三个“光”字，如果在这三个字以内查找，那么IF函数使用第二个参数就能查到正确结果；如果超出了三个，如到第四行去查找，那么第二个参数是假的，就用“#N/A”显示。就是说，“光”字在《广韵表》中有三个，那么，它的反切和音韵地位也要三个，超出三个就显示“#N/A”。

（5）按enter键，就会在《韵助表》H2格出现“光”的第二个反切“古黄”。

2.找出《广韵表》中第二个“光”的音韵地位。

（1）点击《韵助表》I2单元格，在编辑栏出现了函数：=INDEX（[广韵.xls]Sheet1!$F：$F，$E2）

因为这是从“見宕合一去宕”粘贴过来的，所以，与“見宕合一去宕”单元格的公式是一样的。在$E2后加1，成为=INDEX（[广韵.xls]Sheet1!$F：$F，$E2+1）

（2）在这个函数外加if（　　），成为：=if（INDEX（[广韵.xls]

Sheet1!$F：$F，$E2+1））

（3）If函数有三个参数，上面公式作为第二个参数。

第一个参数：是判断条件（COLUMN（）-COLUMN（$G2））/2<$D2,

第二个参数后加英文逗号“,”,

第三个参数：是#N/A（该参数仅作标志，可使用任意字符串）。

总起来就是：

=IF（(COLUMN（）-COLUMN（$G2））/2<$D2，INDEX（[广韵.xls]Sheet1'!$F：$F，$E2+1），#N/A）

（4）按enter键，就会在《韵助表》I2格出现反切“光”的第二个音韵地位“見唐合一平宕”。

第七步：找出《广韵表》中第三个“光”的反切和音韵地位。

1.在《韵助表》中把与“光”对应的H2、I2格复制到J2、K2格。

2.把H2、I2格公式中的+1都改为+2，就会出现“光”的第三个反切和音韵地位：“古黄”和“見唐合一平宕”。

因为“光”只有三个反切，按说到此已经查完，但“光”的这些函数是为了查找《韵助》的所有字，这些字在《广韵表》的反切最多达十七个，不过绝大多数字在《广韵表》的反切都在五个以内，五个就可以覆盖绝大多数。所以还要复制两次，使之能查五个反切。

3.把“光”对应的H2、I2格复制到L2、M2格，把H2、I2格的公式中的“+1”都改为“+3”，因为“光”只有三个反切，所以会出现“#N/A”，表示没有查到“光”的第四个反切。

4.把“光”对应的H2、I2格复制到N2、O2格，把H2、I2格的公式中的“+1”都改为“+4”，因为“光”只有三个反切，所以会出现“#N/A”，表示没有查到“光”的第五个反切。

第八步：查出《韵助表》所有字的反切和音韵地位。

把“光”的D2、E2、F2、G2、H2、I2、J2、K2、L2、M2、N2、O2格全选中，点格的右下角，会出现一个“十”字填充柄，往下拉，一直拉到最后一个字。刚开始下面行显示和“光”行一样的字，就像是“光”行的复制，接着，表下会出现“正在计算单元格：0%”，约等待6

分钟后（该时间取决于计算机配置及需要查找的字数），就会出现所有字的广韵反切和音韵地位，这就查完了。它有时会显示“可用资源不足，excel无法完成此任务。请少选择一些数据或关闭其他应用程序”、“不能保存外部链接的值”等，直接点“取消”就可以。下面是“光”等五个字的查找结果：

表5-10《韵助》与《广韵》的匹配表

	A	B	C	D	E	F	G	H	I	J	K	L	M	N	O
1	《韵助》字序	《韵助》单字	《韵助》地位	广韵地位											
2	1	光	宫1见平第1页	3	23126	古曠	見宕合一去宕	古黄	見唐合一平宕	古黄	見唐合一平宕	#N/A	#N/A	#N/A	#N/A
3	2	胱	宫1见平第1页	1	23111	古黄	見唐合一平宕	#N/A	#N/A	#N/A	#N/A	#N/A	#N/A	#N/A	#N/A
4	3	廣	宫1见上第1页	1	23067	古晃	見蕩合一上宕	#N/A	#N/A	#N/A	#N/A	#N/A	#N/A	#N/A	#N/A
5	4	桄	宫1见去第1页	3	23112	古曠	見宕合一去宕	古黄	見唐合一平宕	古黄	見唐合一平宕	#N/A	#N/A	#N/A	#N/A
6	5	誑	宫1见去第1页	1	19301	居況	見漾合三去宕	#N/A	#N/A	#N/A	#N/A	#N/A	#N/A	#N/A	#N/A

注：“光”后两个反切都是“古黄”，这就是又音互见现象。在《广韵》408页第8行第2字“光”条下标出了古曠切，又音古黄切。在《广韵》161页第8行第6字“光”条下标出了“古黄”切的条目。所以“古黄”切出现了两次。“桄”也同样。

因为只查了五个反切，有些字在《广韵表》中有多于五个的反切，就会查不到，可以手工查一查。因为前五个字都显示行号，所以，把倒数第一个字的行号加1，就会找到第六个，再加1，就可查到第七个，依次类推。

注意：

1.公式的字母大写、小写都可以，电脑会自动转换成大写；两个单词如countif中间不能空格；括号和逗号一点也不能错。

2.如果查找结果多于一个，还需根据语音和字义把不对应的结果删掉。如“光”字，在《韵助》中是“明彩”义；《广韵表》有三个“光”，“古黄”切是又音互见，出现两次，要删去一个。这剩下的两个“光”哪个“光”的意义和语音与“明彩”对应，就保留哪个，另一个去掉。当然还有意义对应但音不对应等情况，需要具体研究，这里不再赘述。

3.重新打开已查好的excel表时，会出来一个对话框，问是否更新。如果你的《广韵表》有改动，可选“更新”，那样查找结果也会跟着改变。如果《广韵表》没有改动，就直接关闭对话框，不要选“不更新”，否则查找的结果全会变成#value。若出现这种情况后面还可补救。就是在关闭excel表，出现“是否保存所做更改”对话框时，选“否”就行了。打开此表后，如果再打开与之匹配的《广韵表》，在《广韵表》下方会出现“正在计算单元格”，这没关系，因为计算结果与以前一样。先打开《广韵表》，再打开《韵助表》，在《韵助表》下方也会出现“正在计算单元格”，这没关系，因为结果与以前一样。总之，两表都打开后，后打开的那个表就会重新计算，不过结果与以前一样。重新计算会耽搁几分钟时间，因此，如果《广韵表》用不到的话，就不要打开，直接在《韵助表》上编辑即可。

4.除了《韵助》外，还可以把《中原音韵》等韵书与《广韵》进行匹配。如《中原音韵》与《韵助》的格式相同如下（即第二行是单字，从D列开始是《广韵》地位），那么它就可以与《广韵》进行相关匹配：

表5-11《中原音韵》与《广韵》的匹配表

	A	B	C	D	E	F	G	H	I	J	K	L	M	N	O
1	中原字数	中原单字	中原地位	广韵地位											
2	1	崩													
3		東													

可以直接把《韵助》“光”所对应的D2、E2、F2、G2、H2、I2、J2、K2、L2、M2、N2、O2格直接复制到《中原音韵》的D2、E2、F2、G2、H2、I2、J2、K2、L2、M2、N2、O2上，就会出现“崩”字的广韵地位，然后把“崩”的D2、E2、F2、G2、H2、I2、J2、K2、L2、M2、N2、O2格全选中，按住填充柄就可以出现所有字的广韵地位了！与《韵助表》格式相同的表越多，越能显示它的优势。

这种方法的使用范围很宽，只要做好了电子数据库，那么任何两部韵书都可以匹配，甚至两部字书、字典都可以。当然，只要举一反三，稍加变通，还可以三个、四个数据库进行匹配。如以《韵助表》为底本，把《韵助表》与《广韵》、《中原音韵》、《方言调查字表》、《韵略易通》等在同一个excel表中进行匹配。

需要说明的是，用公式匹配出来的《广韵》信息可以复制，但不可以进行查找、排序等编辑工作。有时我们需要按《广韵》字母（声母）排列，有时需要按韵排列，有时需要查找某字。那怎么办呢？先把全表复制，然后新建一个excel文档，在文档上方菜单选编辑→选择性粘贴→数值→确定，就会把表格的内容复制到新的excel文档中。这后一个excel表就可以进行所有的查找、排序等编辑工作了。

6.长山方音的发展演变

本章主要从历时角度看今长山方言的发展变化，中古时期选取《广韵》作为比较对象，近代汉语时期选取《韵助》、《韵略易通》、《等音》、《中原音韵》作为比较对象。选取这几部书作为比较对象是因为《广韵》、《中原音韵》是中古、近代音的代表，《韵助》是300年前长山方音的代表。而《韵助》是按照《等音》的框架，把兰廷秀《韵略易通》的收字包括释义填入同音位置，所以还要与后两者进行比较。我们主要从声母、韵母、声调三个方面对《韵助》与现代长山方言进行分析比较，考察清代长山方音的特点及从清代到今天的语音发展及演变情况。

6.1 长山方音声母的发展演变

我们选取比较有特点的疑母和影母的发展演变、日母的发展演变两个方面来分析长山方言声母的发展演变。

6.1.1 疑母和影母的发展演变

《韵助》和《等音》都既有疑母又有影母，《韵略易通》则只有影母没有疑母，这反映了各自方音的不同。马自援说："等韵之家有议各母者谓疑字一母为可以删去，其说曰，疑母若读作移，当在影母之下，若读作泥，当在泥母之下，故可删去等语。不知此母于宫商二音之内则另有其声，与泥影二母实万万不同者也。虽于角徵羽三音之内与影母之声相似，其于泥母则万有不同者矣。此母盖呼之以移不得，呼之以泥亦不得，而实若移泥之二合音者也。是又乌可以删乎？”[1]说明他记载的方言中确实还存在疑母。现代长山方言也还存在疑母，规律是现代长山方言的开口字声母都是ŋ。它包括《广韵》开口一等字（果开一除外）和少数开口二等字如“癌额（疑）、扼（影）”等。果开一比较特殊，白读为uə，如“我蛾uə^{55}饿uə^{31}”。文读还有ŋ声母，如“蛾ŋə^{55}饿ŋə^{31}”。而《广韵》疑母、影母的开口二三四等和合口字，现代长山方言都无ŋ声母。

《韵助》的表现与现代长山方音并不相同。《广韵》疑母读为《韵助》影母字的非常多，规律是：《广韵》合口字、开口三四等的疑母都读为《韵助》影母字，一些开口一等字也读为影母。请看下表：

表6-1《广韵》疑母开口一等字在《韵助》与现代长山方言中的表现

<table>
<tr><th>条件</th><th>《韵助》</th><th>拟音</th><th>例字</th><th>现代</th><th>例字</th></tr>
<tr><td rowspan="2">果开一</td><td>影母商音</td><td>ø</td><td>我饿娥俄哦蛾莪</td><td>ø</td><td>我蛾饿</td></tr>
<tr><td>疑母商音</td><td>ŋ</td><td>我饿</td><td>ŋ</td><td>鹅蛾饿</td></tr>
<tr><td rowspan="2">效开一</td><td>影母商音</td><td>ø</td><td>熬傲敖遨獒嗷鳌螯鏊</td><td rowspan="4">ŋ</td><td rowspan="4">熬傲敖遨獒嗷鳌螯鏊艾皑碍</td></tr>
<tr><td>疑母商音</td><td>ŋ</td><td>熬傲</td></tr>
<tr><td rowspan="2">蟹开一</td><td>影母宫音</td><td>ø</td><td>艾皑碍</td></tr>
<tr><td>疑母商音</td><td>ŋ</td><td>艾皑</td></tr>
<tr><td>其他摄开一</td><td>疑母</td><td>ŋ</td><td>咢萼鄂谔愕腭锷噩昂（宕）
齵偶藕耦（流）</td><td>ŋ</td><td>啊碍熬藕岸</td></tr>
</table>

宕摄、流摄的《广韵》疑母字在《韵助》仍是疑母，没有例外，而果开一、效开一和蟹开一则转变为影母，少数还有疑母异读。

同时，很多《广韵》影母字在《韵助》读为疑母。发生这种转变的都是《广韵》影母开口一等字，无一例外。除了“乞”一字在《韵助》疑母宫音外，其他都转到疑母商音（开口呼）去了。联系到现代邹平方言中普通话开口呼零声母字声母都是ŋ，而且整个山东方言西齐片也读ŋ，我们可以说，这种开口呼影母读为疑母的现象，从三百年前就已经开

①出自高奣映《等音声位合汇》，载《丛书集成续编》第19册，833页。

始了，但《韵助》并非所有影母开口一等字都读为疑母。请看下表：

表6-2《广韵》影母开口一等字在《韵助》与现代长山方言中的表现

<table>
<tr><th>条件</th><th>《韵助》</th><th>拟音</th><th>例字</th><th>现代</th><th>例字</th></tr>
<tr><td rowspan="2">臻开一</td><td>疑母</td><td>ŋ</td><td>垠</td><td>ŋ</td><td>恩</td></tr>
<tr><td>影母</td><td>ø</td><td>垠恩</td><td>ø</td><td>垠</td></tr>
<tr><td rowspan="2">流开一</td><td>疑母</td><td>ŋ</td><td>眍瓯讴鸥</td><td rowspan="6">ŋ</td><td rowspan="2">眍瓯讴鸥</td></tr>
<tr><td>影母</td><td>ø</td><td>讴</td></tr>
<tr><td rowspan="2">山开一</td><td>疑母</td><td>ŋ</td><td>按胺遏頞</td><td rowspan="2">安按胺遏頞</td></tr>
<tr><td>影母</td><td>ø</td><td>安按</td></tr>
<tr><td rowspan="2">咸开一</td><td>疑母</td><td>ŋ</td><td>闇暗唵</td><td rowspan="2">闇暗唵腤谙</td></tr>
<tr><td>影母</td><td>ø</td><td>腤谙</td></tr>
<tr><td>宕开一</td><td>疑母</td><td>ŋ</td><td>垩</td><td>ŋ</td><td>垩</td></tr>
<tr><td>蟹开一</td><td rowspan="3">影母</td><td rowspan="3">ø</td><td>哀埃蔼霭</td><td rowspan="3">ø</td><td>椅拥</td></tr>
<tr><td>效开一</td><td>鏖奥袄</td><td>迂</td></tr>
<tr><td>果开一</td><td>佒阿痾阿</td><td>阿痾阿</td></tr>
</table>

综合两个表可以看出，宕摄不管《广韵》是疑母还是影母，《韵助》都读疑母，流摄也基本如此。有一个例外："讴"（《广韵》影母）《韵助》有影母、疑母异读。

果开一不管《广韵》是疑还是影，《韵助》基本是影母，例外：我饿（《广韵》疑母）有疑母异读。效开一不管《广韵》是疑还是影，《韵助》基本是影母，例外：熬傲（《广韵》疑母）有疑母异读。蟹开一不管《广韵》是疑还是影，《韵助》基本是影母，例外：皑（《广韵》疑母）有疑母异读。臻开一只两个常用字，垠（《广韵》疑母）有疑影两读，恩（《广韵》影母）仍读影母。山开一、咸开一《广韵》疑母在《韵助》中无字，从《广韵》影母在《韵助》中的表现看，它已经向疑母扩散。

忌浮（2006）说："徵音、羽音中的古疑母字可以说完全转化为影母，如'仰言元迎银尧崖牛鱼玉虐岳月宜义牙'等字。《韵助》徵音、羽音实际上无疑母。”但我们把《韵助》全表按宫、商、羽、徵升序排列后，发现羽音有古疑母字“愿月原玉颙崛”6个，其中“愿月原玉颙”5个字有疑母影母两读，“崛”只有疑母一读；《韵助》徵音中有古疑母字“仰虐巘彦业妍凝齗银齩乐睚崖诣宜”15个，其中“仰虐巘彦妍凝银齩乐睚崖诣宜”等13个字有疑母影母两读，“业齗”两字只有疑母一读。刘尔整是批判“旧韵之背讳（晦）”、主张“合乎人口之所同然”的，所以这些字的疑母读法在当时口语中应该存在，即使口语中不存在，那在读书人口中或者在文读的时候会保持与影母不同的读法，所以疑母即使在徵音、羽音里也未必简单地“完全转化为影母”。

当然，《韵助》中徵音、羽音中古疑母字的绝大多数都已转变为影母。对此，王力（1988：169）从音理上作了解释：“舌根鼻音在i、y的前面容易消失或发生变化，是由于ŋ的发音部位和i、y距离较远。福州话有ŋi（‘宜’）ŋy（‘鱼’）之类，在别处是罕见的。在吴方言里，ŋ在i、y前面的时候，一般转化为和i、y同发音部位的ɲ（上海‘牛’ɲiɤ、‘愚’ɲy）。至于在北京话里，除一部分齐齿字转化为n之外，其余都变了零声母。再说到开口呼的ŋ，它是比较稳定的。但在北京话也不再维持它了。”我们同意这种解释。

再看合口字的情况：

一、《广韵》疑母合口字在《韵助》也是疑母的有：

《韵助》疑母宫音：危鋙濁願齵峗訛吳浯梧齬蜈誤捂兀枂

《韵助》疑母羽音：愿月原玉颙崛

二、《广韵》疑母合口字在《韵助》是影母的有：

《韵助》影母宫音：磑訛鈋峗刓园蚖玩翫桅嵬隗諢五伍午仵瓦兀杌矶扤刖悟誤俣寤晤忤外巍魏危

《韵助》影母羽音：鼋軏刖齬娱阮魚漁虞愚隅禺禦籞語圄圉馭遇寓元原源沅嫄願愿月顒玉獄瑀

那么，300年前的长山方言是怎样演变为现代长山方言格局的呢？忌浮（2006）认为，演化过程可能是这样的：第一步，古疑母字全部读影母。第二步，商音的部分影母字（包括已读影母的古疑母字）开始读疑母。第三步，商音的影母字全部读疑母。根据忌浮的观点，《韵助》处在第二阶段，现代长山方言处在第三阶段。我们看到，《韵助》开口一等的影疑两母在互相转化的同时，羽音、徵音的疑母并未完全转化为影母，而且《广韵》合口疑母字“危鋙渦顋齾屼訛吳浯梧齬蜈誤捂兀杌”都还是疑母宫音。所以我们认为，在第一步，《韵助》还远未完成。那么，开口一等影疑两母的互相转化并不是疑母都转化为影母后才开始的。按照音理顺序，似乎应该徵音、羽音中的疑母都读为零声母，然后合口、开口的疑母再读为零声母，那么《韵助》的开口一等疑母字应该不是古疑母字全部读影母后再转过来读疑母的，可这时，影母的开口一等字已经开始转化为疑母了。所以我们认为长山话的演变过程应该不是忌浮所说的演化过程。现代读疑母的古疑母字应该就是古疑母字读音的直接继承，现代读疑母的古影母字才是按照开口一等变疑母、其他不变这样的规律演变来的。至于现代读零声母的古疑母字应该是《韵助》的非开口一等疑母字转化来的。

6.1.2 日母的发展演变

《韵助》“耳、而”两字在商音来母，忌浮（2006）讲道：“古日母字，《韵助》标作日母，惟第十二韵商音将止摄开口日母字‘耳、而’标作来母。……《韵助》是今天所能见到的山东方言‘耳、而’读来母的最早记录。”《韵助》没收“贰二尔儿”等字，而所收其他日母字仍是日母。

1936年山东高密人张祥晋在《七音谱》卷三《七音篇》中讲到山东方言日母的读音：“日母所属字‘人如汝儒若然髯而柔热惹’等，由吾高密西南莒州、诸城、日照尽南海，北至昌邑抵北海，凡自牟、汶、潍水以东，至成山尽东海，登莱两郡，皆读为此谱牙音三位‘缨’模之音。而自潍县以西，寿光、乐安、青州、临淄，以至武定、济南、东昌、临清、泰安、兖州、济宁各府县所属，及沂水以西，沂州、蒙、费，皆读为此谱重舌三位‘隆’模之音。惟‘而耳尔二儿仍辱蕊芮’等，通山东省皆读为重舌‘隆’模，惟秃舌之人，乃读‘缨’模。”指出“而耳尔二儿仍辱蕊芮”等，通山东省皆读为重舌“隆”模，即来母。

其实，张祥晋那时并没有现在的方言调查，所以他的观察并不全对。现代方言调查成果显示止摄字的读音远比他讲的复杂。止摄开口三等日母字如“儿二耳”的读音在山东方言分为两种情况：第一，山东东区东潍片和西区西齐片读ɭə。第二，东区东莱片和西区西鲁片读卷舌的ɚ，读音跟普通话相同。止摄以外各摄的日母字在山东主要有两种表现：东区一般读零声母（除去寿光、青州、临朐读l）；西区除去东明一处外，不读零声母，有ʐ、l、ʐ/l、z、z/v等读法。具体说来，东区读零声母，韵母为齐齿呼或撮口呼，如“日”读为i，“容”读为yŋ。寿光、广饶、章丘、淄博等地主要读l声母。济南及周围平阴、泰安、新泰、莱芜、桓台、齐河、禹城等地按韵母开口呼和合口呼的不同，分别读ʐ（或ʒ）、l两声母；平邑一点按韵母开口呼和合口呼的不同，分别读ʐ、v两声母。西鲁片的枣庄、滕州、泗水等地按韵母开口呼和合口呼的不同，分别读z、v两声母。利津、无棣、德州、临清、梁山、菏泽、临沂等地则跟普通话相同，读ʐ声母。张树铮（2007）分析说，日母字是中古三等韵母，因此，东区零声母加细音韵母的读法在韵母方面是保留了更多的古音特征，这与东区知庄章三组声母二分的现象也是一致的（东区来自知庄章组的声母与舌面的接触比知二庄组要多，多数读舌叶音或舌面前音）。但是，其声母却经过变化而丢失了（其过程应当是：ȵʑi-→ʑi→i-），所以从声母方面看又是后起的现象。而西区读ʐ/1/z加洪音韵母，从韵母看是变化的结果（细音变洪音），从声母看则保留次浊的特征，所以相对来说保留古音特征要多一些。这样看来，东区和西区日母字的读法各有其古音特征与后起特征。现代长山方言的表现和西区的典型特征相同，请看下表：

表6-3 日母字在现代长山方言和《韵助》中的读音

中古摄等	《韵助》	拟音	例字	现代读音	例字	例外字
开口三等（止开三除外）	日母	ʐ	日瓤柔人刃	ʐ	日瓤柔	人(又) iə̃ ^{55}，刃(白) iə̃ ^{31}，嚷 naŋ ^{55}
合口三等	日母	ʐ	茸如儒戎肉软	l	茸如儒	戎 绒 ʐ̥uŋ ^{55}，肉 ʐ̥əu ^{31}，闰 yə̃ ^{31}，软(又) yã ^{55}
止开三	来母	l	耳而	ɭ	而儿二耳	

现代长山方言止摄开口三等日母字全部读为ɭ，如“尔耳二贰饵儿

而”等字，止开三之外的开三基本读ʐ，如“穰瓤柔揉然燃壬任饶桡仍扔人仁让绕刃认韧弱若热入日壤攘惹染冉扰忍”等字，合口三等字基本读l，如“茸如儒芮润褥辱汝乳蕊”等字。这与济南方言一致。济南方言日母字止开三读ɭ，其他开口读ʐ，合口读l。淄川博山方言则是止开三读ɭ，其他不论开合口，都读l。例外现象中“人(文)iə̃^{55}、刃(白)iə̃^{31}、闰yə̃^{31}、软(文)yã^{55}”是保留古韵特征的结果。

6.2　长山方音韵母的发展演变

我们选择比较有特点的果摄字的发展演变、通摄三等字的发展演变、二等开口喉牙音字的发展演变、遇摄合口三等字的发展演变、入声韵的发展演变五个方面来分析长山方言韵母的发展演变。

6.2.1 果摄字的发展演变

果摄歌、戈原为开合分韵，但后代逐渐合流。王力（1985b：576）：“在现代北京话里，《切韵》歌戈韵字分为舌齿唇与喉牙两类，有不同的发展。舌齿唇字一律读合口呼[uo]，喉牙字一律读开口呼，但其元音由[a]渐变为[ə]。”其中，端系字、精系字在北京话中比较整齐地读成合口呼uo，帮组字读成o，但喉牙字并非都读开口。今山东方言中，端、精、帮三系字的读音与北京话一致或基本一致（帮系字有的读uo，有的读ɤ），但见系字东区的大部分地区一直到西齐片的淄博等地不分开合都读成合口呼uo或ɔ（如荣成），比北京话整齐，从而与北京话不同；而其他一些地区果摄见系字的读音与北京话基本一致，少有参差（如济南“歌哥戈”不等于“锅”，与北京相同，但“过”读同“个”，音ə韵母，与北京不同）。

《韵助》果摄常用字表现如下（为便于参看，我们把一字有开合两读的放在前面）：

《广韵》果开一：

商九：罗他逻佐贺哥歌柯挪傩珂莪俄娥莪鹅哦阿痾阿哿舸娜可我个饿

宫九：罗他逻佐贺陀跎酡驼鮀多啰萝箩锣蹉苛河诃挲枈爸舵砢拖侉

《广韵》果合一：

宫九：裸侉垛朵果螺粿叵妥颗祸火琐琐播座挫破剉痤唾货

商九：裸

果合一除了“裸”有宫九商九两读外，其他都是合口。

可以看出，中古合口韵在《韵助》中仍是合口，但中古开口字却分为开合两类，经常是一字有开口合口两种异读。

《七音谱》中描述高密方言以及济南、潍坊一带方言的情况是：“吾高密俗语，‘黄河’、‘淄河’等皆合口言之；至读书，‘济河’、‘九河’等，则皆开口言，两音并行不悖。若济南则读书俗言，一概开口；诸城、潍县、青州、临朐，则一概合口。”今长山方言“河”字音xuə，与高密等地相同。下面以长山方言果摄一等字为例分析果摄字的发展演变。

表6-4 长山方言果摄一等字的读音

中古音 摄、等	中古音 韵	条件	长山音	例字	例外字举例
果开一	歌	端系、见系	uə	歌哥多 舵左饿	他t‘a^{55}哪na^{55}那na^{31}苛k‘ə^{55} 坷kei^{55}~垃k‘ə^{55}坎~河何荷xə^{55}
果合一	戈	帮组	ə	菠婆	
		端系、见系	uə	躲科卧	棵颗k‘ə^{214}课k‘ə^{31}

可见，长山方言果摄一等字不论开合，其主要趋势都是读合口呼，比《韵助》读合口的字要多，如《韵助》原读开口的“歌哥”等字在现代长山方言中读合口了。也有相反的情况，如《韵助》果开一读成合口的一些字在现代长山方言中产生了ə的文读音，如“河”文读音是xə^{55}，“坷坎~”文读音是k‘ə^{55}。《韵助》果合一保留合口的一些字在现代长山方言中产生了ə的文读音，如“颗”文读音是k‘ə^{55}，这应是受普通话的影响，而“可”仍保持了从古至今的开口读法。

6.2.2 通摄三等字的发展演变

普通话中通摄合口字一般不读细音，而读成洪音uŋ（阳声）或u（入声），如“踪从松足促肃”，见组字有些读细音，有些读洪音。《韵助》的表现是：

表6-5《韵助》通合三的读音

中古韵部	中古声母	《韵助》拟音	例字	例外字
东	帮系、端系、知系	uəŋ	枫讽风梦窿充忡冲虫仲戎绒嵩终讽风铳仲众忠中	
	见系	yəŋ	弓躬穷穹芎融雄熊	
屋	帮系、端系、知系	u	福伏熟俶矗畜轴碡六陆目牧副肉蹜缩谡叔菽肃蓿宿	夙(又) sy
	见系	y	菊掬諊菊踘鞠育昱毓郁彧	
锺	帮系、知章、泥组、日母	uəŋ	封冲潼蹱宠重穜浓醲秾茸冗种松钟冢	
	来母、精组	uəŋ	龙陇纵踪枞从	
		yəŋ	龙精从纵怂悚	
	见系	yəŋ	共（去）拱（上）供（平）供（去）恭珙恐凶汹用容蓉镕庸溶甬勇蛹踊俑雍痈拥	共（平）共（上）拱（上）巩kuŋ
烛	帮系、知系、端系	u	幞蜀属襡触躅菉逯醁騄箓绿促溽辱蓐束俗续粟烛	属(又) tʂy 促(又) ts‘y
	见系	y	挶锔局曲玉狱瑦浴欲	

通合三的i介音在帮系、端系、知系中正在消失，如“枫、充、福、六、促、烛”等字读uəŋ或u。但在一些字中由中古的iu发展为y，如“夙、龙、纵、怂”都有u、y两读，而“悚”只有y一读。总体来说，读u比y的多。在见系中读y的明显占了优势，东、屋、烛三韵的见系字毫无例外都读y。在锺韵中“共（平）、共（上）、拱（上）”开始有uŋ异读，“巩”则只有uŋ一音了。晓组疑母以母影母

则毫无例外都读yŋ或y。现代长山方言的表现是：

表6-6现代长山方言通合三的读音

中古韵部	中古声母	现代读音	例字	例外字
东	帮系	əŋ	疯冯丰梦	
	泥组、精组、知系、见母	uŋ	充种崇弓窿戎融	
	群母、云母	yŋ	穷熊雄	
屋	帮系、端系、知组、章组	u	塾陆幅	忸六liəu^{31}肉zə̢u^{31}粥tʂəu^{214}轴tʂu^{55}轴tʂəu^{55}
	庄组	uə	缩	
	见系	y	菊蓄育郁	
锺	帮系	əŋ	封缝峰	
	来母、精组、知章组、日母、见组	uŋ	从纵垄踪供盅宠茸	纵tɕyŋ^{31}纵tsuŋ^{31}舂tʂ‘u^{55}
	泥母、晓组、影母	yŋ	浓胸容臃	龙lyŋ^{55}龙luŋ^{55}溶榕熔蓉镕luŋ^{55}
烛	见系	y	局曲旭狱	
	精组、章组、日母、来母	u	触足录辱俗	绿ly^{31}续ɕy^{31}

与《韵助》相比，现代长山方言通合三韵母读y或有y介音的字明显减少，如“弓躬从纵怂悚供共恭龚珙拱栱恐属促容蓉镕”等字的y音读法在现代长山方言都已经消失了。同时，屋韵帮系、知组、章组主元音是əu音的字由原先的“忸”一个字增加到“忸六肉粥轴”五个，这是受普通话的影响。

6.2.3 二等开口喉牙音字的发展演变

《韵助》二等字除喉牙音声母（k、k‘、x、ø）外，都与一等字合流了。二等开口喉牙音字则基本都产生了i介音，与三四等字合流了（梗摄除外）。如江摄字“江腔降岳”、山摄咸摄字“间眼奸颜咸监嵌”、效摄“交巧肴效”等字都读为徵音字，它们的读音除了个别字如“岳”外，基本与现代长山方言、普通话相同。而《韵助》梗摄二等开口喉牙音字只有少数字产生了i介音，多数仍是洪音。如“行杏幸莺罂”等变读iŋ，“庚耕梗铿衡茎”等仍读əŋ。现代长山方言“耕”字产生了白读韵母iŋ，文读韵母是əŋ，“茎”在口语一般不说。

《韵助》蟹摄二等开口喉牙音字的韵母读iai，如“皆痎阶喈偕挨矮”都读为iai，与普通话读ie不同。现代长山方言读为iɛ（iai中的ai动程很小，跟单韵母ɛ一样），只有“谐”受普通话影响读为了iə。这种现象在整个山东方言非常普遍。山东方言中二等开口喉牙音字除了菏泽地区的少数地方外,全省普遍地读成iai(iɛ)。据张树铮（2005：47），清代山东方言资料如《聊斋俚曲集》、《万韵书》、《韵略新抄便览》、《等韵简明指掌图》、《等韵便读》、《七音谱》等都毫无例外读iai。

总之,《韵助》的开口二等喉牙音字已经普遍产生i介音，基本与三四等字合流。这方面已经与现代长山方言相差无几了，但《韵助》尚未产生tɕ、tɕ‘、ɕ声母。

6.2.4 遇摄合口三等字的发展演变

遇摄鱼合三庄组字如“楚礎憷齼所阻”等在《韵助》都是宫音字，韵母是u或有u介音。除庄组以外全部字如“女吕蛆猪序诸书如居鱼於”等都是羽音字，韵母都是y。

遇摄虞合三庄组字如“刍鶵”、唇音字如“夫玞柎跗敷肤麸孚扶芙泭俘蚨符凫”等在《韵助》都读宫音字，韵母是u。除此之外全部字如“缕趋须诛朱主戍树句吁”等都是羽音字，韵母都是y。

发展到现代长山方言中知庄章声母字和唇音字基本读作u，

其他读作y。遇摄知章声母字在《韵助》读y，在现代长山方言中读u了。因为知三章与知二庄合并读卷舌音，与撮口呼冲突，所以y就读为u了。

6.2.5 入声韵的发展演变

《韵助》“新立入声六韵半十三字头横图”前有说明：“一韵至七韵，俱系借韵入声，八韵以下，俱系本韵入声。”一至四韵是阳声韵，后有借韵入声，是存古的表现。五至十三韵是阴声韵，其中五至七韵只有少数入声字，八至十三韵则有较多的入声字，尤其是徵音第九韵和羽音第九韵，全是由入声字组成。请看《韵助》到现代长山的演变：

1.曷合盍三韵的喉牙音字，《中原音韵》并入歌戈韵，舌齿音字归入家麻韵。《韵助》一律并入第十三韵，相当于《中原音韵》的家麻韵，全部都读a，如“閤葛割擖合鴿蛤蓋佮渴磕合盒盍闔嗑欱郃頜曷鶡褐鶡喝”等字全在商音十三韵，读a。这与今胶东地区读音相同。今胶东地区这些字基本都读a，往西则渐次减少，到济南就与今普通话音一致了。今长山“达辣擦割合杂沓答卅塔塌腊蜡”仍读a，但还有一些字读ə或uə：盒（白）$xuə^{55}$（文）$xə^{55}$喝（白）$xuə^{55}$（文）$xə^{55}$合$xə^{55}$鸽$kə^{55}$、嗑瞌$k‘uə^{55}$。由此可见，就山、咸两摄一等入声字而言，现代长山话韵母有两个层次，一个层次读ə，对应《中原音韵》的歌戈韵，它们都是牙喉音；一个层次读入家麻韵（所有声母，包括牙喉音）。《韵助》里都读a（家麻），那么是不是后来a元音在牙喉音条件下演变成了ə元音呢？根据历史语言学的原则，这是不太可能的，因为如果要演变，同样条件的音都会发生同样的演变，但长山“割”等还是读a，而“合”有a、ə两种读法，所以这应是异源的因素影响了方言。一个读成ə或uə的方言进入了长山话并留下了一批读ə或uə的词，这样原来读a的就是本地固有层，读ə或uə的就被视为移借层。为什么这个移借层只影响牙喉音呢？因为那个影响长山话形成这个层的方言自身的这类字也只有牙喉音才读ə或uə，舌齿音跟长山一样读a。这个方言跟《中原音韵》是一系的，因为《中原音韵》就是舌齿/牙喉a/ə、uə（o　uo）两分的。从前面所述的河北移民看，我们认为，这是受了河北方音的影响。

2.中古曾摄、梗摄入声的细音开口字在今普通话读i、ʅ、ʅ，洪音字则曾开一入声白读念ei，如“北勒肋”，梗开二入声白读念ai，如“百白麦脉”；文读开口念ɤ，唇音字念（u）o，如“墨”。《韵助》中，曾摄、梗摄洪音入声字比较整齐地全部读成ei、uei：

宫音第十韵入声读uei，如：国或惑（曾摄）、蝈掴胭馘获划（梗摄）。

商音第十韵入声读ei，如：北卜得德特则贼蟿鲫扐泐勒肋墨默纆忒僰踣万匐塞（曾摄）、檗策革隔嗝槅膈脉麦厄咤责帻箦谪鬲啧虢白百伯帛舶鲌迫骼佰陌貊蓦拍珀客额泽蚱宅窄磔舴魄翟（梗摄）。

现代长山方言不再如此整齐了：

曾摄主要念ei，如：或北侧测得德色刻克黑肋勒。例外字是：则$tsə^{55}$、啬$sə^{31}$、特$t‘ə^{55}$、获$xuə^{55}$、划xua^{31}、惑$xuə^{55}$。

梗摄主要念ei，如：掰百柏伯迫拆策册隔格拍魄客责窄陌泽宅。例外字是：革$kə^{55}$、扼$ə^{55}$、轭$ə^{31}$、栅$tʂa^{31}$、摘$tʂai^{55}$、帛pai^{55}（白）财~。“择”两读：$tʂai^{55}$、$tʂei^{55}$；“白”两读：pai^{55}、pei^{55}。这些例外字的读音主要是受普通话的影响，或是产生了文读音，或是直接替代了原来的白读。

3.铎药觉三韵字，《中原》派入萧豪韵，又读歌戈韵。《韵助》全在第九韵，如：

药韵：

宫音第九韵uo：绰攫镢弱箬烁铄灼酌勺

商音第九韵o：芍

徵九io：脚爵嚼雀略鹊噱却谑削虐疟药钥跃钥却掠

觉韵：

宫音第九韵uo：龌踔

商音第九韵o：雹趵驳龊邈朴朔卓捉桌涿琢镯浊擢濯数

徵九io：确学喔偓幄渥岳鷟燩角觉

现代长山铎药觉三韵白读的基本韵母是ɔ，具体规律见下表：

表6-7现代长山铎药觉三韵的读音

中古音	条件	长山音	例字	例外字
铎开一	帮组、疑母、匣母	ə	膊泊博鹤	幕mu^{31}
	端系、见母、晓母	ɔ	落烙酪	阁kə^{55}洛luə^{31}
铎合一	见系	uə	郭廓镬	
药开三	精组、见系、来母	iɔ	嚼脚鹊削疟药	掠lyə^{31}却tɕ'yə^{31}
	知组、章组	uə	绰灼	
		ɔ	勺芍	
药合三	奉母	ə	缚	
	见母	yə	镢	
觉开二	帮组、影组	ə	驳握	雹pa^{55}雹pɔ^{55}
	知组、庄组	uə	戳浊镯龊	
	见系	yə	确推学岳	
		iɔ	饺壳	

现代长山方言的白读是ɔ、iɔ，应是《韵助》o、io低化形成的，是o、io直接演变的结果。长山元代属济南路长山县，明代初属般阳路长山县，洪武九年（1376年）改属济南府，清因旧制。历史上曾长期隶属于济南，但铎药觉三韵入声字读音与济南不同。下面我们把这三韵的白读单列出来：

表6-8 长山方言铎药觉三韵字的白读

古韵	铎韵		药韵			觉韵		
开合	开	合	开		合			
例字	落烙酪	郭	嚼脚鹊削疟药钥虐勺芍着		镬	雹pa^{55}（文）pɔ^{55}	桌	饺壳觉角学
古声母	端系	见晓组	知系	其他		帮组	知庄组	见晓组
韵母今读	ɔ	①	ɔ	iɔ		ɔ		iɔ

①空白表示无白读语素。

长山这些读ɔ、iɔ韵的字，与济南、淄博方言中都读uə、yə不同，倒与清代反映桓台、高青方言的韵书记载基本一致。据李新魁（1983a：327～328）、耿振生（1992：187）和张树铮（1999：66），张象津的《等韵简明指掌图》（自序于1815年）是反映180年前桓台方言语音特点的著作。《等韵简明指掌图》中，药韵和觉韵字在高摄，这些字是："觉确约爵鹊削酌绰烁学略若"。另外"略鹊"两字又重见于歌摄合口副韵，可见这些字当时已有异读。觉药韵字现代桓台音旧读也比较整齐，韵母基本读作iɔ，如"觉约嚼削学略若"等字，新读有些字则改作yə，如"确学略"等。而铎韵字不管现代桓台方言还是《等韵简明指掌图》都读uo或uə（据张树铮1999：77）。《万韵书》作者刘振统是山东高苑（今高青）人，有刘振统1741年的自序。张树铮（1999：7）认为"反映的当是刘振统家乡高苑一带18世纪上半叶的方言"。《万韵书》中，药韵和觉韵字在高韵，代表字是"学角觉岳乐壳确脚药谑瀹却爵嚼雀鹊勺着削掠酌灼芍烁"。

长山所在的邹平县与高青县、桓台县相邻。据《高青县志》（1991：33～35），高青历史上曾隶属于或划归济南、淄川、邹平、桓台。高青县北部、东部与滨州市相邻，东南部与桓台县以小清河为界，南部、西南部与邹平县为邻。据《民国桓台志略》（2004：315），桓台邑名自民国三年始，初名新城。据《民国重修新城县志》(2004：23～24)，新城在隋代是长山县（武强改）、高苑县（长乐改）地，（本注：按隋书文帝开皇十八年，改武强为长山，改长乐曰新城，大业初，复名高苑，今高苑界有新城泊，是吾邑在隋固尝以新城名矣。）唐五代宋金因之，元代是山东般阳路新城县，明初属般阳府，洪武十二年改属济南府，清属济南府。可见它们在历史上也是联系紧密的。不过这三地与河北并不搭界。与河北紧挨的德州、临清等地铎药觉也存在ɔ或iɔ韵白读。如德州方言（曹延杰1991：30）“鹤薄雹着绰~起锹来勺芍弱若搁阁旧，玉皇~儿略觉~悟角豆~儿嚼约大~确跃钥疟虐药壳岳乐音~雀鹊削剥~”读ɔ或iɔ。宁津方言（曹延杰2003：49～51）“鹤薄雹着勺芍弱若搁阁略觉自~角墙~嚼壳雀鹊约疟虐药跃岳钥乐音~学”，白读都是ɔ或iɔ。

再看看河北这些字的读音。枣强音没见记录，刘淑学（2000：63）记载了枣强附近的河北方言无入声区（刘称之为“大河北方言”）13个代表点的文白异读。其中文读完全和普通话一样，白读情况如下：

表6-9 铎药觉三韵字在大河北方言13个代表点的白读

<table>
<tr><td>古韵</td><td colspan="2">铎韵</td><td colspan="3">药韵</td><td colspan="3" rowspan="2">觉韵</td></tr>
<tr><td>开合</td><td>开</td><td>合</td><td colspan="2">开</td><td>合</td></tr>
<tr><td>例字</td><td>薄~厚摸落索搁鹤</td><td>郭</td><td colspan="2">酌弱略雀虐约</td><td>镬</td><td>剥</td><td>桌</td><td>觉知~确~实岳乐音~学</td></tr>
<tr><td></td><td></td><td></td><td>知系</td><td>其他</td><td></td><td>帮组</td><td>知庄组</td><td>见晓组</td></tr>
<tr><td>冀州市</td><td>au</td><td></td><td>au</td><td>iau</td><td></td><td>au</td><td></td><td>iau</td></tr>
<tr><td>隆化县</td><td>au</td><td></td><td>au</td><td>iau</td><td></td><td>au</td><td></td><td>iau</td></tr>
<tr><td>昌黎县</td><td>au</td><td></td><td>au</td><td>iau</td><td></td><td>au</td><td></td><td>iau</td></tr>
<tr><td>玉田县</td><td>au</td><td></td><td>au</td><td>iau</td><td></td><td>au</td><td></td><td>iau</td></tr>
</table>

续表

廊坊市	au		au	iau		au		iau
唐县	au	uau	au	iau		au	uau	iau
高阳县	au		au	iau		au		iau
石家庄(北郊)	au		au	iau		au		iau
晋州市	au		au	iau		au	uau	iau
献县	au		au	iau		au		iau
南皮县	au		au	iau		au		iau
内丘县	au		au	iau		au		iau
威县	au		au	iau		au		iau

“剥桌觉知~确~实岳乐音~学”文读同普通话，白读帮组读au，见晓组读iau，其他不读入声的十二个县帮组和见晓组的读音也是如此。

这种河北白读与北京白读一致，与德州、临清、长山、高青、桓台也一致。而山东铎药觉韵有au、iau或ɔ、iɔ白读的只存在于这些地方，在其他地方基本没有。这种现象应与明代移民有关。明代洪武年间山东地区接受的184万多民籍移民中，来自山西的移民人口最多，达121万，占移民总数的66%。其次是来自河北的移民，达35万，占移民总数的19%。来自河北者大多数自称来自河北枣强县，但估计他们中大多数来自真定府，当然也包括枣强县，也可能有山西的移民混杂其中。来自河北的35万中，移到青州府北部的有18.5万人；移到济南府的有12.3万人，主要集中在济南府的东北部及东部一带。其他4万河北人分布就比较分散了。明朝建国后，于洪武元年（1368）四月置山东行中书省，治青州。洪武九年改行中书省为承宣布政使司，省会移至济南，下辖6个府、15个州、89个县。青州府辖1州13县，处于青州北部的是临淄县、博兴县、高苑县、寿光县等地。济南府辖4州26县。包括德州、滨州、历城县、邹平县、淄川县、长山县、新城县等，处于其东部和东北部的是滨州、邹平县、淄川县、长山县、新城县等地。

据曹树基著《中国移民史》第五卷（1997：209），滨州一带是人口重建式的移民区。洪武年间滨县土著仅占总人口的35%左右，元末到永乐年间河北枣强移民建村100个，山西洪洞移民建村仅4个。滨州下辖的蒲台、阳信、沾化移民占总人口的绝大多数。而与沾化紧挨的无棣[1]县铎药觉三韵白读绝大多数都是ɔ、iɔ，如“着勺芍弱雀嚼脚雹觉学削鹊略乐落岳跃绰络洛烙酪壳饺药钥疟”的白读都是ɔ、iɔ，这肯定是因为河北移民占人口的绝大多数，所以迁移之前的铎药觉三韵白读在迁入地得以保留。而邹平县的情况我们在1.2节已经论述，从邹平县内大部分村庄是由明洪武、永乐年间移民所建这种情况看，河北移民应占人口总数的大多数。再加上铎药觉白读基本都是ɔ、iɔ，所以我们认为长山的河北移民也占当时总人口的大多数。高青、桓台没有找到移民的确切记录，但从觉药韵表现同长山来看，应该也是枣强移民占人口总数的大多数。

与滨州的情况相反，淄川（曹树基1997：211）则是土著人口占多数。临淄县和博山县移民人口约占洪武时期该地总人口的25%左右，共有移民人口约22.8万。以其中21.1万民籍移民计算，其中18.5万来自枣强，2万来自山西，来自河南及江苏者合计约为0.6万人。当然，所谓来自枣强的移民实际来自枣强及真定府，或许还包括真定府周围的地区，如顺德府。这种移民是人口补充式的移民。张店、淄川一带也如此，洪武年间土著人口占人口总数的78%，移民中绝大多数来自枣强。当土著人口占多数的时候，移民的语言力量就弱，就没有改变铎药觉三韵读uə、yə的原貌。

德州的情况又与以上两者不同。据曹树基（1997：205～206），德州明代移民多是山西人，但因为它与河北相邻，仍然不可避免地受到河北音的影响。宁津县也是如此，宁津从元至元二年至1964年一直属于河北省，1965年才由河北省划入山东省，属德州专区，1967年属德州地区，1994年属德州市，所以受河北音的影响也很深。

可以说，清代刘尔整时期读o、io也是明代河北移民占当地总人口的多数而引起的，而现代长山、高青、桓台的铎药觉白读多读ɔ、iɔ，是对

①王海清《无棣县方言语音研究》第16页、25页、33页，山东师大硕士论文，2002年。

清代语音的直接继承，德州、宁津的白读则是地理上接近河北省所以受其影响而产生的。

6.3 长山方音声调的演变

《韵助》有“平、上、去、入、全”五个声调。其平声相当于阴平，来源于古清声母平声，全声来源于古浊声母平声，上声来源于古清声母和次浊声母上声，去声来自古去声和全浊声母上声以及次浊声母入声，入声来源于古清声母入声和全浊、次浊声母的入声。《韵助》的入声尚未分化，只有一个入声，是较早状态的保留。

现代长山方言只有三个声调，即平声、上声、去声，已无阳平和入声。而在邹平县城还有四个声调：平声213、上声45、去声31、入声55。入声已没有塞音尾，只是独成一个调类，且发音较短，为55调。读入声调的多数是清声母入声字，只有少数几个古浊声母入声字今还读阴入调，如“液腋袭辑倔橛穴疾突柞踱值殖泽择额夕擲狄犊淑”等（《邹平县志》1992：860）。邹平的上声字是45调，与入声调差别较小，但仍是两个独立的调类。

由此可见，现代长山的平声继承了《韵助》的平声，上声是《韵助》上声和全声的合并，去声继承了《韵助》的去声。而从《韵助》入声归派到现代长山方言舒声的过程应是浊入归阳平，后随阳平归上声，清入自成一类，然后清入字也归为上声。

7.长山方言语流音变

音素在语流中发生的非音位性共时语音变化称为语流音变。本章主要从两字组连读变调、轻声、儿化、子化韵、合音等几个方面考察长山方言语流音变的特点。

7.1 连读变调

长山方言的两字组连读时，只是平声和其他声调组合时有些词语会发生变调，其他情况下基本不变。

表7-1长山方言两字组连读变调表

后字 \ 前字	平声214	上声55	去声31
平声214	24+214 32+214	55+214	31+214
上声55	214+55 24+55	55+55	31+55
去声31	214+31 24+31	55+31	31+31

1.平声+平声　　以24+214的变调为多。

医生 $i^{214\text{-}24}ʂəŋ^{214}$　　刮风 $kua^{214\text{-}24}fəŋ^{214}$　　阴天 $i\tilde{ə}^{214\text{-}24}t‘i\tilde{a}^{214}$

山腰 $ʂ\tilde{a}^{214\text{-}24}iɔ^{214}$

有的变成32+214：

窝坑 uə$^{214-32}$k‘əŋ^{214}　今日 tɕi$^{214-32}$ʐʅ^{214}　冬瓜 tuŋ$^{214-32}$kua^{214}　葱叶 ts‘uŋ$^{214-32}$iə^{214}

2.平声+上声　214+55

浇水tɕiɔ^{214}ʂuei^{55}　虾米ɕia^{214}mi^{55}　新娘ɕiə̃^{214}niaŋ^{55}　新房ɕiə̃^{214}faŋ^{55}

24+55

如果说快了，平声就会读成24。如：浇水tɕiɔ$^{214-24}$ʂuei^{55}。

3.平声+去声　214+31

锅盖kuə^{214}kɛ^{31}　霜降ʂuaŋ^{214}tɕiaŋ^{31}　阴历iə̃^{214}li^{31}　以后i^{214}xəu^{31}

24+31

如果说快了，平声就会读成24。如：锅盖kuə$^{214-24}$kɛ^{31}。

4.上声+平声　55+214

年初niã^{55}tʂ‘u^{214}　年中niã^{55}tʂuŋ^{214}　整天tʂəŋ^{55}t‘iã^{214}　每天mei^{55}t‘iã^{214}

5.上声+上声　55+55

屋脊u^{55}tɕi^{55}　年底niã^{55}ti^{55}　难免na^{55}miã^{55}　暖房nuã^{55}faŋ^{55}

6.上声+去声　55+31

努力nu^{55}li^{31}　蒜头 suã^{31}t‘əu^{55}　竹叶tʂu^{55}iə^{31}　难咽nã^{55}iã^{31}

7.去声+平声　31+214

月初yə^{31}tʂ‘u^{214}　半天pã^{31}t‘iã^{214}　辣椒la^{31}tɕiɔ^{214}　树梢ʂu^{31}ʂɔ^{214}

8.去声+上声　31+55

蒜泥 suã^{31}ni^{55}　树林ʂu^{31}lə̃^{55}　树苗ʂu^{31}miɔ^{55}　柿饼ʂʅ^{31}piŋ^{55}

9.去声+去声　31+31

树叶ʂu^{31}iə^{31}　种树tʂuŋ^{31}ʂu^{31}　篾片miə^{31}p‘iã^{31}　茉莉mə^{31}li^{31}

7.2　轻声

轻声是一种特殊的变调现象。由于语流中某些字长期轻读，失去了原有声调的调值，又重新构成自己特有的音高形式，听起来显得轻短模糊，从而形成轻声。长山方言中轻声字很多，根据轻声音节本身的音值和是否对前字发生影响，可分为三种轻声：第一种，这种轻声音节调值的高低取决于前字的调值，同时前字因协同发音作用也会发生变调，这是方言学中一般意义上的轻声变调。第二种轻声一般是降调，只有在低调特征的去声后轻声是微升，它前面的音节不变调。第三种轻声第一字不变调，第二字不管什么调，全读升调35，这种轻声变调是形容词的重叠，后面都得带轻声“的”，“的”全读31调。

7.2.1 轻声音节调值的高低取决于前字的调值，同时前字因协同发音作用也会发生变调

这种轻声音节调值的高低取决于前字的调值，同时前字因协同发音作用也会发生变调，这是方言学中一般意义上的轻声变调。具体情况如下表：

表7-2 长山方言的第一种轻声变调

前字 / 后字原调	平声214	上声B55	上声A55	去声31
平声214	32+<u>21</u>公鸡	35+<u>42</u>柴鸡	31+<u>55</u>母鸡	55+<u>31</u>蛋鸡
上声B55	32+<u>21</u>刀鱼	35+<u>42</u>鲢鱼	31+<u>55</u>草鱼	55+<u>31</u>鳜鱼
上声A55	32+<u>21</u>山水	35+<u>42</u>浑水	31+<u>55</u>雨水	55+<u>31</u>露水
去声31	32+<u>21</u>松树	35+<u>42</u>槐树	31+<u>55</u>枣树	55+<u>31</u>杏树

可以看出，后字不管原调是什么，只要前字声调相同，那么它们的轻声变调就相同。上声作前字有两种类型：A式，前字由55变为31；B式，前字由55变为35，变调后产生了新调型。读A式还是B式，与前字的中古来源有关。前字是古清声母上声和次浊上声、清声母入声的，多按A式变调；前字是古浊声母平声和全浊入声的，多按B式变调，如：

A式：顶风　井绳　韭菜　晚上　水磨　雨水　黑夜　折子　铁锨　苦瓜

B式：流星　贼星　白菜　芹菜　芫荽　萝卜　油菜　石榴　核

桃　荷花　蚕妹

长山方言的轻声同普通话一样，使用于语言结构的不同层级。如使用于词层面的轻声虚语素、重叠语素和一般语素，使用于短语层面的轻声虚词，使用于句子层面的轻声语气词等。与普通话不同的是，普通话轻声虚词独立性还强一些，不致影响前面词语的声调，而长山方言虚词的独立性更弱，大多影响前面词语变调，与前面词语关系更加密切。

这种变调的适用面最广，词语层面、短语层面和句子层面都存在这种轻声变调。下面分别叙述。

1.词语层面的轻声，如：

前字平声：清水　山水　衣裳　抽屉　花花　星星　公公　哥哥　馒头　箱子　哥每　玻璃

前字上声B式：旋风　石头　篱笆　逻辑　娃娃　婆婆　长长　圆圆　宅子　娘每　葡萄

前字上声A式：耳朵　本钱　奶奶　姐姐　说头　桌子　姐每　姥姥

前字去声：顺风　露水　豆腐　簸箕　玉玉　弟弟　妹妹　看头　柜子

这些词语有的是两个实词素构成的，包括叠音的名词如“星星、姐姐”等，叠音的状态形容词如“长长、圆圆”等，还包括非叠音词如“清水、本钱”等；有的是一个实语素加一后缀构成的，如“馒头、箱子、那么、姐每（即姐们）”等；还有单纯词如“玻璃、姥姥、葡萄”等等。

2.短语层面的轻声，是指长山方言中读轻声的虚词使前面词语变调，请看下表：

表 7-3 长山方言短语层面的轻声

前字 后字	平声214	上声B式55	上声A式55	去声31
结构助词：的得	花的 花得（多）	红的 划得（来）	紫的、我的、 你的 吃得（快）	似的、绿的 做得（好）
时态助词：着了来 （近经历体）	翻着 挖了 栽来	拿着 拔了 拾来	走着 吃了 说来	放着 烂了 见来
趋向动词：来去上下	交上 飘下	回来 回去 拿上（枪） 余下、留下	出来 出去 考上 买下	进来、下来 进去 对上（暗号） 放下、剩下
方位词：上下里	书上 心里	盘上 头里	草上 底下 哪里	树上 地下 这里、那里
由于语法关系夹在两个动词之间的“不”	按不（上）	来不（及）	吃不（了）	动不（动）
“一”“不”夹在重叠的单音动词或形容词之间	翻一翻 翻不翻	抬一抬 抬不抬	走一走 好不好、走不走	看一看 看不看

在普通话中这些虚词也读轻声，它们的原调值有的比较清楚，如“里”、“不”等，有的已经不知道它们的原调值是什么，如“了”、“着”“的”等。在普通话中这些虚词受前面词语的影响高低有所不同，但前面词语仍读原调，不受它们的影响。但在长山方言中，前面词语不再读原调，而变调了，变调规律见表7-2。如结构助词“的”：花的xua$^{214-32}$ti$^{\bullet}$、红的xuŋ$^{55-35}$ti$^{\bullet}$；趋向动词“上”：考上k‘ɔ$^{55-31}$ʂaŋ$^{\bullet}$、对上tuei$^{31-55}$ʂaŋ$^{\bullet}$等。变调后轻声词语与前面词语结合更加紧密了。在有些短语中，轻声变调使得原来词语之间的界限改变了。如：“花得多”应是三个词，花/得/多，“花”在“得”前变调，xua$^{214-32}$ti$^{\bullet}$tuə^{214}，两者结合紧密，从读音上来说就得划分为两部分：花得/多。“一”、“不”夹在重叠的单音动词或形容词之

间更能说明问题，像翻/一翻、翻/不翻，抬/一抬、抬/不抬等，应是“一”、“不”与后面动词先结合为一个短语，然后再与第一个词结合。但长山第一个动词在轻声“一、不”前变调，从读音上说就得划分为：翻一/翻 $\tilde{fa}^{214-32}i^{\bullet}\tilde{fa}^{214}$、翻不/翻 $\tilde{fa}^{214-32}pu^{\bullet}\tilde{fa}^{214}$、抬一/抬 $t^{‘}\varepsilon^{55-35}i^{\bullet}t^{‘}\varepsilon^{55}$、抬不/抬 $t^{‘}\varepsilon^{55-35}pu^{\bullet}t^{‘}\varepsilon^{55}$。

3.句子层面的轻声，主要是指句中和句尾语气词。读轻声的句中和句尾语气词，除个别语气词外，都会使前面词语发生这种变调。

(1) 表示陈述语气的：的、咧、啵、呃、着、曼。它们都会使前面词语轻声变调。如：

我们不会忘记你的。

我走咧。

你先走着，我一会就来。

不是一条路也。

你上这里啵。

这事儿呃，我看得这么办。

这不是忙曼，待会给你办那事。

(2) 表示感叹语气的：呃、唻。如：

真好呃！

这画子还很好看唻！

(3) 表示疑问语气的：啵、曼、包、啊、呢。如：

走吧?

走曼（吗)?

走西门曼（吗)?

你看这样行包?

这样可好啊?

你上哪啊?

怎么不去也?

这是什么呢?

(4) 表示祈使语气的部分词：呃。如：

走呃！

走西门呃！

但当祈使句末尾用“啵”时，就不按第一种变调，而按第二种读法来读了，第二种读法见下文二。

沈家煊（1994）指出：“语言结构的层次就是结构内部‘直接成分’（IC）的切分方式。语法化往往引起结构层次的变化。Langacker（兰盖克，1977）把结构层次的变化分为三类：（1）取消分界（boundary loss），（2）改变分界（boundary shift），（3）增加分界（boundary creation）。头两类变化跟语法化关系密切。”而第一种轻声变调在短语和句子层面也改变了分界，这种轻声变调也是语法化中的一个阶段。

7.2.2 轻声一般是降调，只有在低调特征的去声后，轻声是微升

这种轻声一般是降调，在具有高调特征的平声、上声后，轻声都是从前面声调的调尾处下降，并且降到低音区，前面音节不变调，只有在低调特征的去声后轻声是微升。这种轻声的音长比第一种稍长，它前面的词语不变调。属于这种读法的有用“啵”表示的祈使句和单音动词的重叠形式。

表 7-4 长山方言的第二种轻声变调

前字／后字	平声214	上声55	去声31
轻声	214+ 31	55+ 42	31+ 13

这种轻声的调值与北京话是相近的。北京话的轻声调值，已有扎多延科（1958）,林茂灿、颜景助（1980、1990）,林焘（1983）,曹建芬（1985、1995）,王韫佳（1998）等作了实验研究。据王韫佳（1998：215）的语音实验证明，北京话的轻声也有音高的变化。如果用五度制描写，阴平、阳平、上声和去声后轻声分别为41、52、34和21。也就是说，在具有高调特征的阴平、阳平和去声后，轻声都是从前面声调的调尾处下降，并且降到低音区，前接音节不变调；在只有低调特征的半上声后，轻声是微升。如长山用“啵”表示的祈使句：

翻啵！

抬啵！

走啵！

放啵！

过来拣啵！

走西门啵！

走西口啵！

过来拿白菜啵！

用“啵”表示的祈使句表示强烈的建议、催促或命令，与普通话“吧”相当。这时，“啵”前面的词语是强调的部分，音长较长，不变调。后面的“啵”读轻声调，与普通话一样。而表示提醒时语气弱一些，则用“呃”，按第一种变调。再看单音动词的重叠形式：

来，翻翻身。

来，抬抬桌子。

小红，往上捋捋袖子。

我试试这件衣裳。

第一个动词读原调，第二个动词读轻声调，是第二种轻声变调。

7.2.3 第一字不变调，第二字不管什么调，全读升调35，后面都带轻声“的”，“的”全读31调

第一字不变调，第二字不管什么调，全读升调35。这种轻声变调是形容词的重叠，后面都得带轻声“的”，“的”全读31调。这种重叠用于做状语或补语，有表示程度加深的作用。

表 7-5 长山方言的第三种轻声变调

前字 后字+ 的	平声214	上声55	去声31
轻声	214+ 35+ <u>31</u>	55+ 35+ <u>31</u>	31+ 35+ <u>31</u>

例如：

挂的高高的。

好好地干呃。

干得好好地为什么走啊?

慢慢地走啊。

普通话的这类形容词的重叠是第二个形容词儿化并全部读高平55调。如“好好儿的”xau^{214}xau$^{214-55}$tə$^{•}$、“慢慢儿的”man^{51}mar$^{51-55}$tə$^{•}$等等。长山方言为什么不采用55调呢?因为在长山方言中,55调的负担很重,既表上声,还表示去声字的轻声变调,而35调只表示上声的轻声变调,所以就用35表示。

这种形容词的重叠与第一种变调的“长长”、“圆圆”等不同,“长长”、“圆圆”在长山方言中是状态形容词,不表示程度加深,可作定语和表语,如:“圆圆桌子”是“圆桌子”义,“桌子是长长的”表示“桌子是长的”义。

同样都是重叠,动词和形容词采取的方法不同。动词重叠表示动量,是长山方言和普通话的一个显著特点。动词重叠以后,其原形负载动词重叠式的语汇意义,而其重叠部分则主要表示语法意义,即“一下或反复多次”的动量意义和尝试义。也就是说,重叠部分的语意由具体的语汇意义转为抽象的语法意义,我们称之为语义虚化。动词重叠后,后面的动词一般读降调,这是最容易发、最自然的声调。形容词重叠表示的语法意义与动词恰好相反,是表示强调的,是程度加深的,所以用高升调表示,因这是新增的调类,所以与前面词的声调不会雷同。

总之,长山方言的轻声变调存在于语言的词汇、短语、句子层面,有三种表现形式。

7.3 “里”的音变

“里”在长山单字音念li^{55},组成词语有四种读音li^{55}、ni^{55}、li$^{•}$、ni$^{•}$,具体规律是:

1. “里”是词语的第一个字时念li^{55},如果后面是轻声,则按第一种轻声变调规律变调,如:

里面li^{55}miã^{31}　　里间li$^{55-31}$tɕiã$^{•}$　　里脊li$^{55-31}$tɕi$^{•}$

2. “里”是词语的最后一个字时可念li^{55}，也可念ni^{55}，如：

城里tʂʻəŋ^{55}li^{55}或tʂʻəŋ^{55}ni^{55}

3. “里”是词语的最后一个字且轻读时一般念ni$^{\bullet}$，如：

月亮地里yə$^{31-55}$liaŋ$^{31-55}$ti$^{31-55}$ni$^{\bullet}$　伏里fu$^{55-35}$ni$^{\bullet}$　河里xuə$^{55-35}$ni$^{\bullet}$

四外庄里sɿ^{31}uɛ^{31}tʂuaŋ$^{214-32}$ni$^{\bullet}$　东里$_{\text{东面}}$tuŋ$^{214-32}$ni$^{\bullet}$　春里tʂʻuə̃$^{214-32}$ni$^{\bullet}$

有的也念li$^{\bullet}$，如：

糨里$_{\text{糨糊}}$tɕiaŋ$^{31-55}$li$^{\bullet}$　手里ʂəu$^{55-31}$li$^{\bullet}$

4. “里”在三字词语的中间时，可念li$^{\bullet}$，也可念ni$^{\bullet}$。如：

城里人tʂʻəŋ$^{55-35}$li$^{\bullet}$zə̃^{55}或tʂʻəŋ$^{55-35}$ni$^{\bullet}$zə̃^{55}

伏里天fu$^{55-35}$li$^{\bullet}$tʻiã^{214}或fu$^{55-35}$ni$^{\bullet}$tʻiã^{214}

“里”的这四种读音li^{55}、ni^{55}、li$^{\bullet}$、ni$^{\bullet}$实际组成了“里”意义虚化或者说语法化的斜坡。

7.4 合音

长山方言“数目词+个”时“个”读ə（iə）或a（ia）。

一个	i$^{55-31}$ə$^{\bullet}$
两个	liaŋ$^{55-31}$ə$^{\bullet}$
三个	sã$^{214-32}$ə$^{\bullet}$
四个	sɿ$^{31-55}$ə$^{\bullet}$
五个	u$^{214-32}$ə$^{\bullet}$
六个	liəu$^{31-55}$ə$^{\bullet}$
七个	tɕʻi$^{214-32}$iə$^{\bullet}$
八个	pa$^{55-31}$ia$^{\bullet}$
九个	tɕiəu$^{214-32}$a$^{\bullet}$
十个	ʂʅ$^{55-35}$a$^{\bullet}$
百十个	pei^{55}ʂʅ$^{55-35}$ə$^{\bullet}$

每月的初一到初十除了初二以外也这样说，可以回答这样的问题：今天是几呀？（今天是初几呀？）

初一	i$^{55-31}$ə$^{\bullet}$

初二　ɭə$^{31-55}$ə·

初三　sã$^{214-32}$ə·

初四　sɿ$^{31-55}$ə·

初五　u$^{214-32}$ə·

初六　liəu$^{31-55}$ə·

初七　tɕʻi$^{214-32}$iə·

初八　pa$^{55-31}$ia·

初九　tɕiu$^{214-32}$a·

初十　ʂʅ$^{55-35}$a·

但十一和之后的日期就不这样说了。

7.5　小称变韵

我们认为，小称变韵是个大的变韵类型，儿化是其中一种，特指韵母r音化（卷舌化）的北京式变韵。小称的基本功能或初始功能是表小，后来功能扩大，也表示亲密、喜爱等感情，有时表小的功能甚至已经不明显了。

长山方言中的小称变韵不是卷舌，而是改变基本韵母的读音，而且变韵的范围有限：仅前鼻化韵母和舌尖韵母及tɕi、tɕʻi、ɕi发生小称变韵，其他韵母一般不发生小称变韵。下表是长山方言的小称变韵。

表7-6 长山方言的小称变韵

	本韵	变韵	例字	单字音	变韵音	例词及读音
前鼻化韵母	ã	ɛ	班	pã^{214}	pɛ^{214}	上班儿ʂaŋ^{31}pɛ^{214}
	iã	iɛ	边	piã^{214}	piɛ^{214}	一边儿i^{214}piɛ^{214}
	uã	uɛ	官	kuã^{214}	kuɛ^{214}	小官儿ɕiɔ^{55}kuɛ^{214}
	yã	yɛ	圈	tɕ'yã^{214}	tɕ'yɛ^{214}	圆圈儿yã^{55}tɕ'yɛ^{214}
	ə̃	ei	门	mə̃^{55}	mei^{55}	大门儿ta^{31}mei^{55}
	iə̃	iei	劲	iə̃^{31}	tɕiei^{31}	有劲儿iəu^{55}tɕiei^{31}
	uə̃	uei	棍	kuə̃^{31}	kuei^{31}	木棍儿mu^{31}kuei^{31}
	yə̃	yei	群	tɕ'yə̃	tɕ'yei	合群儿xuə^{55}tɕ'yei^{55}
i(tɕ-、tɕ'-、ɕ-)	i	iei	鸡	tɕi^{214}	tɕiei^{214}	小鸡儿ɕiɔ^{55}tɕiei^{214}
舌尖韵母	ɿ	ei	词	ts'ɿ^{55}	ts'ei^{55}	没词儿mei^{55}ts'ei^{55}
	ʅ	ei	事	ʂʅ^{31}	ʂei^{31}	小事儿ɕiɔ^{55}ʂei^{31}

其中，单元音i跟tɕ、tɕ'、ɕ拼合时可以小称变韵，而跟其他声母拼合时一般不小称变韵，如“理”li就不能小称变韵。另外，还有一些在长山口语中不说单字音，只说小称变韵音的字，如：“参明儿”、“露丝明儿”的“明”前者读mei$^{\cdot}$，后者读mei^{55}，不读miŋ，规律是iŋ－ei等等。因为在这些词语中已经不说单字音，所以它们与本字的距离越来越远，本地人都不知道这是小称变韵了。

可以看出，小称变韵后产生了i韵尾或ɛ音。所以我们称之为平舌型变韵，以与卷舌型小称变韵相区别。

在基本规律下，个别词语开始出现了一些变化：

1.丢失i介音。如：“点”的小称变韵该是tiã^{214}→tiɛ^{214}，但因为常用，导致i介音丢失，成了tɛ^{214}，而且tɛ^{214}是常用的形式，tiɛ^{214}在长山人感觉中则有书面语色彩。

2.改变声母。如：“鱼子”y^{55}tsɿ^{55}指长大后分开成米粒大小的鱼卵。

“鱼子儿”y^{55}tʂei^{55}指还没成形，比较小，还合作一团的鱼卵。声母由ts－tʂ。当然，仅发现一例，其他如“石子儿”的“子儿”声母还是ts。这也许是因为“鱼子”和“鱼子儿”都常说，存在大小对立，改变声母后更容易区分一些。

3. 出现错误逆推词。如：长山的“闺女”读kuə̃$^{214-32}$ny·，“茴香”读xuə̃$^{55-35}$xiaŋ·。这是人们根据小称变韵规律逆推的结果。如uə̃的小称变韵是uei，“闺”、“茴”的基本韵母刚好跟此形式相同。人们误认为“闺”、“茴”的基本韵母是小称变韵后的形式，所以逆推为uə̃。

山东省的这种平舌型小称变韵主要分布在中济片的长山、淄博、章丘，南兖片的平邑及西荷片的定陶等地。平邑仲村方言①的小称变韵和长山基本相同。不同之处是：仲村话没有tʂ组声母，所以没有韵母ʅ，不存在韵母ʅ的变韵；仲村话i、u、y三个元音单独做韵母时也变韵，i、u、y三个元音的变韵规律是：

表7-7仲村方言单韵母i、u、y的小称变韵规律

本韵	变韵	例字	单字音	变韵音	例词及读音
i	iei	理	ᶜli	ᶜliei	讲理儿ᶜtɕiãᶜliei
u	uei	猪	꜀pfu	꜀pfei	小猪儿ᶜɕiɔ꜀pfei
y	yəi	趣	tɕʻyᵓ	tɕʻyeiᵓ	兴趣儿ɕiəŋᵓtɕʻyeiᵓ

7.6 子变韵

子变韵是一种与语音语法层面都有关系的音变现象，它以韵母或韵母和声调的变化表示与普通话名词后缀“子”相同的语法意义。长山方言有几个词有子变韵，用“Z”代替：

基本韵母　　　　子变韵母

担tã^{31}　　　　担^{Z}tã$^{31-55}$u·

①钱曾怡主编《山东方言研究》第18～19页。

瓦ua^{55}	瓦^{Z}ua$^{55-31}$u˙
溜liəu^{214}	溜^{Z}liəu$^{214-32}$u˙（汉溜^{Z}：刘海儿。舌滑溜^{Z}：壁虎）
麻ma^{55}	麻^{Z}ma$^{55-35}$u˙
麦mei^{31}	麦^{Z}mei^{31}iəu^{55}
苇uei^{214}	苇^{Z}uei^{32}u˙

可看出，子变韵的底层形式是u，这与长山方言“子”的读音[tsɿ]并不相同。

长山方言的子变韵是零星的，只限于上述几个词。那么，它是新兴的形式还是残存的形式呢？长山附近的淄川、博山、邹平等地没见子变韵的记录。据王洪君（2004），这种带u尾的子变韵广泛存在于河南北部、山西南部相毗连的一大片地区的方言中。联系到长山明代时曾从山西移民，可能那时山西人把这子变韵也带了过来。但在长山山西移民不占多数，所以这种子变韵只存在于上述几个词中。

7.7 语法变调

长山方言的轻声变调非常广泛，动态助词“了”“着”和表示动作终点的“到”等都可以使前面的动词或形容词轻声变调，遵守长山方言第一种轻声变调规律（请参看表7-2），如：

（1）我栽了tsε$^{213-32}$liɔ^{21}五棵树。

（2）他拿着na$^{55-35}$tʂɔ^{42}一盘鞭。

（3）我炒了tʂ‘ɔ$^{55-31}$liɔ^{55}一盘菜。

（4）被子掉到tiɔ$^{31-55}$tɔ^{31}楼下去了。

动词的这种变调（动词在动态助词“了、着、到”前的变调）我们称之为“轻声前变调”，简称“轻声变调”，属于语流音变的范畴。

但在长山方言中，这些动态助词还可以省略，省略后，它们的轻声调还保留，附加在前面动词上，使动词发生变调。变调调值等于前字调值和后字轻声之和。如（1）～（4）在长山方言可作如下表述而语法意义不变：

（5）我栽tsε$^{213-321}$五棵树。（我栽了五棵树。）

（6）他拿na$^{55\text{-}352}$一盘鞭。（他拿着一盘鞭。）

（7）我炒tʂʻɔ$^{55\text{-}315}$一盘菜。（我炒了一盘菜。）

（8）被子掉tiɔ$^{31\text{-}551}$楼下去了。（被子掉到楼下去了。）

（5）~（8）显示的音变就不再是轻声变调，而是由语法成分省略造成的，变调后仍可表示原来的语法意义，因此，我们称之为语法变调。语法变调规律总结如下表：

表7-8 长山方言语法变调规律

变调前	平声213	上声B式55	上声A式55	去声31
变调后	321	352	315	551

长山方言在表示完成体、持续体、终点格时，主要用轻声变调，但语法变调也可以用。下面我们重点分析语法变调及其语法意义。先举语法变调的例子，轻声变调放在后面以作对比。例句不再标音，语法变调用上标y表示，轻声变调用上标q表示。

7.7.1 表示动作的完成或变化的实现，是完成体标记

一、动词语法变调，带宾语，宾语前或后有数量短语。如：

（9）我薅^{y}一筐草。　　我薅^{q}了一筐草。

（10）我们抬^{y}一张桌子。　　我们抬^{q}了一张桌子。

（11）这小孩儿吃^{y}很多草莓。　　这小孩儿吃^{q}了很多草莓。

（12）今晚上俺家里放^{y}一盘鞭。　　今晚上俺家里放^{q}了一盘鞭。

（13）老师叫^{y}我三回儿。　　老师叫^{q}了我三回儿。

（14）小杨踩^{y}她一下。　　小杨踩^{q}了她一下。

（15）他爷爷死^{y}三年了。　　他爷爷死^{q}了三年了。

（16）那间房都塌^{y}两年了。　　那间房都塌^{q}了两年了。

所有的单音动词都可以进入这个句式，用法跟普通话动词加“了”相同。

二、动词语法变调，带宾语，宾语前没有数量短语或其他成分。如：

（17）考试改^{y}时间了。

（18）他俩离^{y}婚了。

（19）他都娶^{y}媳妇了。

（20）屋里关^{y}灯了。

这四句普通话可用可不用“了”，长山方言一般不出现“了”，这就一定要语法变调。

三、动词重叠表示动作完成时，普通话必须带“了”，长山方言可以带“了”，这时第一个动词轻声变调，第二个动词原调，如下面例句的右半部分。但更常用的是语法变调，如下面例句的左半部分。

（21）她翻^{y}翻身又睡了。　　她翻^{q}了翻身又睡了。

（22）她们抬^{y}抬桌子。　　她们抬^{q}了抬桌子。

（23）小红往上捋^{y}捋袖子。　　小红往上捋^{q}了捋袖子。

（24）我试^{y}试这件衣裳。　　我试^{q}了试这件衣裳。

（25）他把米里的小虫儿拣^{y}拣。　　他把米里的小虫儿拣^{q}了拣。

（26）我把麦子堆^{y}堆。　　我把麦子堆^{q}了堆。

这种变调跟重叠不表示动作完成的声调是不同的。重叠不表示动作完成时，第一个动词的声调不变，第二个动词读轻声。如：

（27）来，翻翻身。

（28）来，抬抬桌子。

（29）小红，往上捋捋袖子。

（30）我试试这件衣裳。

四、动词带结果补语时，有两种情况：

1.语法变调发生在补语上，这种动结式后面一般要带宾语，如：

（31）她摔烂^{y}一个碗。　　她摔烂^{q}了一个碗。

（32）今日她学会^{y}一支歌。　　今日她学会^{q}了一支歌。

2.语法变调发生在动词上，常与句尾的“了”共现，这种动结式的补语一般只由走、跑等表示位移义的动词充当。如：

（33）垃圾叫他扫^{y}走了。

（34）我把孩子赶^{y}跑了。

五、动趋式中，有两种情况：

1.趋向补语是单音词“来、去”时，“来、去”读原调，动词要语法变调。如：

(35) 我带^{y}一箱苹果来。　　我带^{q}了一箱苹果来。

(36) 他捎^{y}一件大衣去了。　　他捎^{q}了一件大衣去了。

(37) 我带^{y}来一箱苹果。

(38) 他捎^{y}去一件大衣。

(39) 我把苹果带^{y}来了。

(40) 他把大衣捎^{y}去了。

(35)、(36) 长山方言动词可以轻声变调，即动词后面可以加“了”；(37) ~ (40) 只能语法变调，没有轻声变调。普通话 (35)、(36) 可以加“了”，(37) ~ (40) 则不能。

2.趋向补语是复合趋向补语“回来、回去、上去、出来”时，则有两种情况：

①复合趋向补语只要有一个字紧跟在动词后，那跟在动词后的趋向补语读轻声，前面的动词按轻声前变调规律进行变调，如：

(41) 我扔^{q}上去一块儿砖头。

(42) 我扔^{q}上一块儿砖头去。

(43) 他从书包里拿^{q}出来俩铅笔。

(44) 他从书包里拿^{q}出俩铅笔来。

(45) 她要^{q}回去两天了。

此处长山方言和普通话都不能加“了”。

②复合趋向补语放在宾语后时，动词要语法变调，趋向补语第一字“上、出”不读轻声，如：

(46) 我扔^{y}一块儿砖头上去。　　我扔^{q}了一块儿砖头上去。

(47) 他从书包里拿^{y}俩铅笔出来。　他从书包里拿^{q}了俩铅笔出来。

(48) 我要^{y}三百块钱回来。　　我要^{q}了三百块钱回来。

六、在连动句和兼语句中，有三种情况：

1.两个动词都语法变调，表示两个动作都完成了或实现了。

(49) 她上^{y}街买^{y}点儿东西。

(50) 我留^{y}小红住^{y}几天。

(51) 俺叔请^{y}老师吃^{y}顿饭。

当第一个动词的宾语是代词时，代词可以读原调，第一个动词要语法变调，如：

（52）我留^{y}他住^{y}几天。

（53）俺叔请^{y}俺吃^{y}顿饭。

代词也可以读轻声，第一个动词只轻声变调，不语法变调，也表示两个动作都完成了或实现了。如：

（54）我留^{q}他住^{y}几天。

（55）俺叔请^{q}俺吃^{y}顿饭。

2.第一个动词语法变调，第二个动词不变调，表示第一个动作完成了，第二个动作没完成。

（56）她上^{y}街买东西去了。

（57）我吃^{y}饭再去看电影。

当然（57）表示吃饭的动作是在意念中完成了，不是真的完成了。

3.如果两个都不变调，表示两个动作都没完成或实现。

（58）她上街买点儿东西。

（59）我想留小红住三天。

七、动词变调还可用在祈使句中，肯定式祈使句表示请求、命令、嘱咐别人完成或实现某种动作行为，否定式祈使句表示请求、命令、嘱咐别人不要完成或实现某种动作行为。

（60）今天得干活，吃饱^{y}点儿。

（61）把它吃^{y}它。

（62）外头太冷，别冻^{y}孩子。

7.7.2 表示状态持续，是持续体标记

1.用于“NP（处所）+V+NP+来”句式。

（63）墙上还贴^{y}画子来。　　墙上还贴^{q}着画子来。

（64）炉子上还蒸^{y}馍馍来。　　炉子上还蒸^{q}着馍馍来。

（65）大汪里还养^{y}鱼来。　　大汪里还养^{q}着鱼来。

如果把NP提前，就必须出现“着”，“着”念轻声，前面动词遵守轻声前变调的规律，不再语法变调。

（66）画子还呆墙上贴^{q}着来。

（67）馍馍还呆炉子上蒸^{q}着来。

（68）鱼还呆大汪里养^{q}着来。

2. 在连动式中，第一个动词作为第二个动词的伴随状态或动作方式时，如果不出现“着”，就一定要语法变调。如：

（69）她妈妈背^{y}她走了。　　她妈妈背^{q}着她走了。

（70）他俩关^{y}灯说话来。　　他俩关^{q}着灯说话来。

（71）他穿^{y}裤衩儿跑^{y}来了。　　他穿^{q}着裤衩儿跑来了。

（72）她姐姐管^{y}他吃。　　她姐姐管^{q}着他吃。

7.7.3 表示动作行为达到的终止点，是终点格标记

终点格与完成体、持续体、进行体不同，后三者是指动作行为在时间层面上的进程、状况，属于体的范畴，是动作本身的情貌。终点格是指动作行为所达到的终止点，不是动作本身的情貌，时态上可以是已然的，也可以是未然的。终点格普通话用“在”、“到”表示，长山方言可用“在”、“到”表示，也可用变调来表示。

（73）那个人死^{y}屋里了。　　那个人死^{q}在屋里了。

（74）他腿一软，跪^{y}地下了。　　他腿一软，跪^{q}在地下了。

（75）脚踏车挪^{y}一边吧。　　脚踏车挪^{q}到一边吧。

（76）把这棵树栽^{y}这里吧。　　把这棵树栽^{q}到这里吧。

连动句中，如果第一个动词带处所词语或时间词语，也要语法变调。如：

（77）推^{y}街上卖了。　　推^{q}到街上卖了。

（78）电视搬^{y}俺家来看^{y}几天。　　电视搬^{q}到俺家来看^{q}了几天。

（79）我到^{y}外头看^{y}看。　　我到^{q}了外头看^{q}了看。

（80）等^{y}天黑再说吧。　　等^{q}到天黑再说吧。

值得注意的是，长山方言的双音动词并不发生语法变调。当后面带宾语时，动态助词必须出现，动词轻声变调。如：

（81）爸爸嘱咐^{q}了哥哥，又嘱咐弟弟。

（82）她拾掇^{q}了一个房间。

（83）他提溜^{q}着一包东西。

当后面带时间名词时，“了”可以省略。但因为双音词后字都读轻声，所以表示上述语法意义时，只有轻声变调，而没有语法变调。如：

（84）他都嘱^{q}咐半天了。

（85）他们商^{q}量很长时间了。

（86）你都粘^{q}乎一个钟头了还不行?

（87）唠^{q}叨半天才不唠叨了。

笔者的母语莒县方言中也存在丰富的语法变调，表现与长山方言相同。这种语法变调在邻近的淄博也存在。陈宁（2006）《山东博山方言的子变韵及相关问题》也谈到“了的变韵”，不过他称之为“变韵”，而没称为“变调”。他说“变韵”的表现形式是“拖长音节，同时变调”，而音节的韵母并未改变。典型的变韵应是前一词语的韵母发生改变，如河南获嘉方言（贺巍1982）、荥阳方言（王森1998）、浚县方言（辛永芬2006）、长葛方言（赵清治1998）等。博山方言中前一词语的韵母未变，说它是“拖长音节的变调”似乎更确切。同时，变调基本是直调（包括平调、升调和降调）变为曲折调，在普通话中曲折调的音长最长，在博山、长山方言也不例外。变为曲折调后给人感觉就是音节拖长了，所以只说它是变调也未为不可。

关于动词语法变调现象的资料目前主要有陕西商县方言（张成材1958）、粤方言（袁家骅2001：187）、山东德州方言（唐娟华2004：29~31）。其中陕西商县方言对这一现象有较为详细的描写。动词语法变韵现象在豫北的晋语区、中原官话区有较广的分布，如河南获嘉方言、荥阳方言、浚县方言、长葛方言等。对语法变韵及其语法意义，人们已经进行了比较深入的探讨。语法变调与变韵相比要少很多，对它的语法意义还没进行仔细的研究。我想语法变调肯定还有更广的分布地域，只是它不如变韵那么明显，还容易混同于轻声变调，所以对它的调查和报告还不多。有意思的是，长山方言的语法变调与河南诸地的语法变韵存在大体一致的对应，河南诸地变韵表示的语法意义，长山方言基本用变调来表示，仅在一些细微之处存在差别。所以笔者调查长山方言动词变调时，借鉴了河南获嘉方言、荥阳方言、浚县方言的例句和框架，这样更便于比较，就像大家都使用方言调查字表调查本地字一样。

8.长山方言词汇表

我们依照刘村汉方音处理软件中的词汇调查表（此表也是据《方言》2003年第1期《词汇条目表》修订，重新编号），依次是：编号、词头、方言词语、注释和说明。方言词语与词头相同时，只标音和注释。与词头意义或语音相关但词汇调查表没有的，添加在此词头之下；同一词头在长山对应两个词语时，第二个词语写在第一个方言词语之下并与之对齐。

8.1 天文

C01100	（1）日、月、星		
C01101	太阳	老爷爷	lɔ^{55}iə$^{55-35}$iə˙
	天	天爷爷	t‘iã^{214}iə$^{55-35}$iə˙
C01103	向阳		ɕiaŋ^{31}iaŋ^{55}
C01104	背阴		pei^{31}iə̃^{214}
C01105	日食		ʐʅ^{31}ʂʅ^{55}
C01108	月亮	光明奶奶	kuaŋ$^{214-32}$mei˙nɛ$^{55-31}$nɛ˙
C01109	月亮地儿（月亮照到的地方）		
		月亮地里	yə$^{31-55}$liaŋ$^{31-55}$ti$^{31-55}$ni˙
C01110	月食		yə^{31}ʂʅ^{55}
C01111	月晕	月嘎啦	yə^{31}ka$^{214-32}$la˙
C01112	星星	星	ɕiŋ^{214}
C01113	北斗星		pei^{214}təu^{55}ɕiŋ^{214}
	参明		ʂei$^{214-32}$mei˙参星，又叫三星儿。

C01114　启明星　tɕ‘i^{55}miŋ^{55}ɕiŋ^{214}
C01115　银河　iə̃^{55}xuə^{55}
C01116　流星（名词）贼星　tsei$^{55-35}$ɕiŋ·
C01117　彗星　扫帚星　sɔ^{55}tʂu·xiŋ^{214}
C01200　（2）风、云、雷、雨
C01201　风（列举当地风名）
C01202　大风　ta^{31} fəŋ^{214}
老牛风　lɔ^{55}iəu$^{55-35}$fəŋ·或lɔ^{55}niəu$^{55-35}$fəŋ·冬天刮的西北风。劲大，持续时间长。
C01203　狂风　k‘uaŋ$^{55-35}$ fəŋ·
C01204　台风　t‘ɛ$^{55-35}$ fəŋ·
C01205　小风　ɕiɔ^{55}fəŋ^{214}
C01206　旋风　ɕyã$^{55-35}$fəŋ·
C01207　顶风　tiŋ$^{214-32}$fəŋ·
C01208　顺风　ʂuə̃$^{31-55}$fəŋ·
C01209　刮风　kua$^{214-24}$fəŋ^{214}
C01210　风停了　fəŋ^{214}t‘iŋ$^{55-35}$liə·
C01211　云(列举当地云名)云彩　yə̃$^{53-35}$ts‘ɛ·或iə̃$^{55-35}$ts‘ɛ·
C01212　黑云　xei^{55}yə̃^{55}
C01214　霞　ɕia^{55}
C01214　早霞　tsɔ^{55}ɕia^{55}
C01215　晚霞　uã^{55}ɕia^{55}
C01216　雷　luei^{55}
C01217　打雷　ta^{55}luei^{55}
C01218　雷打了（大树被～）
叫霹雳咧　tɕiɔ^{31}p‘i$^{55-31}$li·liə·
叫天老爷爷霹雳咧　tɕiɔ^{31}t‘iã^{214}lɔ^{55}iə$^{55-35}$iə·p‘i$^{55-31}$li·liə
叫龙王爷爷霹雳咧　tɕiɔ^{31}lyŋ$^{55-35}$uaŋ·iə$^{55-35}$iə·p‘i$^{55-31}$li·liə·
叫雷霹雳咧　tɕiɔ^{31}luei^{55}p‘i$^{55-31}$li·liə·
C01219　闪电（名词；动宾）

		雷声火闪	luei^{55}ʂəŋ^{214}xuə$^{55-31}$ʂã·
		打闪	ta^{55}ʂã^{55}
C01220	雨		y^{55}
C01221	下雨（了）		ɕia^{31}y$^{55-31}$liə·
C01223	小雨		ɕiɔ^{55}y^{55}
C01224	毛毛雨		mɔ$^{55-35}$mɔ·y^{55}
C01225	大雨		ta^{31}y^{55}
C01226	暴雨		pɔ^{31}y^{55}
C01227	连阴雨（接连多日阴雨）		
		连阴天	iã$^{55-35}$iə̃·t‘iã^{214}
C01228	雷阵雨		luei^{55}tʂə̃^{31}y^{55}
C01229	雨停了		y^{55}t‘iŋ$^{55-35}$liə·
C01230	虹		tɕiaŋ^{31}东~云彩西~雨，南~出来卖儿女。
C01231	淋雨(动宾)	淋着咧	luə̃$^{55-35}$tʂɔ·liə·
C01300	(3)冰、雪、霜、露		
C01301	冰	冻冻	tuŋ$^{214-32}$tuŋ^{214}
C01302	冰锥（挂在屋檐下的）		
		溜溜	liəu$^{55-35}$liəu·
C01303	结冰	上冻	ʂaŋ$^{31-55}$tuŋ^{31}
C01304	雹子		pa$^{55-35}$tsɿ·
C01305	雪		ɕyə^{55}
C01306	下雪		ɕia^{31}ɕyə^{214}
C01307	鹅毛雪		ŋə^{55}mɔ^{55}ɕyə^{55}
C01308	雪珠子（米粒状的雪）		
		饭把拉子	fã$^{31-55}$pa·la$^{214-32}$tsɿ·饭把拉子也指小米。西北风夹~，连风(讽)带刺。
01309	雨夹雪		y^{55}tɕia^{55}yə^{55}
C01310	化雪		xua^{31}ɕyə^{55}
C01311	露	露水	lu$^{31-55}$ʂuei·

C01312	下露	下露水	ɕia^{31}lu$^{31-55}$ʂuei·
C01313	霜		ʂuaŋ^{214}
C01314	下霜		ɕia^{31}ʂuaŋ^{214}
C01315	雾	雾露	u$^{31-55}$lu·
C01316	下雾	下雾露	ɕia^{31}u$^{31-55}$lu·
C01400	(4)气候		
C01401	天气（最近～不太好）		
		天	t‘iã^{214}
C01402	晴天		tɕ‘iŋ^{55}t‘iã^{214}
C01403	阴天		iə̃$^{214-24}$t‘iã^{214}
C01404	(天气)热	天热	t‘iã^{214}ʐə^{31}
C01405	(天气)冷	天冷	t‘iã^{214}ləŋ^{55}
C01406	伏天	伏里天	fu$^{55-35}$li·t‘iã^{214}或fu$^{55-35}$ni·t‘iã^{214}
		伏里	fu$^{55-35}$ni·
C01407	入伏		ʐu^{31}fu^{55}
C01408	初伏		tʂ‘u^{214}fu^{55}
C01409	中伏		tʂuŋ^{214}fu^{55}
C01410	末伏		mə^{31}fu^{55}
C01411	天旱		t‘iã^{214}xã^{31}
C01412	涝(了)		lɔ$^{31-55}$liɔ·

8.2 地理

C02100	(1)地		
C02101	平原		p‘iŋ^{55}yã^{55}
C02102	旱地		xã^{31}ti^{31}
C02103	水田		ʂuei^{55}t‘iã^{55}
C02104	菜地		ts‘ɛ^{31}ti^{31}
C02105	荒地		xuaŋ^{214}ti^{31}
C02106	沙土地		ʂa^{214}t‘u^{55}ti^{31}

	黄土地		xuaŋ^{55}t‘u^{55}ti^{31}~里看苗，黑土地里吃饭。
	黑土地	死黑土地	sɿ^{55}xei^{55}t‘u^{55}ti^{31} 黑土地一下雨就板结在一块，但产量高。
C02107	坡地		p‘ə^{214}ti^{31}
C02108	盐碱地		iã^{55}tɕiã^{55}ti^{31}
C02109	滩地		t‘ã^{214}ti^{31}
C02110	山地(山上的农业用地)		ʂã^{214}ti^{31}
C02200	(2)山		
C02201	山		ʂã^{214}
C02202	山腰		ʂã$^{214-24}$iɔ^{214}
C02203	山脚		ʂã^{214}tɕiɔ^{55}
C02204	山坳(山间的平地)		ʂã$^{214-24}$ŋɔ^{214}
C02205	山谷(两山之间低凹狭窄处)		ʂã^{214}ku^{55}
C02206	山涧(两山夹水)		ʂã$^{214-24}$tɕiã^{214}
C02207	山坡		ʂã$^{214-24}$p‘ə^{214}
C02208	山头(山的顶部)		
		山顶	ʂã^{214}tiŋ^{55}
		山顶子	ʂã^{214}tiŋ$^{55-31}$ɿ·
C02209	山崖		ʂã^{214}iɛ^{55}
C02300	(3)江、河、湖、海、水		
C02301	河		xuə^{55}
C02302	河里(掉～了)		xuə$^{55-35}$ni·(tiɔ$^{31-551}$ xuə$^{55-35}$ni·liɔ·)
C02303	水渠		ʂuei^{55}tɕ‘y^{214}
C02304	小水沟		ɕiɔ^{55}ʂuei^{55}kəu^{214}
C02305	湖		xu^{55}
C02306	潭(深的,天然的)		t‘ã^{55}
C02307	水塘	湾	uã^{214}
C02308	水坑	涡坑	uə$^{214-32}$k‘əŋ^{214}

C02309	海		xɛ^{55}
C02310	河岸		xuə^{55}ŋã^{31}
C02311	堤(沿河或沿海防水的建筑物)		
		大坝	ta^{31}pa^{31}
		大堰	ta^{31}iã^{31}
C02312	坝(河中拦水的建筑物)		
		大坝	ta^{31}pa^{31}
C02313	洲(水中陆地)		tʂəu^{214}
C02314	河滩		xuə^{55}t‘ã^{214}
C02315	水		ʂuei^{55}
C02316	清水		tɕ‘iŋ$^{214-32}$ʂuei$^{\bullet}$
C02317	浑水		xuə̃$^{55-35}$ʂuei$^{\bullet}$
C02318	雨水		y$^{55-31}$ʂuei$^{\bullet}$
C02319	洪水	山水	ʂã$^{214-32}$ʂuei$^{\bullet}$
C02320	发大水	来山水	lɛ^{55}ʂã$^{214-32}$ʂuei$^{\bullet}$
C02321	洪峰(涨达最高水位的洪水)		
		来大山水	lɛ^{55}ta^{31}ʂã$^{214-32}$ʂuei$^{\bullet}$
C02322	凉水		liaŋ^{55}ʂuei^{55}
C02323	泉水		tɕ‘yã^{55}ʂuei^{55}
C02324	热水		ʐə^{31}ʂuei^{55}
C02325	温水	温和水	uə̃$^{214-32}$xuə^{55}ʂuei^{55}或uə̃$^{214-32}$xuə$^{\bullet}$ʂuei^{55}
C02326	开水(煮沸的水)		k‘ɛ^{214} ʂuei^{55}
C02400	(4)石沙、土块、矿物		
C02401	石头		ʂʅ$^{55-35}$t‘əu$^{\bullet}$
C02402	小石块		ɕiɔ^{55}ʂʅ^{55}k‘uɛ^{31}
C02403	石板(板状的石块)		ʂʅ^{55}pã^{55}
C02404	鹅卵石		ŋə^{55}luã^{55}ʂʅ^{55}
C02405	沙子		ʂa$^{214-32}$tsʅ$^{\bullet}$
C02406	沙土(含沙很多的土)		ʂa^{214}t‘u^{55}
C02407	沙滩		ʂa$^{214-24}$t‘ã^{214}

C02408	土坯		t‘u^{55}p‘i^{214}
C02409	砖坯		tʂuã$^{214-24}$p‘i^{214}
C02410	砖(注意整砖、碎砖等各种砖叫名不同)		tʂuã^{214}
	半头砖		pã$^{31-55}$t‘əu•tʂuã^{214}
	大半头		ta$^{31-55}$pã$^{31-55}$t‘əu•
	小半头		ɕiɔ$^{55-31}$pã$^{31-55}$t‘əu•
C02411	瓦		ua^{55}
	脊瓦		tɕi$^{214-32}$ua•
	布瓦		pu$^{31-55}$ua•青的琉璃小瓦。老百姓过去都用～盖屋。
C02412	碎瓦		suei^{31}ua^{55}
C02413	灰尘	𡋯土	pu$^{55-35}$t‘u•
C02414	烂泥	淤泥	y^{214}ni^{55}
	泥窝		ni$^{55-35}$uə•(人搅拌出的建筑用泥或下雨造成的淤泥)
C02415	泥土(干的)	土	t‘u^{55}
	坷拉		k‘a^{55}la^{55}
C02416	金(指自然状态下的矿物质,下同)		tɕiə̃^{214}
C02417	银		iə̃^{55}
C02418	铜		t‘uŋ^{55}
C02419	铁		t‘iə^{55}
C02420	锡		ɕi^{55}
C02421	煤	炭	t‘ã^{31}
	火渣子		xuə$^{55-35}$tʂa$^{214-32}$tsɿ•土掺的煤块。
C02422	煤油	洋油	iaŋ^{55}iəu^{55}
C02423	汽油		tɕ‘i^{31}iəu^{55}
C02424	石灰		ʂʅ$^{55-35}$xuei•
C02425	水泥	洋灰	iaŋ^{55}xuei^{214}

C02426	磁石	吸铁石	ɕi$^{214-32}$t‘iə^{214}ʂʅ^{55}或ɕy$^{214-32}$t‘iə^{214}ʂʅ^{55}
C02427	玉		y^{31}
C02428	木炭		mu$^{31-55}$t‘ã$^{\bullet}$
C02500	(5)城乡处所		
C02501	地方(他是什么～人?)		
		埝儿子	niɛ$^{55-31}$tsɿ$^{\bullet}$
		埝儿	niɛ^{55}他是啥~?
C02503	城墙	围子	uei$^{55-35}$ʅ$^{\bullet}$
		围子墙	uei$^{55-35}$ʅ$^{\bullet}$tɕ‘iaŋ^{55}
C02504	壕沟	围子壕	uei$^{55-35}$ʅ$^{\bullet}$xɔ^{55}
C02505	城内	城里	tʂ‘əŋ^{55}li^{55}或tʂ‘əŋ^{55}ni^{55}
C02506	城外		tʂ‘əŋ^{55}uɛ^{31}
C02509	乡村(对城市而言)		
		四外庄里	sɿ^{31}uɛ^{31}tʂuaŋ$^{214-32}$ni$^{\bullet}$
		庄乡里	tʂuaŋ^{214}ɕiaŋ$^{214-32}$ni$^{\bullet}$
C02510	山沟(偏僻的山村)		ʂã$^{214-24}$kəu^{214}
C02511	家乡		ɕia$^{214-24}$ɕiaŋ^{214}
C02512	集市(农村或小城市中定期买卖货物的市场)		
		集	ɕi^{55}
C02513	街道		tɕiɛ^{214}tɔ^{31}
C02514	路	道	tɔ^{31}
C02515	大路	大道	ta^{31}tɔ^{31}
	大车道		ta^{31}tʂ‘ə^{214}tɔ^{31}容一辆大车走的道。
	汽车道		tɕ‘i^{31}tʂ‘ə^{214}tɔ^{31}
	公路		kuŋ^{214}lu^{31}
C02516	小路	小道	ɕiɔ^{55}tɔ^{31}

8.3 时令时间

C03100	(1)季节		
C03101	春天		tʂ‘uə̃$^{214-24}$t‘iã^{214}

	春里	tʂʻuə̃$^{214-32}$ni·
C03102	夏天	ɕia$^{31-55}$ni·
C03103	秋天	tɕʻiəu$^{214-24}$tʻiã^{214}
	秋上	tɕʻiəu$^{214-32}$ʂaŋ·
C03104	冬天	tuŋ$^{214-24}$tʻiã^{214}
	冬里	tuŋ$^{214-32}$ni^{214}
C03105	立春	li^{31}tʂʻuə̃^{214}
C03106	雨水	y$^{55-31}$ʂuei·
C03107	惊蛰	tɕiŋ^{214}tʂə^{55}
C03108	春分	tʂʻuə̃$^{214-24}$fə̃^{214}
C03109	清明	tɕʻiŋ$^{214-32}$miŋ·
C03110	谷雨	ku^{55}y^{55}
C03111	立夏	li^{31}ɕia^{31}
C03112	小满	ɕiɔ^{55}mã^{55}
C03113	芒种	maŋ$^{55-35}$tʂuŋ·
C03114	夏至	ɕia^{31}tʂʅ^{31}
C03115	小暑	ɕiɔ^{55}ʂu^{55}
C03116	大暑	ta^{31}ʂu^{55}
C03117	立秋	li^{31}tɕʻiəu^{214}
C03118	处暑	tʂʻu^{31}ʂu^{55}
C03119	白露	pɛ$^{55-35}$ləu·
C03120	秋分	tɕʻiəu$^{214-24}$fə̃^{214}
C03121	寒露	xã$^{55-35}$ləu·
C03122	霜降	ʂuaŋ^{214}tɕiaŋ^{31}
C03123	立冬	li^{31}tuŋ^{214}
C03124	小雪	ɕiɔ^{55}ɕyə^{55}
C03125	大雪	ta^{31}ɕyə^{55}
C03126	冬至	tuŋ^{214}tʂʅ^{31}
C03127	小寒	ɕiɔ^{55}xã^{55}

C03128	大寒		ta^{31}xã^{55}
C03129	历书	皇历	xuaŋ$^{55-35}$li·
C03130	农历(阴历)		nu^{55}li^{31}
		阴历	iə̃^{214}li^{31}
C03131	公历(阳历)	阳历	iaŋ^{55}li^{31}
C03200	(2)节日		
C03201	除夕(农历一年最后一天)		
		年三十	niã^{55}sã^{214}ʂʅ^{55}
		大年三十	ta^{31}niã^{55}sã^{214}ʂʅ^{55}
C03202	(大)年初一	大年初一	ta^{31}niã^{55}tʂ‘u^{55}i^{55}
C03203	拜年	见节	tɕiã^{31}tɕiə^{55}
	磕头		k‘uə^{55}t‘əu^{55}
C03204	元宵节(农历正月十五)		yã^{55}ɕiɔ^{214}tɕiə^{55}
C03205	端午节(农历五月初五)		tã$^{214-32}$u^{55}tɕiə^{55}
C03206	中秋节(农历八月十五)		tʂuŋ$^{214-24}$tɕ‘iəu^{214}tɕiə^{55}
C03208	中元节(农历七月十五)		
		鬼节	kuei^{55}tɕiə^{55}
C03209	重阳节(农历九月初九)		tʂ‘uŋ^{55}iaŋ^{55}tɕiə^{55}
C03210	寒食节(清明前一天)		
		寒食	xã$^{55-35}$ʂʅ·
C03300	(3)年		
C03301	今年	见年	tɕiã^{31}niã^{55}
C03302	去年	年时	niã$^{53-55}$ʂʅ·
C03303	明年	过年	kuə^{31}niã^{55}
C03304	前年		tɕ‘iã^{55}niã^{55}
C03305	大前年		ta^{31}tɕ‘iã^{55}niã^{55}
C03306	往年(以往的年头)		
		门年	mə̃$^{55-35}$niã·
C03307	后年		xəu$^{31-55}$niã·
C03308	大后年		ta^{31}xəu$^{31-55}$niã·

C03309	每年	年年	niã^{55}niã˙
C03310	年初		niã^{55}tʂ'u^{214}
C03311	年中		niã^{55}tʂuŋ^{214}
C03312	年底		niã^{55}ti^{55}
C03313	上半年		ʂaŋ$^{31-55}$pã˙niã^{55}
C03314	下半年		ɕia$^{31-55}$pã˙niã^{55}
C03315	整年		tʂəŋ^{214}niã^{55}
C03400	(4)月		
C03401	正月	大正月	ta^{31}tʂəŋ$^{214-32}$yə˙
C03402	腊月	大腊月	ta^{31}la$^{31-55}$yə˙
C03403	闰月		ʐʉə̃^{31}yə^{31}
C03404	月初		yə^{31}tʂ'u^{214}
C03405	月半	月半头间	yə^{31}pã$^{31-55}$t'əu˙tɕiã˙
		半头门儿间	
			pã$^{31-55}$t'əu˙mei˙tɕiã˙
	上半月		ʂaŋ$^{31-55}$pã$^{31-55}$yə^{31}
	下半月		ɕia$^{31-55}$pã$^{31-55}$yə^{31}
C03406	月底		yə^{31}ti^{55}
C03407	一个月		i$^{214-32}$kuə˙yə^{31}
C03408	前个月		tɕ'iã$^{55-35}$kuə˙yə^{31}
C03409	上个月		ʂaŋ$^{31-55}$kuə˙yə^{31}
C03410	这个月		tʂə^{31}kuə^{31}yə^{31}
C03411	下个月		ɕia$^{31-55}$kuə˙yə^{31}
C03412	每月		mei^{55}yə^{31}
C03413	上旬		ʂaŋ^{31}ɕyə̃^{55}
C03414	中旬		tʂuŋ^{214}ɕyə̃^{55}
C03415	下旬		ɕia^{31}ɕyə̃^{55}
C03416	大建(农历三十天的月份)		
		大尽	ta$^{31-55}$tɕiə̃˙
C03417	小建(农历二十九的月份)		

		小尽	ɕiɔ$^{55-31}$tɕiə̃·	“大尽”“小尽”宋代已出现。
C03500	(5)日、时			
C03501	今天	今日	tɕi$^{214-32}$ʐʅ^{214}	
C03502	昨天	夜来	iə$^{55-31}$lɛ·	
C03503	明天	明日	miŋ^{55}ʐʅ^{31}	
C03504	后天	后日	xəu^{31}ʐʅ^{31}	
C03505	大后天	大后日	ta^{31}xəu^{31}ʐʅ^{31}	
C03507	前天	前日	tɕʻiã^{55}ʐʅ^{31}	
C03508	大前天	大前日	ta^{31}tɕʻiã^{55}ʐʅ^{31}	
C03509	前几天		tɕʻiã^{55}tɕi^{55}tʻiã^{214}	
C03510	星期天	星期	ɕiŋ$^{214-24}$tɕʻi^{214}	
	礼拜		li^{55}pai^{31}	
C03511	一星期		i$^{214-24}$ɕiŋ$^{214-24}$tɕʻi^{214}	
C03512	整天		tʂəŋ^{55}tʻiã^{214}	
C03513	每天		mei^{55}tʻiã^{214}	
C03514	十几天(比十天多)			
		十拉天	ʂʅ$^{55-35}$la·tʻiã^{214}	
C03515	上午	头午	tʻəu^{55}u^{55}	
C03516	下午	过午	kuə^{31}u^{55}	
C03517	半天		pã^{31}tʻiã^{214}	
C03518	大半天		ta$^{31-55}$pã·tʻiã^{214}	
C03519	凌晨(天快亮的时候)			
		露丝明	lu$^{31-55}$sɿ^{55}mei^{53}	
		将露丝明	tɕiaŋ^{214}lu$^{31-55}$sɿ^{55}mei^{53}	
		傍露丝明	paŋ$^{31-55}$lu$^{31-55}$sɿ·mei^{53}	
		傍明天	paŋ$^{31-55}$miŋ$^{53-55}$tʻiã^{214}	刚冒太阳的时候。
C03520	清晨(日出前后的一段时间)			
		早晨	tsɔ$^{55-31}$tʂʻə̃·	

C03521	午前	傍晌午	paŋ^{55}ʂaŋ$^{214-32}$u· 十一点到十二点之间。
C03524	白天	白日	pei$^{55-35}$i·
C03525	黄昏(日落以后星出以前)		
		后上	xəu$^{31-55}$ʂaŋ·
		傍黑天	paŋ^{55}xei^{55}t‘iã^{214} 太阳要落的时候。
		傍黑	paŋ^{55}xei^{55}
		日头西	ʐʅ^{31}t‘əu^{55}ɕi^{214}
C03526	夜晚(从天黑到天亮的一段时间)		
		黑夜	xei$^{55-31}$iə·
		晚上	uã$^{55-31}$ʂaŋ· 指晚上十点以前。
C03527	半夜		pã^{31}iə^{31}
C03528	上半夜	上半宿	ʂaŋ$^{31-55}$pã·ɕy^{214}
C03529	下半夜	下半宿	ɕia$^{31-55}$pã·ɕy^{214}
C03550	整夜	整宿	tʂəŋ^{55}ɕy^{214}
C03551	每天晚上	见天后上	tɕiã^{31}t‘iã^{214}xəu$^{31-55}$ʂaŋ·
C03600	(6)其他时间概念		
C03602	月份(指某一月)		
		正月	tʂəŋ$^{214-32}$yə^{214}
		腊月	la$^{31-55}$yə·
C03603	日子(指日期)		ʐʅ$^{31-55}$ʅ·
C03604	集日(有集市的日子)		
		集	tɕi^{55}
C03605	什么时候(他～来?)		
		啥时候	ʂa^{31}ʂʅ$^{55-35}$xəu·
C03606	先前	门日	mə̃$^{55-35}$ʐʅ·(老)
		过去	kuə^{31}tɕy^{31}(新)
C03607	现在	这	tʂə^{31}
C03608	后来(指过去某事之后)		
		以后	i^{214}xəu^{31}

C03609	从今以后(将来)		ts‘uŋ^{55}tɕiə̃^{214}i^{214}xəu^{31}

8.4 农业

C04100	(1)农事		
C04101	春耕		tʂ‘uə̃$^{214-24}$kəŋ^{214}
C04102	夏收	收麦子	ʂəu^{214}mei$^{31-55}$iəu·
C04103	秋收		tɕ‘iəu$^{214-24}$ʂəu^{214}
C04104	早秋		tsɔ^{55}tɕ‘iəu^{214}
C04105	晚秋		uã^{55}tɕ‘iəu^{214}收地瓜时是晚秋。
	大秋		ta$^{31-55}$tɕ‘iəu·秋天最忙的时候。长山玉米最多，收玉米时就是大秋。
C04106	整地		tʂəŋ^{214}ti^{31}
C04107	下种	播种	pə^{55}tʂuŋ^{31}
	套种		t‘ɔ^{31}tʂuŋ^{31}小麦快熟的时候种上玉米，棉花套上绿豆，都是套种。
C04109	薅草	拔草	pa^{55}ts‘ɔ^{55}
C04112	割麦	割麦子	ka^{55}mei$^{31-55}$tsɿ·
C04113	打场		ta^{55}tʂ‘aŋ^{55}
C04114	场院		tʂ‘aŋ$^{55-35}$yã·
C04115	锄地		tʂ‘u^{55}ti^{31}
C04116	松土		suŋ^{214}t‘u^{55}
C04117	施肥	施底肥	ʂʅ^{55}ti^{55}fei^{55}刚种作物时施的肥。
	抓苗		tʂua^{214}miɔ^{55}也叫追肥。玉米长高时追肥，一般在下雨以后。如果不下雨抓苗后要立即浇水，因为速效肥容易挥发。
C04118	浇粪		tɕiɔ^{214}fə̃^{31}多用于蔬菜。
C04119	粪坑	茅坑	mɔ^{55}k‘əŋ^{214}
C04120	积肥		tɕi^{55}fei^{55}

C04121 拾粪 ʂʅ^{55}fə̃^{31}

C04122 粪肥（注意各种粪肥的名称）

大粪 ta$^{31-55}$fə̃·

鸡粪 tɕi$^{214-32}$fə̃·

猪粪 tʂu$^{214-32}$fə̃·

圈粪 tɕyã$^{31-55}$fə̃·

小灰 ɕiɔ$^{55-31}$xuei·草木灰。

炕洞 k‘aŋ^{31}tuŋ^{31}大炕洞里烧的东西。一般一年清一回。

屋坷拉 u$^{55-31}$k‘a·la·两种。老屋扒了，砸碎了，可以上地。饭屋（厨房）里的黑烟墙皮抢下来作肥料，肥力还挺足。

C04123 化肥（注意各种常见化肥的名称）

xua^{31}fei^{55}

C04124 浇水 tɕiɔ^{214}ʂuei^{55}

C04125 灌水（使水入地） kuã^{31}ʂuei^{55}

C04126 排水（使水出地） p‘ɛ^{55}ʂuei^{55}

C04127 打水（从井里或河里取水）

ta^{55}ʂuei^{55}

C04128 水井（浇地的水井和饮用的水井是否不同）

井 tɕiŋ^{55}浇地的水井。

深井 tʂ‘ə̃^{214}tɕiŋ^{55}饮用的水井。

C04200 （2）农具

C04201 水桶（汲水用的木桶） ʂuei^{55}t‘uŋ^{55}

C04202 井绳 tɕiŋ$^{55-31}$ʂəŋ·

C04203 水车 ʂuei^{55}tʂ‘ə^{214}

C04204 大车（注意农村常用的其他车辆，以及跟这些车辆有关的其他条目）

大车 ta^{31}tʂ‘ə^{214}马拉、牛拉的木轱辘的车。

木轱辘 mu$^{31-55}$ku·li·

大胶皮 ta^{31}tɕiɔ^{214}p‘i^{55}胶皮轱辘的车。

(小)推车 t‘uei$^{214-32}$tʂ‘ə·独轮车。

C04206 牛笼嘴 niəu^{55}luŋ$^{55-35}$tsuei·

牛索头 niəu^{55}suə·t‘əu·

牛捂眼子 niəu^{55}u$^{55-31}$iã·tsɿ·

(驴)迎脖子 iŋ^{31}pə·tsɿ·

C04207 牛鼻桊儿(穿在牛鼻子里的木棍儿或铁环)

牛鼻桊 niəu^{55}pi$^{55-35}$tɕ‘yã·

C04208 犁 li^{55}

C04209 犁身 li^{55}ʂə̃^{214}

C04210 犁把 li^{55}pa^{55}

C04211 犁铧 li^{55}xua^{55}

C04212 耙子 p‘a$^{55-35}$tsɿ·

C04214 站板子 tʂã$^{31-55}$pã·tsɿ·

折子 tʂə$^{55-31}$tsɿ·囤上面再用~围起来可以多放粮食。

C04214 囤(存放粮食的器具) tuə̃^{31}

C04216 石磙(圆柱形,用来轧谷物,平场地)

碌碡 ly$^{31-55}$tʂu·

C04218 石磨 ʂɿ^{55}mə^{31}

水磨 ʂuei$^{55-31}$mə·用来磨煎饼。

口子 tʂ‘ei$^{214-32}$tsɿ·磨煎饼时,先用水泡麦子(或棒子),泡软后叫~。

馉子 xu^{55}tsɿ·

旱磨 xã$^{31-55}$mə·用来磨粮食。

C04219 磨盘 mə^{31}p‘ã^{55}

C04220 磨把儿 磨柱子 mə$^{31-55}$tʂu·tsɿ·

C04221 磨脐儿(磨扇中心的铁轴)

磨脐 mə^{31}tɕ‘i^{55} 碾磨还有个~管着来,

			不用说人。
	实眼、麸眼		ʂʅ$^{55-35}$iã˙、fu$^{214-32}$iã˙旱磨上的两个磨眼，想磨得细一些，就只在实眼放，如想磨得快一些，不怕粗，就两个眼一块放粮食。
C04222	筛子(筛稻、米用的)		ʂɛ$^{214-32}$tsɿ˙
C04223	罗（筛粉末状细物用的器具）		luə^{55}
	罗杆		luə$^{55-35}$kã˙放在罗下面支撑的两个杆子。
C04227	钉耙	铁耙子	t‘iə^{55}p‘a$^{55-35}$ʅ˙
C04228	镐(刨硬地用,一头尖形,一头扁小)		
		洋镐	iaŋ^{55}kɔ^{55}
C04229	锄(松土、锄草用,扁形,各地形状不一)		tʂ‘u^{55}
C04230	铡刀		tʂa$^{55-35}$tɔ˙
C04231	镰刀	镰	liã^{55}
C04232	砍刀(用来劈开或剁断木柴的刀)		k‘ã^{55}tɔ^{214}
C04233	木锨		mu$^{31-55}$ɕiã˙
C04234	铁锨(口是平的)		t‘iə$^{55-31}$ɕiã˙
C04235	簸箕(盛粮食用)		pə^{55}tɕ‘i˙
C04236	撮箕(撮垃圾用)		
		铁簸箕	t‘iə$^{55-31}$pə˙tɕ‘i˙
	扒簸箕		pa$^{214-32}$pə˙tɕ‘i˙
C04237	垃圾		la$^{55-31}$tɕi˙
C04238	筐		k‘uaŋ^{214}
C04239	箩		luə^{55}
C04240	扁担		piã$^{55-31}$tã˙
	小担子		ɕiɔ^{55}tã^{55}tsɿ˙

	担杖		tã^{55}tʂaŋ·	
C04241	挑担子		tʻiɔ^{214}tã^{55}tsɿ·	
C04242	扫帚(用竹枝扎成,比笤帚大,扫地用)		sɔ^{55}tʂu·	
C04243	笤帚(用高粱穗、黍子穗等绑成,扫地用)		tʻiɔ$^{55-35}$tʂu·	
	地笤帚		ti$^{31-55}$tʻiɔ·tʂu·	用来扫屋内地面的笤帚。
	炕笤帚		kʻaŋ$^{31-55}$tʻiɔ·tʂu·	用来扫炕的笤帚。

8.5 植物

C05100	(1)农作物			
C05101	庄稼(列举本地各种庄稼)		tʂuaŋ$^{214-32}$tɕia^{214}	
C05102	粮食		liaŋ$^{55-35}$ʂʅ·	
C05103	五谷		u^{55}ku^{55}	
C05104	麦(列举本地各种麦子的名称)		mei^{31}	
	小麦		ɕiɔ^{55}mei^{31}	
	春麦		tʂʻuə̃^{214}mei^{55}	
	春大麦		tʂʻuə̃$^{214-32}$ta$^{31-55}$mei·	
	草大麦		tsʻɔ$^{55-35}$ta$^{31-55}$mei·	是以前常见的产量不高的麦子品种,常有秕子。
C05105	荞麦		tɕʻiɔ$^{55-35}$mei·	
C05106	麦茬儿	麦茬	mei^{31}tʂa^{31}	
C05107	小米儿	小米	ɕiɔ^{55}mi^{55}	
C05108	谷子(指植株,子实是小米)		ku$^{55-31}$tsɿ·	
C05109	玉米	棒子	paŋ$^{31-55}$ʅ·	

C05110	高粱	秫秫	ʂu$^{55-35}$ʂu˙
C05111	稻(指植株)	稻子	tɔ$^{31-55}$tsɿ˙
C05116	秕子(空的或不饱满的子粒)		pi$^{55-31}$tsɿ˙
C05118	糯米		ʐuə$^{31-55}$mi˙
C05119	大米(相对糯米而言)		ta^{31}mi^{55}
C05125	棉花		niaŋ$^{55-35}$xua˙或miã^{55}xua^{214}
C05126	棉花桃儿	棉花桃子	niaŋ$^{55-35}$xua˙t‘ɔ$^{55-35}$tsɿ˙
	棉花桃		miã^{55}xua^{214}t‘ɔ^{55}
C05127	麻秆		ma$^{55-35}$kã^{214}
C05129	芝麻		tʂʅ$^{214-32}$ma˙
C05130	向日葵	朝阳花	tʂ‘ɔ^{55}iaŋ^{55}xua^{214}
	长长花		tʂ‘aŋ$^{55-35}$tʂ‘aŋ˙xua^{214}
C05131	葵花子儿	长花种子	tʂ‘aŋ$^{55-35}$xua˙tʂuŋ$^{55-31}$tsɿ˙
		种子	tʂuŋ$^{55-31}$tsɿ˙特指葵花子儿。
C05132	白薯(列举本地各种白薯品种名)		
		地瓜	ti^{31}kua^{214}
C05133	马铃薯	地蛋	ti^{31}tã^{31}
	土豆		t‘u^{55}təu^{31}
C05135	芋头(芋块茎的总称)		y$^{31-55}$t‘əu˙
C05136	慈姑		ts‘ɿ^{31}ku^{214}
C05137	山药(学名叫薯蓣)		ʂã$^{214-32}$iɔ^{214}
C05138	藕(注意植株和地下茎有无分别)		ŋəu^{55}
C05139	莲子(莲蓬的子)		liã^{31}tsɿ^{55}
	莲蓬		liã$^{55-35}$p‘əŋ˙
C05200	(2)豆类、蔬菜		
C05201	黄豆		xuaŋ$^{55-35}$təu˙
C05202	绿豆		ly$^{31-55}$təu˙
C05203	黑豆		xei$^{55-31}$təu˙

C05204	红小豆		xuŋ^{55}ɕiɔ$^{214-32}$təu•
C05205	豌豆		uã$^{214-32}$təu•
C05206	豇豆（细长条的）		tɕiaŋ$^{214-32}$təu•
C05207	扁豆		piã$^{214-32}$təu•
C05208	蚕豆		ts‘ã$^{55-35}$təu•
C05209	茄子		tɕ‘iə$^{55-35}$tsɿ•
C05210	黄瓜		xuaŋ$^{55-35}$kua•
C05211	菜瓜		ts‘ε^{31}kua^{214}
C05212	丝瓜		sɿ$^{214-32}$kua•
C05214	苦瓜		k‘u$^{55-31}$kua•
C05214	南瓜		naŋ$^{55-35}$kua•
C05215	冬瓜		tuŋ$^{214-32}$kua^{214}
C05216	葫芦		xu$^{55-35}$lu•
C05217	瓠子		xu^{55}tsɿ•
C05218	葱		ts‘uŋ^{214}
C05219	洋葱	圆葱	yã^{55}ts‘uŋ^{214}
C05220	葱叶		ts‘uŋ$^{214-32}$iə^{214}
C05221	葱白		ts‘uŋ^{214}pε^{55}
C05222	蒜（指这种植物）		suã^{31}
C05223	蒜头（蒜的鳞茎,由蒜瓣构成）		suã^{31}t‘əu^{55}
C05224	蒜苗（蒜的花茎）	蒜苗子	suã^{31}miɔ$^{55-35}$ɿ•
C05225	青蒜（嫩的蒜梗和蒜叶）		tɕ‘iŋ^{214}suã^{31}
C05226	蒜泥		suã^{31}ni^{55}
C05227	韭菜		tɕiəu$^{55-31}$ts‘ε•
C05228	韭黄		tɕiəu^{55}xuaŋ^{55}
C05232	西红柿	洋柿子	iaŋ^{55}ʂɿ$^{31-55}$tsɿ•
C05233	姜		tɕiaŋ^{214}
C05234	柿子椒	柿子辣椒	ʂɿ^{55}tsɿ^{55}la^{31}tɕiɔ^{214}

C05235	辣椒		la^{31}tɕiɔ^{214}
C05236	辣椒面儿		la^{31}tɕiɔ^{214}miɛ^{31}
C05237	芥菜		tɕiɛ$^{31-55}$ts‘ɛ·
C05238	芥末		tɕiɛ$^{31-55}$mə·
C05239	胡椒		xu^{55}tɕiɔ^{214}
C05240	菠菜		pə$^{214-32}$ts‘ɛ^{214}
C05241	白菜		pɛ$^{55-35}$ts‘ɛ·
C05242	洋白菜(叶子卷成球状的)	甘蓝	kã^{214}la^{55}
C05243	小白菜		ɕiɔ^{55}pɛ$^{55-35}$ts‘ɛ·
C05244	莴笋(指茎部)	莴苣	uə$^{214-32}$tɕy^{214}
C05245	莴笋叶	莴苣叶	uə$^{214-32}$tɕy^{214}iə^{31}
C05246	生菜		ʂəŋ$^{214-32}$ts‘ɛ·
C05248	芹菜		tɕ‘iə̃$^{55-35}$ts‘ɛ·
C05249	芫荽		iã$^{55-35}$suei·
C05250	蒿子秆儿(茼蒿)	茼蒿	t‘uŋ$^{55-35}$xɔ·
C05251	萝卜		luə$^{55-35}$pei·
C05252	(萝卜)糠了	干了	kã$^{214-32}$lə·
C05255	萝卜缨儿	萝卜缨子	luə$^{55-35}$pei·iŋ$^{214-32}$ʅ·
C05254	萝卜干儿		luə$^{55-35}$pei·kɛ^{214}
C05255	胡萝卜		xu$^{55-35}$luə$^{55-35}$pei·
C05256	苤蓝	蓝苤	la^{55}p‘i^{55}
C05257	茭白		tɕiɔ^{214}pei^{55}
C05258	油菜(做蔬菜用)		iəu$^{55-35}$ts‘ɛ^{31}
C05259	油菜薹		iəu^{55}ts‘ɛ^{31}t‘ɛ^{55}
C05260	油菜子(榨油用)		iəu$^{55-35}$ts‘ɛ·tsʅ^{55}
C05262	荠菜	荠荠子菜	tɕi$^{31-55}$tɕi·tsʅ^{55}ts‘ɛ^{31}
C05300	(3)树木		
C05301	树		ʂu^{31}

C05302	树林		ʂu^{31}lə̃^{55}
C05303	树苗		ʂu^{31}miɔ^{55}
C05304	树干	树干儿	ʂu^{31}kɛ^{214}
	墩头子		tuə̃$^{214-32}$t‘əu·ʅ·用树干底部的木材作的简易的可坐人的墩子。
C05305	树梢		ʂu^{31}ʂɔ^{214}
C05306	树根		ʂu^{31}kə̃^{214}
	树棵棵子		ʂu^{31}kə$^{214-32}$kə·tsɿ·灌木丛。
C05307	树叶		ʂu^{31}iə^{31}
C05308	树枝		ʂu^{31}tʂʅ^{214}
C05309	种树(动宾)		tʂuŋ^{31}ʂu^{31}
C05310	砍树(动宾)	杀树	ʂa^{55}ʂu^{31}
	旋树		ɕyə̃^{214}ʂu^{31} 把树的非主干枝条削掉，让主干更好地成长。
C05311	松树	松木	ɕyŋ$^{214-32}$mu^{214}
C05312	松针		ɕyŋ$^{214-24}$tʂə̃^{214}
C05313	松球		ɕyŋ^{214}tɕ‘iəu^{55}
C05314	松香		ɕyŋ$^{214-24}$ɕiaŋ^{214}
C05315	杉树		ʂã$^{214-32}$ʂu·
C05316	杉针		ʂã$^{214-24}$tʂə̃^{214}
C05318	桑树		saŋ$^{214-32}$ʂu·
C05319	桑葚儿	葚子	ʂə̃$^{31-55}$tsɿ·
C05320	桑叶		saŋ$^{214-32}$iə·
C05321	杨树		iaŋ$^{55-35}$ʂu·
C05322	柳树		liəu$^{55-31}$ʂu·
C05333	荆条		tɕiŋ^{214}t‘iɔ^{55}
C05334	竹竿儿		tʂu^{55}kɛ^{214}
C05335	竹叶儿	竹叶	tʂu^{55}iə^{31}
C05336	篾片(竹子劈成的薄片)		miə^{31}p‘iã^{31}
C05400	(4)瓜果		

果木子 kuə$^{55-31}$mu$^{31-55}$tsɿ· 大的水果。

糖瓜子 t'aŋ^{55}kua$^{214-32}$tsɿ· 小的水果。

C05401 水果 ʂuei^{55}kuə^{55}

C05402 干果 kã^{214}kuə^{55}

C05403 桃 t'ɔ^{55}

C05404 杏 ɕiŋ^{31}

C05405 李子 li$^{214-32}$tsɿ·

难咽 nã^{55}iã^{31}一种类似李子的小果木。

C05406 苹果 p'iŋ^{55}kuə^{55}

C05408 枣儿 枣 tsɔ^{55}

C05409 梨 li^{55}

C05410 枇杷 p'i$^{55-35}$p'a·

C05411 柿子 ʂʅ$^{31-55}$tsɿ·

C05412 柿饼 ʂʅ^{31}piŋ^{55}

C05413 石榴 ʂʅ$^{55-35}$liəu·

C05414 柚子 iəu$^{55-35}$tsɿ·

C05415 橘子(注意当地橘与柑有无分别)

tɕy$^{55-31}$tsɿ·

C05418 橙子 tʂ'əŋ$^{55-35}$tsɿ·

C05419 木瓜 mu^{31}kua^{214}

C05420 龙眼 luŋ^{55}iã^{55}

C05422 荔枝 li^{31}tʂʅ^{214}

C05423 芒果 maŋ^{55}kuə^{55}

C05424 菠萝 pə^{214}luə^{55}

C05425 橄榄 kã$^{214-24}$lã^{214}

C05426 银杏 iə̃^{55}ɕiŋ^{31}

C05427 栗子 li$^{31-55}$tsɿ·

C05428 核桃 xə$^{55-35}$t'ɔ·

C05429 榛子 tʂə̃$^{214-32}$tsɿ·

C05431 西瓜 ɕi$^{214-32}$kua^{214}

C05432	瓜子儿	瓜子	kua^{214}tsɿ^{55}
C05433	甜瓜		t‘iã$^{55-35}$kua$^{\bullet}$
C05435	甘蔗		kã$^{214-32}$tʂə$^{\bullet}$
C05436	花生	长果	tʂ‘aŋ^{55}kuə^{55}
C05437	花生米	长果	tʂ‘aŋ^{55}kuə^{55}
C05438	花生皮(花生米外面的红皮)		
		长果皮	tʂ‘aŋ^{55}kuə^{55}p‘i^{55}
C05500	(5)花草、菌类		
C05501	桂花		kuei^{31}xua^{214}
C05502	菊花		tɕy$^{55-31}$xua$^{\bullet}$
C05503	梅花		mei$^{55-35}$xua$^{\bullet}$
C05504	凤仙花		fəŋ^{31}ɕiã$^{214-24}$xua^{214}
C05505	荷花		xə$^{55-35}$xua$^{\bullet}$
C05506	荷叶		xə$^{55-35}$iə$^{\bullet}$
C05507	莲蓬		liã^{55}p‘əŋ^{55}
C05508	水仙(花)		ʂuei^{55}ɕiã$^{214-24}$xua^{214}
C05509	茉莉花儿	茉莉花	mə^{31}li^{31}xua^{214}
C05510	含羞草		xã^{55}ɕiəu^{214}ts‘ɔ^{55}
C05511	牵牛花		tɕ‘iã^{214}niəu^{55}xua^{214}
C05512	杜鹃花		tu^{31}tɕyã$^{214-24}$xua^{214}
C05513	芙蓉花(指木芙蓉)		fu^{31}ʐuŋ^{55}xua^{214}
C05514	万年青		uã^{31}niã^{55}tɕ‘iŋ^{214}
C05515	仙人掌		ɕiã^{214}ʐə̃^{55}tʂaŋ^{55}
C05516	花蕾(没有开放的花)		xua^{214}luei^{55}
C05517	花瓣儿	花瓣	xua^{214}pã^{31}
C05518	花蕊		xua^{214}ʐuei^{55}
C05519	芦苇		lu^{55}uei^{55}
C05520	香菇		ɕiaŋ$^{214-24}$ku^{214}
C05521	蘑菇		mə$^{55-35}$ku$^{\bullet}$
C05522	冬菇		tuŋ$^{214-24}$ku^{214}

C05523	青苔		tɕʻiŋ^{214}tʻɛ^{55}

8.6 动物

C06100	(1)牲畜		
C06101	牲口		ʂəŋ$^{214-32}$kʻəu•
C06102	公马	儿马	ɭə$^{55-35}$ma•
C06103	母马	棵马	kuə$^{31-55}$ma•骂人时经常说王八棵子生的，狗棵子生的。
C06104	骟马(骟过的马)		ʂã^{214}ma^{55}
C06105	公牛		kuŋ$^{214-32}$niəu•
C06106	犍牛(阉过的公牛)	犍子	tɕiã$^{31-55}$tsɿ•
C06107	母牛	□牛	ʂʅ$^{31-55}$niəu•
C06108	黄牛		xuaŋ^{55}niəu^{55}
C06109	水牛		ʂuei$^{55-31}$niəu•
C06110	牛犊		niəu^{55}tu^{55}
C06111	驴		ly^{55}
C06112	公驴	叫驴	tɕiɔ$^{31-55}$ly•
C06113	母驴	草驴	tsʻɔ$^{55-31}$ly•
C06114	骡	骡子	luə$^{55-35}$tsɿ•
C06115	驴骡(马父驴母)	驴骡子	ly$^{55-35}$luə•tsɿ•
C06116	马骡(驴父马母)	马骡子	ma$^{55-31}$luə•tsɿ•
	儿骡子		ɭə$^{55-35}$luə•tsɿ•公骡子。你～脾气。
C06117	骆驼		luə$^{31-55}$tʻuə•
C06118	绵羊		miã$^{55-35}$iaŋ•
C06119	山羊	山羊猴子	ʂã$^{214-32}$iaŋ•xəu$^{55-35}$tsɿ•

C06120	羊羔	羊羔子	iaŋ^{55}kɔ$^{214-32}$tsɿ˙
C06121	狗		kəu^{55}
C06122	公狗	牙狗	ia$^{55-35}$kəu˙
C06123	母狗		mu$^{55-31}$kəu˙
C06124	小狗儿(脱奶后的幼犬)		
		小狗	ɕiɔ^{55}kəu^{55}
C06125	哈巴狗		xa$^{214-32}$pa˙kəu^{55}
C06126	猫		mɔ^{55}
C06127	公猫		kuŋ$^{214-32}$mɔ˙
C06128	母猫	女猫	ny$^{55-31}$mɔ˙
C06129	公猪		kuŋ$^{214-32}$tʂu^{214}
	脚猪		tɕiɔ$^{55-31}$tʂu˙参与交配的公猪。
C06130	种猪		tʂuŋ$^{55-31}$tʂu˙
C06131	母猪		mu$^{55-31}$tʂu˙
	翘腿		tɕʻiɔ$^{214-32}$tʻuei˙生过猪的老母猪。参与交配的老脚猪、翘腿猪肉都发酸不好吃。
C06132	猪崽		tʂu^{214}tsɛ^{55}
	阔罗		kʻuə$^{55-31}$luə˙半大的猪，从很小就择过了。半大小子~猪。
C06133	阉猪(动宾)	择猪	tʂei^{55}tʂu^{214}
	阉狗		ʂã^{31}kəu^{55}
	捶牛		tʂʻuei^{55}niəu^{55}用夹板子捶牛的睾丸，夹碎后不拿出来，它会自然吸收。
C06134	兔子		tʻu$^{31-55}$tsɿ˙
C06135	鸡		tɕi^{214}
	柴鸡		tʂʻɛ$^{55-35}$tɕi˙散养的鸡。
	肉食鸡		ʐəu^{31}ʂʅ^{55}tɕi^{214}
	蛋鸡		tã$^{31-55}$tɕi˙
C06136	公鸡(成年的打鸣的公鸡)		kuŋ$^{214-32}$tɕi˙

C06137	鸡角(未成年的小公鸡)		
		小鸡	ɕiɔ^{55}tɕi^{214}
C06140	母鸡		mu$^{55-31}$tɕi·
C06141	抱窝鸡(正在孵蛋的母鸡)		
			pu^{31}uə$^{214-24}$tɕi^{214}
C06143	小鸡儿		ɕiɔ^{55}tɕiei^{214}
C06144	鸡蛋	鸡子儿	tɕi^{214}tsei^{55}
C06145	下蛋		ɕia^{31}tã^{31}
C06146	孵(～小鸡儿)	抱窝	pu^{31}uə^{214}
C06147	鸡冠	鸡冠子	tɕi^{214}kuã$^{31-55}$tsɿ·
C06148	鸡爪子		tɕi^{214}tʂɔ$^{214-32}$tsɿ·
C06149	鸭	呱呱子	kua$^{214-32}$kua·tsɿ·
		八八子	pa$^{214-32}$pa·tsɿ·
C06150	公鸭	公子	kuŋ$^{214-32}$tsɿ·
C06151	母鸭	母子	mu$^{55-31}$tsɿ·
C06152	小鸭子	小呱呱子	ɕiɔ^{55}kua$^{214-32}$kua·tsɿ·
		小八八子	ɕiɔ^{55}pa$^{214-32}$pa·tsɿ·
C06153	鸭蛋	呱呱子蛋	kua$^{214-32}$kua·tsɿ·tã^{31}
C06154	鹅		ŋə^{55}
C06155	小鹅儿	小鹅	ɕiɔ^{55}ŋə^{55}
C06200	(2)鸟、兽		
C06201	野兽		
	皮子		p‘i$^{55-35}$tsɿ·经常在墓天井(成片的墓地)出现,打洞,比獾小,也叫皮猴子。
	话皮猴子		xua$^{31-35}$p‘i·xəu·tsɿ·成精的老皮猴子,晚上叫,装神弄鬼的,人们就叫它话皮猴子。
C06202	狮子		ʂɿ$^{214-32}$tsɿ·
C06203	老虎		lɔ^{55}xu^{55}

C06204	母老虎(雌虎)		mu^{31}lɔ^{55}xu^{55}
C06205	猴子	·	xəu$^{55-35}$tsʅ·
C06206	熊	黑瞎子	xei^{214}ɕia$^{214-32}$tsʅ· ~吃甜瓜——熊呱唧。
C06207	豹		pɔ^{31}
C06208	狐狸		xu$^{55-31}$li·
C06209	黄鼠狼	黄鼬	xuaŋ$^{55-35}$iəu·
		邻舍家	liə̃$^{55-35}$ʂʅ·tɕia·
	小黄鼬		ɕiɔ^{55}xuaŋ$^{55-35}$iəu· 比喻活泼可爱顽皮的女孩。
C06210	老鼠	耗子	xɔ$^{31-55}$tsʅ·
C06211	蛇(注意各种蛇的叫名)		ʂa^{214}
C06214	鸟儿	鸟	niɔ^{55}
C06214	乌鸦	老鸹	lɔ$^{55-31}$kua·
	黑老鸹		xei^{214}lɔ$^{55-31}$kua·
C06215	喜鹊	喳喳郎	tʂa$^{214-32}$tʂa·laŋ^{55}
C06216	麻雀	家鹶儿	tɕia$^{214-32}$tʂ'ei^{55}
C06217	燕子		iã$^{31-55}$tsʅ·
C06218	雁		iã^{31}
C06220	鸽子	鹁鹁	pə$^{55-35}$pə·
C06221	鹌鹑		ŋã$^{214-32}$tʂ'uə̃^{214}
C06223	布谷鸟	咕咕	ku$^{214-32}$ku·
	光棍打兔		kuaŋ^{214}kuei^{31}ta^{55}tu^{31} 布谷鸟；办事挺好，不吃亏。你办不出~来。
C06224	啄木鸟	傪达木子	ts'ã$^{214-32}$ta·mu$^{214-32}$tsʅ·
C06225	猫头鹰	夜猫子	iə$^{31-55}$mɔ·tsʅ·不怕~叫,就怕~笑。
C06228	八哥儿	八哥	pa^{55}kə^{55}
C06229	鹤		xə^{55}
C06230	老鹰	老雕	lɔ^{55}tiɔ^{214}
C06231	野鸡		iə^{55}tɕi^{214}

C06232	野鸭		iə^{55}ia^{214}
C06235	蝙蝠	演蝙虎子	iã$^{214-32}$piã•xu$^{214-32}$tsɿ•
C06236	翅膀	翅子	tʂʻʅ$^{31-55}$tsɿ•
C06237	嘴(鸟类之嘴)		tsuei^{55}
C06238	鸟窝		niɔ^{55}uə^{214}
C06300	(3)虫类		
C06301	蚕	蚕妹	tsʻã$^{55-35}$mei•
	吃老食儿		tʂʻʅ^{55}lɔ$^{55-31}$ʂei•
C06302	蚕蛹	蛹子	yŋ$^{214-32}$tsɿ•
C06303	蚕沙(家蚕的屎)		
		蚕妹屎	tsʻã$^{55-35}$mei•sɿ^{55}
C06304	蜘蛛	蛛蛛子	tʂu$^{214-32}$tʂu•tsɿ•
C06305	蚂蚁	蚁蛘	i$^{214-32}$iaŋ•
	站蚁蛘		tʂã^{31}i$^{214-32}$iaŋ•比较大的蚂蚁。
C06306	蝼蛄		ləu$^{55-35}$kəu•
C06307	土鳖(可入药,叫地鳖)		
		土鳖子	tʻu^{55}piə$^{55-31}$tsɿ•
C06308	蚯蚓	曲蟮	tɕʻy$^{214-32}$ʂã•
C06309	蜗牛	莫拉牛	mə$^{55-31}$la•iəu^{55}~上墙——又一回。
C06310	蜣螂	屎壳郎	ʂʅ$^{55-31}$kʻə•laŋ^{55}
C06311	蜈蚣	蝣蜒	iəu^{55}iã^{214}
C06312	蝎子		ɕiə$^{214-32}$tsɿ•
C06313	壁虎	舌滑溜子	ʂə$^{55-35}$xua•liəu$^{214-32}$tsɿ•
C06314	毛虫	毛易虫	mɔ$^{55-35}$i•tʂʻuŋ^{55}
C06315	肉虫(米里的米色虫)		
		蛆	tɕʻy^{214}
C06316	蚜虫		ia^{55}tʂʻuŋ^{55}
C06317	苍蝇		tsʻaŋ$^{214-32}$iŋ^{214}
C06318	蚊子		uə̃$^{55-35}$tsɿ•
C06319	孑孓		tɕiə^{55}tɕyə^{55}

C06320	虱子		ʂʅ$^{214-32}$tsɿ·
C06321	臭虫		tʂ'əu$^{31-55}$tʂ'uŋ·
C06322	跳蚤	聒蚤	kuə$^{214-32}$tsɔ·
C06323	牛虻		niəu^{55}maŋ^{55}
C06324	蟋蟀	促蜇子	ts'u$^{55-31}$tʂə·tsɿ·
	蛐蛐		tɕ'y$^{214-32}$tɕ'y·
C06327	蝗虫	籽蝗	tsɿ$^{55-31}$xuaŋ·
C06329	蝉	知了	tʂʅ^{214}liɔ^{55}
		烧老钱儿	ʂɔ^{214}lɔ^{55}tɕ'iɛ^{55}
	蚰子		iəu$^{55-35}$tsɿ·蝉的幼虫。
	龟		kuei^{214}蝉的幼虫。
	烧老钱儿猴		ʂɔ^{214}lɔ^{55}tɕ'iɛ^{55}xəu^{55}蝉的幼虫。
	蚰子皮		iəu$^{55-35}$tsɿ·p'i^{55}蝉的幼虫蜕下的皮。
C06330	蜜蜂		mi$^{31-55}$fəŋ·
C06332	(马蜂)蜇人		tʂə^{55}ʐə̃^{55}
C06333	蜂窝		fəŋ$^{214-24}$uə^{214}
C06334	蜂蜜		fəŋ^{214}mi^{31}
C06335	萤火虫		iŋ^{55}xuə^{55}tʂ'uŋ^{55}
C06336	臭大姐	臭螳螂子	tʂ'əu^{31}taŋ·laŋ·tsɿ·
C06337	灯蛾	扑灯蛾子	p'u^{55}təŋ^{214}uə$^{55-35}$tsɿ·
C06338	蝴蝶	蝴蝶子	xu$^{55-35}$tiə·tsɿ·
C06339	蜻蜓	蜓蜓	t'iŋ$^{214-32}$t'iŋ·
C06340	花大姐(学名“瓢虫”)		xua^{214}ta^{31}tɕiə^{55}
C06400	(4)鱼虾类		
C06401	鱼儿		y^{55}
C06402	鲤鱼		li$^{214-32}$y·
C06403	鲫鱼		tɕi$^{214-32}$y·
C06404	鳊鱼	鳊口	p'iã$^{214-32}$k'əu·
C06405	草鱼		ts'ɔ$^{55-31}$y·
C06406	黄鱼		xuaŋ^{55}y·

C06408	鳜鱼		kuei$^{31-55}$y$^{\bullet}$
C06410	带鱼	刀鱼	tɔ$^{214-32}$y$^{\bullet}$
		鳞刀鱼	liə̃$^{55-35}$tɔ$^{214-32}$y^{55}
C06415	白鲦鱼	白鲦	pei$^{55-35}$t‘iɔ$^{\bullet}$
C06420	金鱼		tɕiə̃^{214}y^{55}
C06421	泥鳅	泥狗	ni$^{55-35}$kəu$^{\bullet}$
C06422	鳝鱼		ʂã$^{31-55}$y$^{\bullet}$
C06424	鱼鳞		y^{55}liə̃^{55}
C06425	鱼刺		y^{55}ts‘ɿ^{31}
C06426	鱼鳔儿	鱼鳔	y^{55}p‘iɔ^{31}
	鱼鳔		y$^{55-35}$p‘iɔ$^{\bullet}$用鱼熬的胶,是上等的粘贴材料。
C06427	鳍	鱼翅子	y^{55}tʂ‘ʅ$^{31-55}$tsɿ$^{\bullet}$
C06428	鱼鳃		y^{55}sɛ^{214}
C06429	鱼子(鱼的卵)		y^{55}tsɿ^{55}成形的鱼卵，和大米粒一样。
	鱼子儿		y^{55}tʂei^{55}没成形较小的、合作一团的叫鱼子儿，大了后分开成米粒大小的叫鱼子。都可煮着吃。
C06430	鱼苗儿		y^{55}miɔ^{55}
C06431	钓鱼		tiɔ^{31}y^{55}
C06432	钓鱼竿儿		tiɔ^{31}y^{55}kɛ^{214}
C06433	钓鱼钩儿	钓鱼钩	tiɔ^{31}y^{55}kəu^{214}
C06434	鱼篓儿	鱼篓	y^{55}ləu^{55}
C06435	渔网		y^{55}uaŋ^{55}
C06436	虾		ɕia^{214}
	嘎呀		ka$^{214-32}$ia^{214}一种鱼,头大身子小。螃蟹找螃蟹,~找~,蒺藜包子找那蚧蛤蟆。
C06437	(鲜)虾仁儿		ɕia^{214}zʅei^{55}

C06438	(干)虾米		ɕia^{214}mi^{55}
C06441	鳖	王八	uaŋ$^{55-35}$pa˙
C06442	螃蟹(注意河蟹、海蟹的不同叫名)		p‘aŋ$^{55-35}$ɕiɛ˙
C06444	青蛙	蛙子	uɛ$^{55-35}$tsɿ˙
	田鸡		t‘iã^{55}tɕi^{214}
C06445	蝌蚪	蛤蟆蝌蚪子	xa$^{55-35}$ma˙kuə$^{214-32}$tuei˙tsɿ˙
C06446	蟾蜍	蚧蛤蟆	tɕiɛ$^{31-55}$xa˙ma˙
	癞蛤蟆		lɛ$^{31-55}$xa˙ma˙
C06447	水蛭	钻蚰子	tsuã$^{214-32}$iəu^{214}tsɿ˙

8.7 房舍

C07100	(1)房子		
C07101	住宅	宅子	tʂei$^{55-35}$ɿ˙
C07102	造(房子)	盖(屋)	kɛ^{31}
C07103	(整座)房子	屋	u^{55}
C07104	院子	天井	t‘iã$^{214-32}$tɕiŋ˙影壁墙里面的院子。
	门过道		mə̃^{55}kuə$^{31-55}$tɔ˙影壁墙到门口叫~。
C07106	影壁	影壁墙	iŋ$^{214-32}$pei˙tɕ‘iaŋ^{55}
C07107	(单间)屋子	屋	u^{55}
C07108	外间		uɛ$^{31-55}$tɕiã˙
C07109	里间		li$^{55-31}$tɕiã˙
C07110	正房	主房	tʂu^{55}faŋ^{55}
C07111	厢房	偏房	p‘iã^{214}faŋ^{55}
	敞棚		tʂ‘aŋ$^{214-32}$p‘əŋ˙
	砌棚子		tɕ‘iə$^{31-55}$p‘əŋ˙tsɿ˙一面靠墙，倚墙建下来的棚子。
C07112	客厅		k‘ə^{31}t‘iŋ^{214}
C07113	平房		p‘iŋ^{55}faŋ^{55}

C07114	楼房		ləu^{55}faŋ^{55}
C07115	洋房(旧指新式楼房)		iaŋ^{55}faŋ^{55}
C07116	楼上		ləu^{55}ʂaŋ^{31}
C07117	楼下		ləu^{55}ɕia^{31}
C07119	楼梯		ləu^{55}t‘i^{214}
C07120	梯子(可移动的)		t‘i$^{214-32}$tsɿ·
C07121	阳台		iaŋ^{55}t‘ɛ^{55}
C07123	草房(用茅草盖的房子)		
		草屋	ts‘ɔ$^{55-31}$u·
C07200	(2)房屋结构		
C07201	房脊	屋脊	u^{55}tɕi^{55}
C07202	房顶(站在～上)		
		屋顶	u^{55}tiŋ^{55}
C07203	房檐儿	屋檐	u^{55}iã^{55}
C07204	梁		liaŋ^{55}
C07207	柱	柱子	tʂu$^{31-55}$tsɿ·
C07209	台阶儿	台阶	t‘ɛ^{55}tɕiɛ^{214}
C07210	天花板	虚棚	ɕy$^{214-32}$p‘əŋ^{214}
C07211	正门		tʂəŋ^{31}mə̃^{55}
C07212	后门		xəu^{31}mə̃^{55}
C07214	门坎儿	门市限子	mə̃$^{55-35}$ʂʅ·tɕ‘iã$^{31-55}$ɿ·
C07215	门后(门扇的后面)		mə̃^{55}xəu^{31}
C07216	门栓		mə̃^{55}ʂuã^{214}门轴上下方套住户枢的两个圆形圈。
	门转心		mə̃^{55}tʂuã$^{31-55}$ɕiə̃·户枢。
	门插关子		mə̃^{55}tʂ‘a$^{214-32}$kuã·tsɿ·栓门的一根木条。
C07218	锁		suə^{55}
C07219	钥匙		iɔ$^{31-55}$tʂ‘ʅ·
C07220	窗子	窗户	tʂ‘uaŋ$^{214-32}$xu·

C07221	窗台	窗户台	tʂʻuaŋ$^{214-32}$xu·tʻɛ^{55}
C07222	走廊		tsəu^{55}laŋ^{55}
C07223	过道		kuə$^{31-55}$tɔ·
C07224	楼道		ləu^{55}tɔ^{31}
C07225	楼板		ləu^{55}pã^{55}
C07300	(3)其他设施		
C07301	厨房	火屋	xuə$^{55-31}$u·
C07302	灶		tsɔ^{31}
C07303	烟囱(厨房的附属部分)		iã$^{214-32}$tʻuŋ·
C07304	厕所	茅房	mɔ^{55}faŋ^{55}
	茅坑		mɔ^{55}kʻəŋ^{214}
	茅子		mɔ$^{55-35}$tsɿ·占着~不拉屎。
C07305	磨房		mə$^{55-35}$faŋ·
C07306	马棚		ma^{55}pʻəŋ^{55}
C07307	牛圈		niəu^{55}tɕyã^{31}
C07308	猪圈		tʂu^{214}tɕyã^{31}
C07309	猪食槽		tʂu^{214}ʂʅ^{31}tsʻɔ^{55}
C07310	羊圈		iaŋ^{55}tɕyã^{31}
C07311	狗窝		kəu$^{55-31}$uə·
C07312	鸡窝		tɕi$^{214-24}$uə^{214}
C07313	鸡笼		tɕi^{214}luŋ^{55}
C07315	柴草垛	柴禾垛	tʂʻɛ$^{55-35}$xuə·tuə^{31}

8.8 器具、用品

C08100	(1)一般家具		
C08101	家具		
	奁房		iã$^{55-35}$faŋ·木制的一套家具，包括桌子、椅子、柜子、床、箱子。橱是后起的，不包括在内。

C08102	柜(衣柜、书柜、碗柜等的通称,注意当地柜和橱有无区别)		
		柜子	kuei$^{31-55}$tsɿ$^{\cdot}$
	橱		tʂʻu^{55}
	壁橱		pi^{31}tʂʻu^{55}
	龛塔子		ka$^{214-32}$tʻa$^{\cdot}$tsɿ$^{\cdot}$在墙里挖的小洞,可放佛龛或零碎物品。
C08103	桌子		tʂuə$^{55-31}$tsɿ$^{\cdot}$
C08104	圆桌		ã$^{55-35}$tʂuə$^{\cdot}$
C08105	方桌		faŋ^{214}tʂuə^{55}
	八仙桌		pa^{55}ɕiã^{214}tʂuə^{55}
C08106	条案(一种狭长的桌子)		
		条山儿	tʻiɔ$^{55-35}$ʂã$^{214-24}$tɕi^{214}方桌上放条山儿,条山儿上放照壁子。三个一套。
		条桌子	tʻiɔ$^{55-35}$tʂuə$^{\cdot}$tsɿ$^{\cdot}$
		抽抽	tʂʻəu$^{214-32}$tʂʻəu^{214}一种桌子,包含两个抽屉,像唱京剧的桌子。两边放两个椅子,叫灯挂子椅子。放在偏房,可用来放生活用品如化妆品等。
C08107	办公桌		pã^{31}kuŋ^{214}tʂuə^{55}
C08108	饭桌		fã$^{31-55}$tʂuə$^{\cdot}$
C08111	抽屉	抽限子	tʂʻəu$^{214-32}$ɕiã$^{214-32}$ɿ$^{\cdot}$
C08112	椅子		i$^{55-31}$ɿ$^{\cdot}$
	圈椅子		tɕʻyã^{214}i$^{55-31}$ɿ$^{\cdot}$
	罗圈椅		luə^{55}tɕʻyã^{214}i^{55}
C08113	躺椅	灯挂子椅子	təŋ^{214}kua$^{31-55}$ɿ$^{\cdot}$i$^{55-31}$ɿ$^{\cdot}$
C08114	椅子背儿	靠背	kʻɔ^{31}pei^{31}
C08115	椅子掌儿	椅子撑子	i$^{55-31}$tsɿ$^{\cdot}$tʂʻəŋ$^{214-32}$tsɿ$^{\cdot}$靠背两侧的支柱。
C08116	板凳(长条形的)		

		凳子	təŋ$^{31-55}$tsɿ˙长条形的叫～。
C08117	方凳	杌子	u^{55}tsɿ˙
C08118	小板凳儿	小杌子	ɕiɔ^{55}u^{55}tsɿ˙
C08119	圆凳	圆杌子	yã$^{55-35}$u˙tsɿ˙
C08120	高凳子	马杌子	ma^{55}u˙tsɿ˙
C08121	马扎	杌扎	u$^{55-31}$tʂa˙
	板杌扎		pã$^{214-32}$u˙tʂa面是木板做的马扎。
	撑杌扎		tʂ‘əŋ$^{214-32}$u˙tʂa˙面是绳子做的马扎。
C08122	蒲团		p‘u$^{55-35}$t‘uã^{55}
C08200	(2)卧室用具		
C08201	床		tʂ‘uaŋ^{55}
	罗汉床		luə$^{55-35}$xã˙tʂ‘uaŋ^{55}腿比较粗，面子起码是棕绷的。
	顶子床		tiŋ$^{55-31}$tsɿ˙tʂ‘uaŋ^{55}上有顶的床。
	二层床		ɭə$^{31-55}$xiŋ˙tʂ‘uaŋ^{55}
C08202	铺板(一块块的木板,用来拼搭床铺)		p‘u^{31}pã^{55}
C08203	棕绷		tsuŋ^{214}pəŋ^{31}
C08205	炕(北方睡觉用的)		k‘aŋ^{31}
C08206	帐子	蚊帐	uə̃$^{55-35}$tʂaŋ˙
C08207	帐钩	蚊帐钩子	uə̃$^{55-35}$tʂaŋ˙kəu$^{214-32}$tsɿ˙
C08208	帐檐儿	蚊帐沿子	uə̃$^{55-35}$tʂaŋ˙iã$^{55-35}$tsɿ˙
C08209	毯子		t‘ã$^{55-31}$ tsɿ˙
C08210	被子		pei^{31} tsɿ˙
C08211	被窝儿(为睡觉叠成的长筒形的被子)		
		被窝子	pei$^{31-55}$uə$^{214-32}$tsɿ˙放在床上的被子。不管叠还是不叠。
C08212	被里	被里子	pei^{31}li$^{55-31}$tsɿ˙
C08214	被面	被表子	pei^{31}piɔ$^{55-31}$tsɿ˙

		被面子	pei^{31}miã$^{31-55}$tsɿ˙
C08214	棉花胎(棉被的胎)		
		被套	pei^{31}tʻɔ^{31}
C08215	床单	褥单子	lu^{31}tã$^{214-32}$tsɿ˙
	床单子		tʂʻuaŋ^{55}tã^{214}tsɿ˙
C08216	褥子	铺被子	pu$^{214-32}$pei˙tsɿ˙
	铺褥子		pu$^{214-32}$lu˙tsɿ˙
C08217	草席(草编的)	凉席子	liaŋ^{55}ɕi$^{55-35}$tsɿ˙草席、竹席的统称。
	苇席子		uei$^{214-32}$ɕi$^{55-35}$tsɿ˙
C08218	竹席(竹篾编的)		tʂu^{55}ɕi^{55}
C08219	枕头	豆枕	təu$^{31-55}$tʂə̃˙
C08220	枕套儿	豆枕套儿	təu$^{31-55}$tʂə̃˙tʻɔ^{31}
C08221	枕头心儿	豆枕心	təu$^{31-55}$tʂə̃˙tɕiə̃^{214}
C08222	梳妆台		ʂu$^{214-24}$tʂuaŋ^{214}tʻɛ^{55}
C08223	镜子		tɕiŋ$^{31-55}$tsɿ˙
C08224	手提箱	皮箱	pʻi^{55}ɕiaŋ^{214}
C08225	衣架(立在地上的)		i^{214}tɕia^{31}
C08226	晾衣架		liaŋ^{31}i^{214}tɕia^{31}
C08227	马桶		ma^{55}tʻuŋ^{55}
	便桶		piã^{31}tʻuŋ^{55}
C08228	夜壶	尿壶	niɔ^{31}xu^{55}
	尿憋子		niɔ^{31}piə$^{55-31}$tsɿ˙比尿壶矮。
C08230	火盆		xuə$^{55-31}$pʻə̃˙
C08231	汤壶(盛热水后放在被中取暖用的)		
		汤婆	tʻaŋ^{214}pʻə^{55}
C08232	暖水瓶	暖壶	nuã$^{214-32}$xu˙
C08300	(3)炊事用具		
C08301	风箱	风限	fəŋ$^{214-32}$ɕiã^{214}
C08302	通条(通炉子的)		
		火箸	xuə$^{55-31}$tʂu˙

C08303	火钳	火钳子	xuə^{55}tɕʻiã$^{55-35}$tsɿ˙
C08304	火筷子	火筷子	xuə^{55}kʻuɛ$^{31-55}$tsɿ˙
C08305	火铲(铲炉灰用的)		
		火铲子	xuə^{55}tʂʻã$^{55-31}$tsɿ˙
		炭限子	tã$^{31-55}$ɕiã˙ɿ˙
C08306	柴草		tʂʻɛ^{55}tsʻɔ^{55}
C08307	稻秆	稻秆儿	tɔ^{31}kɛ^{214}
C08308	麦秸		mei$^{31-55}$tɕiɛ˙
C08309	高粱秆儿		kɔ$^{214-32}$liaŋ˙kɛ^{214}
		秫秸	ʂu$^{55-35}$tɕiɛ˙指代招魂幡。招魂幡就是在秫秸上粘上白布或白纸。儿顶瓦儿孙打幡，生个孙子，有给扛～的了。
C08310	豆秸	豆帐子	təu$^{31-55}$tʂaŋ˙ɿ˙
C08311	锯末	锯末拉子	tɕy$^{31-55}$mə˙la˙tsɿ˙
C08312	刨花		pʻɔ^{55}xua^{214}
C08313	火柴	洋火	iaŋ^{55}xuə^{55}
C08314	锅烟子		kuə$^{214-24}$iã^{214}tsɿ˙
	锅灰		kuə$^{214-24}$xuei^{214}
C08315	烟筒(移动式煤炉抽风用)		
			iã$^{214-32}$tʻuŋ˙
C08316	锅(按大小、形状、材质、用途分出的各种名称)		
		铝锅	ly^{55}kuə^{214}
	砂锅子		ʂa^{214}kuə$^{214-32}$tsɿ˙
	砂瓢子		ʂa^{214}pʻiɔ$^{55-35}$tsɿ˙煎药的锅子。
C08317	铝锅		ly^{55}kuə^{214}
C08318	沙锅		ʂa$^{214-24}$kuə^{214}
C08319	大锅	锅头	kuə^{214}tʻəu^{55}
C08320	小锅		ɕiɔ^{55}kuə^{214}
C08321	锅盖		kuə^{214}kɛ^{31}

盖天子　kε$^{31-55}$tʻiã$^{214-32}$ɿ·大锅的平的盖。

迫子　pʻei$^{55-31}$tsɿ·大锅的中间高的盖。

锅圈　kuə$^{214-24}$tɕʻyã^{214}以前的大锅，锅沿上再用柳木围起来用泥密封好，这样能蒸得多。用柳木围起来用泥密封的部分就叫锅圈。

稳圈　uə̃$^{214-32}$tɕʻyã·把锅端下来放地下时用来固定的圆圈。

锅坑子　kuə$^{214-32}$kʻəŋ·ɿ·灶的一部分。

C08322 锅铲　抢锅刀子　tɕʻiaŋ^{55}kuə^{214}tɔ$^{214-32}$tsɿ·

C08323 水壶(烧开水用)

茶壶　tʂʻa^{55}xu^{55}

炉壶子　lu^{55}xu$^{55-35}$tsɿ·茶壶。

C08324 碗(瓷的。注意陶制和瓷制的是否叫法不同)

uã^{214}

C08325 海碗　大碗　ta^{31}uã^{214}

C08326 茶杯(瓷的带把儿的)

茶碗子　tʂʻa^{55}uã$^{214-32}$tsɿ·

C08327 碟子　tiə$^{55-35}$tsɿ·平的是碟子，弯的是盘子，再弯就是汤盘。

C08328 饭勺(盛饭用的)

勺子　ʂɔ$^{55-35}$tsɿ·

C08329 羹匙(瓷的,小的)

调羹　tʻiɔ^{55}kəŋ^{55}

C08330 筷子　kʻuε$^{31-55}$tsɿ·

C08331 筷笼（放筷子用的）

吃吃笼子　tʂʻʅ$^{55-31}$tʂʻʅ·luŋ$^{55-35}$tsɿ·

C08332 茶托(瓷的碟形的)

醋浅子　tsʻu^{31}tɕʻiã$^{55-31}$tsɿ·放醋的器具。也可以放茶碗子，比一般碟子小。

C08333	盖碗儿(喝茶用,有盖不带把儿,下有茶托儿)		
		盖杯	kɛ^{31}pei^{214}
C08334	酒杯	酒盅子	tɕiəu^{55}tʂuŋ$^{214-32}$tsɿ·
C08335	盘子		p‘ã$^{55-35}$tsɿ·
C08336	酒壶(茶壶形的)		tɕiəu^{55}xu^{55}
C08337	酒坛子		tɕiəu^{55}t‘ã$^{55-35}$tsɿ·
C08338	坛子		t‘ã$^{55-35}$tsɿ·
C08339	罐子		kuã$^{31-55}$tsɿ·
C08340	瓢(舀水用的)		p‘iɔ^{55}成熟的葫芦分成两半，每半都可做一个瓢。
	舀子		iɔ$^{214-32}$tsɿ·
	瓢子		p‘iɔ$^{55-35}$tsɿ·盛面的。
C08341	笊篱		tʂɔ$^{31-55}$li·铁的，炸油条。草编的，盛包子。
C08343	瓶子		p‘iŋ$^{55-35}$tsɿ·
C08344	瓶盖儿	瓶盖子	p‘iŋ^{55}kɛ$^{31-55}$tsɿ·
C08345	礤床	挠子	nɔ^{55}tsɿ·削皮刀。
		擦床子	ts‘a$^{55-31}$tʂ‘uaŋ·tsɿ·擦成丝的工具。
		痒痒挠子	iaŋ$^{55-31}$iaŋ·nɔ^{55}tsɿ·也叫老头乐。
C08346	菜刀		ts‘ɛ^{31}tɔ^{214}
C08347	砧板		niã^{55}pã^{55}
C08348	面板(做面食用的)		miã^{31}pã^{55}
C08349	水桶(挑水用的)		ʂuei^{55}t‘uŋ^{55}
C08350	研船(铁制研药材的用具,船形)		ia^{55}tʂ‘uã^{55}
C08351	饭桶(装饭的桶)		fã^{31}t‘uŋ^{55}
C08352	蒸笼	笼扇	luŋ$^{55-35}$ʂã·
C08355	箅子(蒸食物用的)		
		箅梁子	pi$^{31-55}$liaŋ·tsɿ·以前箅子用秫秸做的，不能承重，就在箅子下面

放一个铁做的东西支撑，这就是箅梁子。

C08354	水缸	水瓮	ʂuei$^{55-31}$uəŋ$^{•}$
C08356	泔水		lã$^{55-31}$ʂuei$^{•}$
C08357	抹布	抹布子	ma^{55}pu$^{•}$tsɿ$^{•}$
C08358	拖把		t'uə$^{55-31}$pa$^{•}$
C08400	(4)工匠用具		
C08401	刨子		pɔ$^{31-55}$tsɿ$^{•}$
C08402	斧子		fu$^{55-31}$tsɿ$^{•}$
C08403	锛子	锛	pə̃^{214}
C08404	锯子	锯	tɕy^{31}
C08405	凿子	凿	tsuə^{55}
C08406	尺子		tʂ'ʅ$^{214-32}$tsɿ$^{•}$
C08407	曲尺		tɕy^{55}tʂ'ʅ^{214}
C08408	折尺		tʂə^{55}tʂ'ʅ^{214}
C08409	卷尺		tɕyã^{55}tʂ'ʅ^{214}
C08410	墨斗	墨子	mei^{31}tsɿ$^{•}$
C08411	墨斗线	墨斗子线	mei^{31}təu$^{55-31}$tsɿ$^{•}$ɕiã^{31}
C08412	钉子		tiŋ$^{214-32}$tsɿ$^{•}$
C08413	钳子		tɕ'iã$^{55-35}$tsɿ$^{•}$
C08414	老虎钳(用来起钉子或夹断铁丝)		
		老虎钳子	lɔ^{55}xu^{55}tɕ'iã$^{55-35}$tsɿ$^{•}$
C08415	钉锤		tiŋ$^{214-32}$tʂ'uei$^{•}$
C08416	镊子		niə$^{31-55}$tsɿ$^{•}$
C08417	绳子		ʂəŋ$^{55-35}$tsɿ$^{•}$
C08418	合叶	合叶子	xuə$^{55-35}$iə$^{•}$tsɿ$^{•}$
C08419	瓦刀		ua$^{31-55}$tɔ$^{•}$
C08420	抹子		mə$^{55-31}$tsɿ$^{•}$
C08421	泥板(瓦工用来盛抹墙物的木板)		
			ni$^{31-55}$pã$^{•}$

	线搜板子		ɕiã^{31}səu^{214}pã$^{214-32}$tsɿ·
	抿板		miə̃$^{31-55}$pã· 把抹墙物往墙上抿的板子。
C08422	麻刀(抹墙用的碎麻,放在泥灰中增加凝聚力)		ma$^{55-35}$tɔ·
C08423	灰兜子		xuei^{214}təu$^{214-32}$tsɿ· 把灰放在～里，然后用绳拉上去，之后再把灰放在灰斗子里。
C08424	灰斗子		xuei^{214}təu$^{55-31}$tsɿ·
C08425	錾子	钢钎	kaŋ$^{214-24}$tɕʻiã^{214} 石匠们用它放在石头上，上面用锤打，使石头成形，也叫钎子。
C08426	砧子(打铁时垫铁块用)		tʂə̃$^{214-32}$tsɿ·
C08427	剃刀	刮脸刀子	kua^{55}liã^{55}tɔ$^{214-32}$tsɿ· 或 kʻua^{55}liã^{55}tɔ$^{214-32}$tsɿ·
C08428	推子		tʻuei$^{214-32}$tsɿ·
C08429	理发剪		li^{55}fa^{55}tɕiã^{55}
C08430	梳子		ʂu$^{214-32}$tsɿ·
C08431	鐾刀布	挡皮	taŋ^{55}pʻi^{55} 以前是布的，现在是皮的。
C08432	理发椅		li^{55}fa^{55}i^{55}
C08433	缝纫机		fəŋ^{55}ʐə̃^{31}tɕi^{214}
C08434	剪子		tɕiã$^{55-31}$tsɿ·
C08435	熨斗		yə̃^{31}təu^{55}
C08436	烙铁		luə$^{31-55}$tʻiə·
C08437	弓子(弹棉花的工具)		kuŋ$^{214-32}$tsɿ·
C08438	纺车	纺车子	faŋ$^{55-31}$tʂʻə·tsɿ·
C08439	织布机(旧式的)		tʂɿ^{55}pu^{31}tɕi^{214}
C08440	梭(织布用的)梭子		suə$^{214-32}$tsɿ·
C08500	(5)其他生活用品		
C08501	东西		tuŋ$^{214-32}$ɕi^{214}

		杭杭子	xaŋ$^{55-35}$xaŋ·tsɿ·（杭子）东西。指人时常用杭子，跟“你这东西”义同。如：你这杭子。
	杭杭		xaŋ$^{55-35}$xaŋ·小儿玩具。
	玩意儿		uã$^{55-35}$iei^{51}
	物件	物件儿	u^{31}tɕiɛ^{31}
C08502	洗脸水		ɕi^{55}liã^{55}ʂuei^{55}
C08503	脸盆	铜盆	t‘uŋ^{55}p‘ə̃^{55}以前的脸盆。
C08504	脸盆架		liã$^{55-31}$p‘ə̃·tɕia^{31}
C08505	澡盆		tsɔ$^{55-31}$p‘ə·
C08506	香皂	黑胰子	xei^{55}i$^{55-35}$tsɿ·黑的圆的洗脸用的。
C08507	肥皂	胰子	i^{55}tsɿ·从天津传过来的，民国以前，白俄罗斯闹革命，把富人赶到中国来，富人钱用完后，只好卖胰子。
C08508	洗衣粉		ɕi^{55}i^{55}fə̃^{55}
C08509	毛巾		mɔ$^{55-35}$tɕiə̃^{214}
C08510	脚盆(洗脚用的)		
		洗脚盆	ɕi^{55}tɕiɔ^{55}p‘ə̃^{55}
C08511	擦脚布		ts‘a^{55}tɕiɔ^{55}pu^{31}
C08512	气灯		tɕ‘i^{31}təŋ^{214}
C08513	蜡烛		la$^{31-55}$tʂu·
C08514	煤油灯(有玻璃罩的)		
		罩子灯	tʂɔ$^{31-55}$tsɿ·təŋ^{214}
C08515	灯心		təŋ$^{214-24}$ɕiə̃^{214}
C08516	灯罩		təŋ^{214}tʂɔ^{31}
C08517	灯盏		təŋ^{214}tʂã^{55}
C08518	灯草		təŋ^{214}ts‘ɔ^{55}
C08519	灯油		təŋ^{214}iəu^{55}
C08520	灯笼		təŋ$^{214-32}$luŋ·

C08521	手提包		ʂəu^{55}t‘i^{55}pɔ^{214}
C08522	钱包		tɕ‘iã^{55}pɔ^{214}
C08523	图章(私人用的)		
		印	iə̃^{31}
		戳子	tʂ‘uə$^{55-31}$tsɿ•
		手戳	ʂəu^{55}tʂ‘uə^{55}
C08524	望远镜		uaŋ$^{55-31}$yã^{55}tɕiŋ^{31}
C08525	糨糊	糨里	tɕiaŋ$^{31-55}$li•
C08526	顶针儿	顶指子	tiŋ$^{55-31}$tʂʅ•tsɿ•
C08527	线轴儿	线轴子	ɕiã^{31}tʂəu$^{55-35}$tsɿ•
C08528	针鼻儿(针上引线的孔)		
		针鼻子	tʂə̃^{214}pi$^{55-35}$tsɿ•
C08529	针尖		tʂə̃$^{214-24}$tɕiã^{214}
C08530	针脚		tʂə̃^{214}tɕiɔ^{55}
C08531	穿针(动宾)	认针	ʐə̃^{31}tʂə̃^{214}
C08532	锥子		tʂuei$^{214-32}$tsɿ•
C08533	耳挖子	耳抠子	ɭə^{55}k‘əu$^{214-32}$tsɿ•
C08534	洗衣板儿	洗衣板	ɕi^{55}i$^{214-24}$pã^{214}
C08535	棒槌(洗衣服用的)		paŋ$^{31-55}$tʂ‘uei•
C08536	鸡毛掸子		tɕi^{214}mɔ^{55}t‘ã$^{214-32}$tsɿ•
C08537	扇子		ʂã$^{31-55}$tsɿ•
C08538	蒲扇	芭蕉叶子	pa^{55}tɕiɔ^{214}iə$^{31-55}$tsɿ•
C08539	拐杖(中式的)	拄帮	tʂu$^{55-31}$paŋ•
C08541	手纸	擦腚纸	ts‘a^{55}tiŋ^{31}tʂʅ^{55}

8.9 称谓

C09100	(1)一般称谓		
C09101	男人	男的	nã$^{55-35}$tei•
C09102	女人	女的	ny$^{55-31}$tei•

C09103	婴儿(刚生下不久的)	月孩子	yə$^{31-55}$xɛ·tsɿ·
C09104	小孩儿	小孩子	ɕiɔ^{55}xɛ$^{55-35}$tsɿ·
C09105	男孩儿	男孩子	nã^{55}xɛ$^{55-35}$tsɿ·
C09106	女孩儿	女孩子	ny^{55}xɛ$^{55-35}$tsɿ·
C09107	老头儿	老头	lɔ^{55}tʻəu^{55}儿子背称爹老头。别人也可用“你老头”指代“你爹”。
C09108	老头子(带贬意)		lɔ^{55}tʻəu$^{55-35}$tsɿ·
C09109	老太婆	老娘子	lɔ^{55}niaŋ$^{55-35}$tsɿ·
C09110	小伙子		ɕiɔ^{55}xuə$^{55-31}$tsɿ·
C09111	城里人		tʂʻəŋ$^{55-35}$li·ʐə̃^{55}或tʂʻəŋ$^{55-35}$ni·ʐə̃^{55}
C09112	乡巴佬(带贬意)		ɕiaŋ^{214}pa^{55}lɔ^{55}
C09113	乡下人		ɕiaŋ^{214}ɕia^{31}ʐə̃^{55}
C09114	一家子(同宗同姓的)		i^{214}tɕia$^{214-32}$tsɿ·
C09115	外地人		uɛ^{31}ti^{31}ʐə̃^{55}
C09116	本地人		pə̃^{55}ti^{31}ʐə̃^{55}
C09117	外国人	洋人	iaŋ^{55}ʐə̃^{55}
	洋鬼子		iaŋ^{55}kuei$^{55-31}$tsɿ·
C09118	自己人		tsɿ^{55}tɕi^{214}ʐə̃^{55}
C09119	外人(不是自己人)		uɛ^{31}ʐə̃^{55}
C09120	客人	客	kʻei^{55}客人，还特指女婿。
C09121	同庚	同岁	tʻuŋ^{55}suei^{31}
C09122	内行		nei^{31}xaŋ^{55}
C09123	外行		uɛ^{31}xaŋ^{55}
C09124	半瓶醋(比喻性说法)		pã^{31}pʻiŋ^{55}tsʻu^{31}
C09126	单身汉	光棍子	kuaŋ^{214}kuə̃$^{31-55}$tsɿ·
C09127	老姑娘	老闺女	lɔ^{55}kuə̃$^{214-32}$ny·
C09128	童养媳	团圆媳妇子	tʻuã$^{55-35}$yã·ɕi$^{55-31}$fu·tsɿ·
C09129	二婚头		ɭə^{31}xuə̃^{214}tʻəu^{55}

		二茬	ɭə^{31}tʂʻa^{55}
C09130	寡妇		kua$^{55-31}$fu·
C09131	婊子		piɔ$^{55-31}$tsɿ·
C09132	姘头	老相好	lɔ^{55}ɕiaŋ^{55}xɔ^{55}
		老伙计	lɔ^{55}xuə^{55}tɕi^{214}
		老朋友	lɔ^{55}pəŋ$^{55-35}$iəu·
	搭伙计		ta^{55}xuə^{55}tɕi^{214} 以前农村光棍和寡妇没举行仪式就同居还能养子。
C09133	私生子	私孩子	tsɿ$^{214-32}$xɛ·tsɿ·
C09134	囚犯	坐公安局的	tsuə^{31}kuŋ$^{214-24}$ŋã^{214}tɕy$^{55-35}$tei·
C09136	暴发户儿	暴发户	pɔ^{31}fa^{55}xu^{31}
C09138	败家子		pɛ^{31}tɕia$^{214-24}$tsɿ^{55}
C09139	乞丐	要饭的	iɔ^{31}fã$^{31-55}$tei·
C09140	走江湖的		tsəu^{55}tɕiaŋ$^{214-32}$xu$^{55-35}$tei·
C09141	骗子		pʻiã$^{31-55}$tsɿ·
C09142	流氓	流球	liəu$^{55-35}$tɕʻiəu·
C09143	拍花子的（专门拐带小孩的）	人贩子	ʐə̃^{55}fã$^{31-55}$tsɿ·
C09144	土匪		tʻu^{55}fei^{214}
C09145	强盗		tɕʻiaŋ$^{55-35}$tɔ·
C09146	贼		tsei^{55}
C09147	扒手	小偷	ɕiɔ^{55}tʻəu^{214}
		提头子的	tʻi^{55}tʻəu^{55}tsɿ·tei·
		三只手	sã$^{214-24}$tʂɿ^{214}ʂəu^{55}
C09200	(2)职业称谓		
C09201	工作	投向(旧，只能作名词)	tʻəu$^{55-35}$ɕiaŋ·你找～了吗？好好的～捞不着干了。
C09202	工人		kuŋ^{214}ʐə̃^{55}

C09203	雇工	觅汉	mi$^{31-55}$xã•
C09204	长工		tʂʻaŋ$^{55-35}$kuŋ•
C09205	短工		tuã$^{55-31}$kuŋ•
C09206	零工		liŋ$^{55-35}$kuŋ•
C09207	农民	种地的	tʂuŋ^{31}ti$^{31-55}$tei•
C09208	做买卖的		tʂu^{31}mɛ$^{55-31}$mɛ•ti
C09209	老板	掌柜的	tʂaŋ^{55}kuei$^{31-55}$ti•
C09210	东家		tuŋ$^{214-32}$tɕia^{214}
C09211	老板娘		lɔ^{55}pã^{55}niaŋ^{55}
C09212	伙计(店员或长工)		xuə^{55}tɕi^{31}
C09214	学徒		ɕyə^{55}tʻu^{55}
C09214	顾客		ku^{31}kʻə^{31}
C09215	小贩		ɕiɔ^{55}fã^{31}
C09216	摊贩		tʻã^{214}fã^{31}
C09217	(私塾)教书先生		tɕiɔ$^{214-24}$ʂu^{214}ɕiã$^{214-32}$ʂəŋ•
C09218	(学校)教员	教师	tɕiɔ^{31}ʂʅ^{214}
C09219	学生		ɕyə$^{55-35}$ʂəŋ•
C09220	同学		tʻuŋ^{55}ɕyə^{55}
C09221	朋友		pʻəŋ$^{55-35}$iəu•
C09222	兵(相对百姓而言)	当兵的	taŋ^{55}piŋ$^{214-32}$ti•
C09223	警察		tɕiŋ^{55}tʂʻa^{55}
C09224	医生		i$^{214-24}$ʂəŋ^{214}
C09225	司机	开车的	kʻɛ^{214}tʂʻə$^{214-32}$tei•
C09226	手艺人	要手艺的	ʂua^{55}ʂəu^{55}i$^{31-55}$ti•
C09227	木匠		mu$^{31-55}$tɕiaŋ•
C09228	瓦匠(砌墙、抹墙的)		ua$^{31-55}$tɕiaŋ•
C09229	锡匠	锡壶匠	ɕi^{214}xu^{55}ɕiaŋ•
C09230	铜匠		tʻuŋ^{55}tɕiaŋ•
C09231	铁匠		tʻiə^{55}tɕiaŋ•

C09232	补锅的		pu^{55}kuə$^{214-32}$tei•
C09233	焊洋铁壶的		xã^{31}iaŋ^{55}tʻiə^{55}xu^{55}tei•
C09234	裁缝（做衣服的）		tsʻɛ$^{55-35}$fəŋ•
C09235	理发员（调查旧名称）		
		剃头匠	tʻi^{31}tʻəu^{55}tɕiaŋ• ~说梦话光悠悠。
C09236	屠户	杀把子	ʂa$^{55-31}$pa•tsɿ•
C09237	脚夫（搬运夫的旧称）		
		搬运工	pã^{214}yə̃^{31}kuŋ^{214}
C09238	挑夫		tʻiɔ$^{214-32}$fu•
C09239	轿夫		tɕiɔ^{31}fu^{214}
C09241	管家		kuã$^{55-31}$tɕia•
C09242	伙计（合作的人）		xuə$^{55-31}$tɕi•
C09243	厨师		tʂʻu^{55}ʂʅ^{214}
	厨子		tʂʻu$^{55-35}$tsɿ•
C09244	饲养员（调查旧名称）		
		马夫	ma$^{55-31}$fu• 养牛的等也在内。
C09245	奶妈		nɛ^{55}ma^{214}
C09247	仆人		pʻu^{55}ʐə̃^{55}
C09249	丫环		ia^{214}xuã^{55}
C09250	接生婆	老娘婆	lɔ$^{55-31}$niaŋ•pʻə•
C09251	和尚		xuə$^{55-35}$ʂaŋ•
C09252	尼姑	姑子	ku$^{214-32}$tsɿ•
C09253	道士（出家的道教徒）		tɔ$^{31-55}$ʂʅ•

8.10 亲属

C10100	（1）长辈		
C10102	曾祖父	老爷爷	lɔ^{55}iə$^{214-32}$iə•
C10103	曾祖母	老奶奶	lɔ^{55}nɛ$^{55-31}$nɛ•
C10104	祖父	爷爷	iə$^{214-32}$iə•

C10105	祖母	奶奶	nɛ$^{55-31}$nɛ$^{\bullet}$
C10106	外祖父	姥娘	lɔ$^{55-31}$niaŋ$^{\bullet}$
C10107	外祖母	姥爷	lɔ$^{55-31}$iə$^{\bullet}$
C10108	父亲	爹	tiə^{214}
C10109	母亲	娘	niaŋ^{55}
C10110	岳父	爹	tiə^{214}面称。
		丈人	tʂaŋ$^{31-55}$ʐə̃$^{\bullet}$背称。
		丈母爷	tʂaŋ$^{31-55}$mu$^{\bullet}$iə^{55}背称。
C10111	岳母	娘	niaŋ^{55}面称。
		丈母娘	tʂaŋ$^{31-55}$mu$^{\bullet}$niaŋ^{55}背称。
C10112	公公(夫之父)		kuŋ$^{214-32}$kuŋ$^{\bullet}$背称。
		爹	tiə^{214}面称。
C10113	婆婆(夫之母)		pʻə$^{55-35}$pʻə$^{\bullet}$背称。
		娘	niaŋ^{55}面称。
C10114	继父	爹	tiə^{214}面称，现在也叫伯伯。
C10115	继母	娘	niaŋ^{55}面称，现在也叫姨。
C10116	伯父	大爷	ta^{31}iə^{55}
C10117	伯母	大娘	ta^{31}niaŋ^{55}
C10118	叔父	叔	ʂu^{55}
C10119	叔母	婶子	ʂə̃$^{55-31}$tsɿ$^{\bullet}$
C10120	舅父	舅	tɕiəu^{31}
C10121	舅母	妗子	tɕiə̃$^{214-32}$tsɿ$^{\bullet}$
C10122	姑妈	姑	ku^{214}
C10123	姨妈	姨	i^{55}
C10124	姑夫		ku$^{214-32}$fu$^{\bullet}$
C10125	姨夫		i$^{55-35}$fu$^{\bullet}$
C10126	姻伯（弟兄的岳父,姐妹的公公）		
		大爷	ta^{31}iə^{55}
C10127	姑奶奶(父之姑母)		ku^{214}nɛ$^{214-32}$nɛ$^{\bullet}$
C10128	姨奶奶(父之姨母)		

		姨姥娘	i^{55}lɔ$^{214-32}$niaŋ·也包括妈妈的姨。妈妈的姑叫姑姥娘。
C10200	(2)平辈		
C10201	平辈		p‘iŋ^{214}pei^{31}
C10202	夫妻	老婆汉子	lɔ$^{55-31}$p‘ə·xã$^{31-55}$tsʅ·
		两口子	liaŋ^{55}k‘əu$^{55-31}$tsʅ·
C10203	夫	汉子	xã$^{31-55}$tsʅ·
		俺(家)的	ŋã^{55}tɕia$^{214-32}$tei·
		俺小孩他爸爸	ŋã^{55}ɕiɔ^{55}xɛ^{55}t‘a^{55}pa^{35}pa·
C10204	妻	俺(家)那杭子	ŋã^{55}tɕia^{214}na^{31}xaŋ$^{55-35}$tsʅ·
		俺老婆	ŋã^{55}lɔ$^{55-31}$p‘ə·
C10205	小老婆		ɕiɔ$^{55-31}$lɔ·p‘ə·男人的第二个老婆。
			ɕiɔ^{55}lɔ$^{55-31}$p‘ə·年轻的妇女。
		小媳妇	ɕiɔ^{55}ɕi$^{214-32}$fu·
		小妇女	ɕiɔ^{55}fu^{31}ny^{55}
C10206	大伯子(夫之兄)		
		大伯哥	ta$^{31-55}$pei·kuə^{214}
C10207	小叔子(夫之弟)		ɕiɔ$^{55-31}$ʂu$^{55-31}$tsʅ·
C10208	大姑子(夫之姐)		ta$^{31-55}$ku$^{214-32}$tsʅ·
C10209	小姑子(夫之妹)		ɕiɔ$^{55-31}$ku$^{214-32}$tsʅ·
C10210	内兄弟(妻之兄弟)		
		舅子(背称)	tɕiəu$^{31-55}$tsʅ·
C10211	内兄	哥哥	kuə$^{214-32}$kuə·
C10214	大姨子		ta^{31}i$^{55-35}$tsʅ·
C10214	小姨子		ɕiɔ^{55}i$^{55-35}$tsʅ·
C10215	弟兄		ti$^{31-55}$ɕyŋ·
C10216	姊妹		tsʅ$^{55-31}$mei·
C10217	哥哥		kuə$^{214-32}$kuə·

C10218	嫂子		sɔ$^{55-31}$tsɿ·
C10219	弟弟	兄弟	ɕyŋ$^{214-32}$ti·
C10220	弟媳	弟妹家	ti^{31}mei$^{31-55}$tɕia·
C10221	姐姐		tɕiə$^{55-31}$tɕiə·
C10222	姐夫		tɕiə$^{55-31}$fu·
C10223	妹妹		mei$^{55-31}$mei·
C10224	妹夫		mei$^{31-55}$fu·
C10225	堂兄弟	叔兄弟	ʂu^{55}ɕyŋ^{214}ti^{31}
		叔伯兄弟	ʂu^{55}pei^{55}ɕyŋ^{214}ti^{31}
C10226	堂兄	叔伯哥哥	ʂu^{55}pei^{55}kuə$^{214-32}$kuə^{214}
C10227	堂弟	叔伯弟弟	ʂu^{55}pei^{55}ti$^{31-55}$ti·
C10228	堂姊妹	叔伯姊妹	ʂu^{55}pei^{55}tsɿ$^{55-31}$mei·
C10229	堂姐	叔伯姐姐	ʂu^{55}pei^{55}tɕiə$^{55-31}$tɕiə·
C10230	堂妹	叔伯妹妹	ʂu^{55}pei^{55}mei$^{31-55}$mei·
C10231	表兄弟	表兄弟	piɔ^{55}ɕyŋ^{214}ti^{31}
C10232	表兄	表哥哥	piɔ^{55}kuə$^{214-32}$kuə·
C10233	表嫂		piɔ^{55}sɔ^{55}
C10234	表弟		piɔ^{55}ti^{31}
C10235	表姊妹		piɔ^{55}tsɿ$^{55-31}$mei·
C10236	表姐		piɔ^{55}tɕiə^{55}
C10237	表妹		piɔ^{55}mei^{31}
C10300	(3)晚辈		
C10301	晚辈		uã^{55}pei^{31}
C10302	子女(儿子和女儿的总称)		
		儿女	ɭə^{55}ny^{55}
C10303	儿子	儿	ɭə^{55}
C10304	大儿子	大儿	ta^{31}ɭə^{55}
C10305	小儿子	小儿	ɕiɔ^{55}ɭə^{55}
C10306	养子	儿	ɭə^{55}
C10307	儿媳妇(儿之妻)		ɭə^{55}ɕi$^{214-32}$fu·现在面称叫姓或名，

			以前就叫排行加家，如老二家，或者丈夫名加家如红泉家。
C10308	女儿	闺女	kuə̃$^{214-32}$ny·
C10309	女婿	闺女女婿	kuə̃$^{214-32}$ny^{55}ny$^{55-31}$ɕy·
C10310	孙子		suə̃$^{214-32}$tsɿ·
C10311	孙媳妇	孙子媳妇	suə̃$^{214-32}$tsɿ^{55}ɕi$^{214-32}$fu·
C10312	孙女		suə̃$^{214-32}$ny·
C10313	孙女婿	孙女女婿	suə̃$^{214-32}$ny·ny$^{55-31}$ɕy·
C10316	外孙(女之子)	外甥	uɛ$^{31-55}$ʂəŋ·
C10317	外孙女(女之女)		
		外甥闺女	uɛ$^{31-55}$ʂəŋ·kuə̃$^{214-32}$ny·
C10319	外甥女(姐妹之女)		
		外甥闺女	uɛ$^{31-55}$ʂəŋ·kuə̃$^{214-32}$ny·
C10320	侄子		tʂʅ$^{55-35}$tsɿ·
		侄儿	tʂei^{55}
C10321	侄女		tʂʅ$^{55-35}$ny·
C10322	内侄(妻的兄弟之子)		
		娘家侄子	niaŋ$^{55-35}$tɕia·tʂʅ$^{55-35}$tsɿ·
C10323	内侄女(妻的兄弟之女)		
		娘家侄女	niaŋ$^{55-35}$tɕia·tʂʅ$^{55-35}$ny·
C10400	(4)其他称谓		
C10401	连襟	拉不平	la^{55}pu^{214}p‘iŋ^{55}
		一拉盖	i^{214}la^{55}kɛ^{31}
		襟兄	tɕiə̃$^{214-24}$ɕyŋ^{214}
		襟弟	tɕiə̃^{214}ti^{31}
C10403	亲家母	亲家婆	tɕ‘iə̃$^{214-32}$tɕia^{214}p‘ə^{55}(可面称)
C10404	亲家翁	亲家公	tɕ‘iə̃$^{214-32}$tɕia^{214}kuŋ^{214}
C10405	亲戚		tɕ‘iə̃$^{214-32}$tɕ‘i^{214}
C10406	带犊儿(妇女改嫁带的子女)		
		带犊子	tɛ$^{31-55}$tu$^{55-35}$tsɿ·

C10407 爷儿们(男子通称)

爷们儿 iə$^{55-35}$mei·

C1040 娘儿们(妇女通称)

娘们儿 niaŋ$^{55-35}$mei·

C10409 娘家 niaŋ$^{55-35}$tɕia·

C10411 男家(从外人角度说,婚姻关系中的男方)

她婆家那头 t‘a^{55}p‘ə$^{55-35}$tɕia·na^{31}t‘əu^{55}

C10412 女家(从外人角度说,婚姻关系中的女方)

她娘家那头 t‘a^{55}niaŋ$^{55-35}$tɕia·na^{31}t‘əu^{55}

C10413 姥姥家 姥娘家 lɔ$^{55-31}$niaŋ·tɕia^{214}

C10414 丈人家 丈母娘家 tʂaŋ$^{31-55}$mu·niaŋ$^{55-35}$tɕia·

8.11 身体

C11100 (1)五官

C11103 头 脑袋 nɔ$^{55-31}$tɛ·

C11104 奔儿头(前额生得向前突)

奔篓头 pə̃^{31}ləu^{55}t‘əu^{55}

C11105 秃头(头发掉光了的头)t‘u^{55}t‘əu^{55}

C11106 秃顶(掉了大量头发的头)

秃头顶 t‘u^{55}t‘əu^{55}tiŋ^{55}

C11108 后脑勺子 后奔篓 xəu^{31}pə̃^{31}ləu^{55}

C11109 颈 脖子 pə$^{55-35}$tsɿ·

脖棱梗子 pə$^{55-35}$ləŋ·kəŋ$^{55-31}$tsɿ·

C11110 后脑窝子(颈后凹处) xəu^{31}nɔ^{55}uə$^{214-32}$tsɿ·

C11111 头发 t‘əu$^{55-35}$fa·

C11112 少白头 ʂɔ^{55}pei^{55}t‘əu^{55}

C11113 掉头发(动宾) tiɔ^{31}t‘əu$^{55-35}$fa·

C11114 额 夜拉盖 iə^{31}la^{55}kɛ^{31}

C11115 囟门 头囟子 t‘əu^{55}ɕiə̃$^{31-55}$tsɿ·

C11116	鬓角	鬓	piə̃^{31}
C11117	辫子		piã$^{31-55}$tsʅ$^{\bullet}$
C11118	髻(中老年人盘在脑后的鬏)		
		纂	tsuã^{55}老婆们盘在脑后的髻。
	鬏		tɕiəu^{214}小孩扎在脑后的小辫子，为了长命。
C11119	刘海儿	汗溜子	xã^{31}liəu$^{31-55}$u$^{\bullet}$
C11120	脸		liã^{55}
C11121	脸蛋儿	脸蛋	liã^{55}tã^{31}
C11123	酒窝		tɕiəu^{55}uə^{214}
C11124	人中		ʐə̃^{55}tʂuŋ^{214}
C11125	腮帮子		sɛ^{214}paŋ$^{214-32}$tsʅ$^{\bullet}$
C11126	眼		iã^{55}
C11127	眼眶		iã^{55}k‘uaŋ^{31}
C11128	眼珠儿	眼珠	iã^{55}tʂu^{214}
C11129	白眼珠儿	白眼珠	pei^{55}iã^{55}tʂu^{214}
C11130	黑眼珠儿	黑眼珠	xei^{214}iã^{55}tʂu^{214}
C11132	眼角儿(上下眼睑的结合处)		
		眼角	iã^{55}tɕia^{55}
C11133	大眼角(眼角儿靠近鼻子的部位)		
			ta^{31}iã^{55}tɕia^{55}
C11134	眼圈儿		iã^{55}tɕ‘yɛ^{214}
C11135	眼泪		iã^{55}luei^{31}
C11136	眼眵		iã^{55}tʂ‘ʅ^{214}
C11137	眼皮儿	眼皮	iã^{55}p‘i^{55}
C11138	单眼皮儿	单眼皮	tã^{214}iã^{55}p‘i^{55}
C11139	双眼皮儿	双眼皮	ʂuaŋ^{214}iã^{55}p‘i^{55}
C11140	眼睫毛	眼之毛	iã^{55}tʂʅ^{55}mɔ^{55}
C11141	眉毛		mei$^{55-35}$mɔ$^{\bullet}$
C11142	皱眉头(动宾)	犟眉头	tɕiaŋ^{31}mei^{55}t‘əu^{55}

C11143 鼻子(五官之一) pi$^{55-35}$tsɿ·

C11144 鼻涕(液体) 鼻子 pi$^{55-35}$tsɿ·

C11145 干鼻涕(鼻垢)鼻嘎炸 pi$^{55-35}$ka·tʂa·

C11146 鼻孔 鼻子眼子 pi$^{55-35}$tsɿ·iã$^{55-31}$tsɿ·

C11147 鼻毛 pi^{55}mɔ^{55}

C11148 鼻子尖儿(鼻子顶端)

鼻子尖子 pi$^{55-35}$tsɿ·tɕiã$^{214-32}$tsɿ·

C11149 鼻子尖(嗅觉灵敏) pi$^{55-35}$tsɿ· tɕiã^{214}

C11150 鼻梁儿 鼻梁骨 pi$^{55-31}$liaŋ·ku^{55}

C11152 酒糟鼻子 酒渣鼻 tɕiəu$^{214-32}$tʂa^{214}pi^{55}

C11153 嘴 口 k'əu^{55}

C11154 嘴唇儿 嘴唇 tʂuei^{55}tʂ'uə̃^{55}

C11155 唾沫 t'u$^{31-55}$mə·

C11156 唾沫星儿 唾沫星 t'u$^{31-55}$mə^{55}ɕiŋ^{214}

C11158 舌头 ʂə$^{55-35}$t'əu·

舌根子 ʂə$^{55-35}$kə̃·tsɿ·嚼～:造谣生事。

C11159 舌苔 ʂə^{55}t'ɛ^{214}

C11160 大舌头(口齿不清)

半哑子 pã$^{31-55}$ia$^{214-32}$tsɿ·

咬舌子 iɔ$^{55-31}$ʂə·tsɿ·

口舌不清 k'əu^{55}ʂə^{55}pu$^{214-24}$tɕ'iŋ^{214}

C11161 牙 ia^{55}

C11162 门牙 mə̃$^{55-35}$ia·

C11163 大牙 ta$^{31-55}$ia·

C11164 虎牙 xu^{55}ia^{55}

C11166 牙床 牙花子 ia^{55}xua$^{214-32}$tsɿ·

牙茬骨根子

ia^{55}tʂ'a$^{55-35}$ku·kə̃$^{214-32}$tsɿ·

C11168 耳朵 ɭə$^{55-31}$tɔ·

C11169 耳朵眼儿 耳朵眼 ɭə$^{55-31}$tɔ·iã^{55}

C11170	耳屎	耳碎	ɭə$^{55-31}$suei·
C11172	下巴	下巴壳子	ɕia$^{31-55}$pa·k‘uə$^{55-31}$tsɿ·
C11200	(2)手、脚、胸、背		
C11201	肩膀	肩	tɕiã^{214}
C11204	胳膊		kuə$^{55-31}$p‘ə·
C11205	胳膊肘儿	胳膊腕子	kuə^{55}p‘ə·uã$^{31-55}$ɿ·
C11206	胳肢窝		ka^{55}tʂ‘ʅ^{31}uə^{214}
	胳肢		ka^{55}tʂ‘ʅ^{55}
C11207	手腕子		ʂəu^{55}uã$^{31-55}$tsɿ·
C11214	手趼子	冈子	kaŋ$^{55-31}$ɿ·
C11214	大拇指		ta^{55}mu^{55}tʂʅ^{55}
C11221	手指头肚儿(手指末端有指纹的略微隆起的部分)		
		手指头肚子	ʂəu^{55} tʂʅ$^{55-31}$t‘əu· tu$^{31-55}$tsɿ·
		指头肚子	tʂʅ^{55}t‘əu^{55}tu$^{31-55}$tsɿ·
		脚指头肚子	tɕiɔ^{55}tʂʅ^{55}t‘əu^{55}tu$^{31-55}$tsɿ·
C11222	拳头	拳	tɕ‘yã^{55}
C11223	手掌	巴掌	pa^{214}tʂaŋ^{55}
C11225	手心		ʂəu^{55}ɕiə̃^{214}
C11226	手背		ʂəu^{55}pei^{31}
C11227	腿(整条腿)		t‘uei^{55}
C11228	大腿		ta$^{31-55}$t‘uei·
C11229	大腿根儿		ta^{31}t‘uei^{55}kə̃^{214}
C11230	小腿		ɕiɔ^{55}t‘uei^{55}
C11231	腿肚子		t‘uei^{55}tu$^{31-55}$tsɿ·
C11233	膝盖	拨拉盖	pə$^{55-31}$la·kɛ^{31}
C11234	胯骨	胯子	kua$^{31-55}$tsɿ·
		大胯	ta^{31}kua^{31}
C11235	裆(两条腿的中间)		taŋ^{214}

	鸡裆		tɕi$^{214-24}$taŋ^{214}鸡开裆了就是要下蛋了。
C11236	屁股	腚锤子	tiŋ^{31}t‘uei$^{55-35}$tsɿ·
C11237	肛门	腚眼子	tiŋ^{31}iã$^{55-31}$tsɿ·
C11239	屁股沟儿	腚沟	tiŋ^{31}kəu^{214}
C11240	尾骨	尾巴骨根子	i$^{55-31}$pa·ku·kə̃$^{214-32}$tsɿ·
C11241	鸡巴(男阴)	鸭子	ia^{55}tsɿ^{55}
		球	tɕ‘iəu^{55}
		球蛋	tɕ‘iəu^{55}tã^{31}
C11242	鸡鸡(赤子阴)	小鸡儿鸡儿	ɕiɔ^{55}tɕiei$^{214-32}$tɕiei^{214}
C11244	交合	交配	tɕiɔ^{214}p‘ei^{31}
		办好事儿	pã^{31}xɔ^{55}ʂei^{31}
C11245	精液	熊	ɕyŋ^{55}
C11246	脚腕子		tɕiɔ^{55}uã$^{31-55}$tsɿ·
C11248	脚		tɕiɔ^{55}
C11249	赤脚	光脚丫	kuaŋ^{214}tɕiɔ^{55}ia^{214}
C11250	脚背	脚面子	tɕiɔ^{55}miã$^{31-55}$tsɿ·
C11252	脚心		tɕiɔ^{55}ɕiə̃^{214}
C11254	脚趾头		tɕiɔ^{55}tʂʅ$^{214-32}$t‘əu·
C11255	脚趾甲		tɕiɔ^{55}tʂʅ$^{214-32}$tɕia·
C11256	脚跟(儿)	脚跟	tɕiɔ^{55}kə̃^{214}
	脚懒筋		tɕiɔ^{55}lã$^{55-31}$tɕiə̃·
C11257	脚印儿	脚印	tɕiɔ^{55}iə̃^{31}
C11258	鸡眼(一种脚病)		tɕi$^{214-32}$iã·
C11259	心口儿	心口	ɕiə̃^{214}k‘əu^{55}
C11260	胸脯		ɕyŋ$^{214-32}$p‘u·
C11261	肋骨		luei^{31}ku^{55}
C11262	乳房	妈妈	ma$^{214-32}$ma^{214}

C11264	肚子(腹部)		tu$^{31-55}$tsɿ·
C11265	小肚子(小腹)		ɕiɔ^{55}tu$^{31-55}$tsɿ·
C11266	肚脐眼		pu$^{55-35}$tɕʻi·iɛ^{55}
C11267	腰		iɔ^{214}
C11268	脊背		tɕi^{55}pei^{31}
C11269	脊梁骨		tɕi$^{55-31}$iaŋ·ku^{55}
C11300	(3)其他		
C11301	头发旋儿	旋	ɕuã^{31}
C11302	双旋儿	两个旋	liaŋ^{214}kuə^{31}ɕuã^{31}
C11304	斗(圆形的指纹)		təu^{55}
C11305	箕(簸箕形的指纹)	簸箕	pə^{55}tɕʻi·
C11306	寒毛		xã^{55}mɔ^{55}
C11308	痣		tʂʅ^{31}
C11309	骨		ku^{55}
C11310	筋		tɕiə̃^{214}
C11311	血		ɕiə^{55}
C11312	血管		ɕiə^{55}kuã^{55}
C11313	脉		mei^{31}
C11314	五脏		u^{55}tsaŋ^{31}
C11315	心		ɕiə̃^{214}
C11316	肝		kã^{214}
C11317	肺		fei^{31}
C11318	胆		tã^{55}
C11319	脾		pʻi^{55}
C11320	胃		uei^{31}
C11321	肾	腰子	iɔ$^{214-32}$ɿ·
C11322	肠	肠子	tʂʻaŋ$^{55-35}$ɿ·
C11323	大肠		ta^{31}tʂʻaŋ^{55}
C11324	小肠		tɕiɔ^{55}tʂʻaŋ^{55}

C11325	盲肠		maŋ^{55}tʂ'aŋ^{55}

8.12 疾病、医疗

C12100	(1)一般用语		
C12101	病了		piŋ$^{31-55}$liə$^{\cdot}$
		不待动弹	pu^{214}tɛ^{31}tuŋ$^{31-55}$t'ã$^{\cdot}$
C12102	小病		ɕiɔ^{55}piŋ^{31}
C12107	医(病)	治病	tʂʅ^{55}piŋ^{31}
C12108	看病		kã^{31}piŋ^{31}
C12109	号脉	试脉	ʂʅ^{31}mei^{31}
C12110	开药方子	开药方	k'ɛ^{214}iɔ^{31}faŋ^{214}
C12111	偏方儿	偏方	p'iã$^{214-24}$faŋ^{214}
C12112	抓药(中药)		tʂua^{214}iɔ^{31}
C12113	买药(西药)		mɛ^{55}iɔ^{31}
C12114	(中)药铺		iɔ^{31}p'u^{31}
C12115	药房(西药)		iɔ^{31}faŋ^{55}
C12116	药引子		iɔ^{31}iə̃$^{214-32}$ʅ$^{\cdot}$
C12117	药罐子		iɔ^{31}kuə$^{214-32}$tsʅ$^{\cdot}$
C12118	煎药(动宾)		tɕiã^{214}iɔ^{31}
C12119	药膏(西药)		iɔ^{31}kɔ^{214}
C12120	膏药(中药)		kɔ$^{214-32}$iɔ^{55}
C12121	药面儿(药粉)	药面子	iɔ^{31}miã$^{31-55}$tsʅ$^{\cdot}$
C12123	上药(动宾)		ʂaŋ^{31}iɔ^{31}
	换药		xuã^{31}iɔ^{31}
C12124	发汗		fa^{55}xã^{31}
C12125	去风		tɕ'y^{31}fəŋ^{214}
C12126	去火		tɕ'y^{31}xuə^{55}
C12127	去湿		tɕ'y^{31}ʂʅ^{55}
C12128	去毒		tɕ'y^{31}tu^{55}

C12129	消食		ɕiɔ^{214}ʂʅ^{55}
C12140	扎针		tʂa^{55}tʂə̃^{214}
C12141	拔火罐子		pa^{55}xuə^{55}kuã$^{31-55}$tsɿ$^{•}$
C12200	(2)内科		
C12201	泻肚	拉肚子	la^{214}tu$^{31-55}$tsɿ$^{•}$
C12202	发烧		fa^{55}ʂɔ^{214}
C12203	发冷		fa^{55}ləŋ^{55}
C12205	伤风	冻着了	tuŋ$^{31-55}$tʂɔ$^{•}$liə$^{•}$
C12208	气管炎	痨病	lɔ$^{55-35}$piŋ$^{•}$
C12209	中暑	热着了	zə$^{31-55}$tʂɔ$^{•}$liə$^{•}$
C12210	上火		ʂaŋ^{31}xuə^{55}
C12211	积滞	撑着了	tʂ‘əŋ$^{214-32}$tʂɔ$^{•}$liə$^{•}$
C12212	肚子疼		tu^{55}tsɿ^{55}t‘əŋ^{55}
C12214	胸口疼		ɕyŋ^{214}k‘əu^{55}t‘əŋ^{55}
C12214	头晕		t‘əu^{55}yə̃^{214}
C12215	晕车		yə̃$^{214-24}$tʂ‘ə^{214}
C12216	晕船		yə̃^{214}tʂ‘uə̃^{55}
C12217	头疼		t‘əu^{55}t‘əŋ^{55}
C12218	恶心(要呕吐)		ŋə^{31}ɕiə̃$^{•}$
C12220	干哕		kã$^{214-32}$yə^{214}
C12221	疝气	偏坠	p‘iã^{214}tʂuei^{31}
C12222	脱肛	掉腚	tiɔ^{31}tiŋ^{31} 直肠脱出。长时间蹲着或拉肚子会～。
C12223	子宫脱垂		tsɿ^{55}kuŋ^{214}t‘uə^{55}tʂ‘uei^{55}
C12224	发疟子(疟疾发作)		
		发皮汗	fa^{55}p‘i$^{55-35}$xã$^{•}$
		打摆子	ta^{55}pɛ$^{55-31}$tsɿ$^{•}$
C12225	霍乱	转筋	tʂuã^{31}tɕiə̃^{214}
C12226	(出)麻疹	生疹子	ʂəŋ^{214}tʂə̃$^{214-32}$tsɿ$^{•}$
C12227	(出)水痘	生痘子	ʂəŋ^{214}təu$^{31-55}$tsɿ$^{•}$

C12228	(出)天花	生斑子	ʂəŋ^{214}pã$^{214-32}$tsɿ•
C12229	种痘	种斑子	tʂuŋ^{31}pã$^{214-32}$tsɿ•
C12230	伤寒		ʂaŋ^{214}xã^{55}
C12231	黄疸		xuaŋ^{55}tã^{55}
C12232	肝炎		kã^{214}iã^{55}
C12233	肺炎		fei^{31}iã^{55}
C12234	胃病		uei^{31}piŋ^{31}
C12235	盲肠炎	阑尾炎	lã^{55}uei^{55}iã^{55}
C12236	痨病(中医指结核病)		
		痨病(男人)	lɔ$^{55-35}$piŋ•
		细病(女人)	ɕi$^{31-55}$piŋ•女人消瘦咳嗽，严重者不来月经。
C12300	(3)外科		
C12301	跌伤		tiə^{55}ʂaŋ^{214}
C12302	碰伤		p‘əŋ^{31}ʂaŋ^{214}
C12303	蹭破皮儿	蹭破皮	ts‘əŋ^{55}p‘ə^{31}p‘i^{55}
C12304	刺个口子		ts‘ɿ^{31}kuə•k‘əu$^{55-31}$tsɿ•
C12305	出血		tʂ‘u^{55}ɕiə^{55}
C12306	淤血		y^{214}ɕiə^{55}
C12307	红肿		xuŋ^{55}tʂuŋ^{214}
C12308	溃脓		k‘uei^{31}nuŋ^{55}
C12309	结痂		tɕiə^{55}tɕia^{55}
C12310	疤		pa^{214}
C12311	腮腺炎	炸腮	tʂa$^{31-55}$sɛ•
C12312	长疮(动宾)		tʂaŋ^{55}tʂ‘aŋ^{214}
C12314	痔疮		tʂʅ$^{31-55}$tʂ‘aŋ•
C12315	疥疮		tɕiɛ$^{31-55}$tʂ‘uaŋ•
C12316	癣		ɕyã^{55}
C12317	痱子	热疙瘩	ʐə$^{31-55}$ka$^{214-32}$ta•
C12318	汗斑		xã^{31}pã^{214}

C12319	瘊子		xəu$^{55-35}$tsɿ˙
C12320	痦子		u$^{31-55}$tsɿ˙
C12321	雀斑	雀古	tɕʻiɔ$^{31-55}$ku˙
C12322	粉刺		fə̃^{55}tsʻɿ^{31}
C12323	狐臭		xu^{55}tʂʻəu^{31}
C12324	口臭		kʻəu^{55}tʂʻəu^{31}
C12325	大脖子(甲状腺肿大)	粗脖子	tsʻu$^{214-32}$pə˙tsɿ˙
C12326	鼻子不灵(嗅觉不灵)	鼻子不尖	pi$^{55-35}$tsɿ˙pu$^{214-24}$tɕiã^{214}
C12327	齉鼻儿(鼻不通气,发音不清)	齉鼻子	naŋ$^{31-55}$pi˙tsɿ˙
C12328	水蛇腰		ʂuei$^{55-31}$ʂa˙iɔ^{214}驼背。
C12329	公鸭嗓儿(嗓音沙哑)	哑喉咙破嗓子	ia^{214}xəu$^{55-35}$luŋ˙pʻə^{31}saŋ$^{55-31}$tsɿ˙
C12330	一只眼儿(一只眼睛是瞎的)	一个眼	i^{214}kuə^{31}iã^{55}
C12331	近视眼		tɕiə̃^{31}ʂʅ^{55}iã^{55}
C12332	远视眼		yã^{55}ʂʅ^{31}iã^{55}
C12333	老花眼		lɔ^{55}xua^{214}iã^{55}
C12334	鼓眼泡儿	肿眼皮	tʂuŋ^{31}iã^{55}pʻi^{55}
C12335	斗鸡眼儿(内斜视)	斜视	ɕiə^{55}ʂʅ^{31}
C12336	羞明	怕光	pʻa^{31}kuaŋ^{214}
C12400	(4)残疾等		
C12401	癫痫	羊羔子风	ia^{55}kɔ$^{214-32}$tsɿ˙fəŋ^{214}
C12402	惊风(小儿病)	吓着咧	ɕia$^{31-55}$tʂɔ˙liə˙
C12403	抽风		tʂʻəu$^{214-24}$fəŋ^{214}
C12404	中风	半身不遂	pã^{31}ʂə̃^{214}pu^{214}suei^{55}

C12405	瘫痪		t‘ã^{214}xuã^{31}
C12406	瘸子		tɕ‘yə$^{55-35}$tsɿ$^{\bullet}$
C12407	罗锅儿	罗锅	luə^{55}kuə^{214}
	锅腰子		kuə$^{214-32}$iɔ$^{\bullet}$tsɿ$^{\bullet}$
C12408	聋子	聋巴	luŋ$^{55-35}$pa$^{\bullet}$
C12409	哑巴		ia$^{214-32}$pa$^{\bullet}$
C12410	结巴		tɕiə$^{214-32}$pa$^{\bullet}$
C12411	瞎子		tɕia$^{214-32}$tsɿ$^{\bullet}$
C12412	傻子	嘲巴	tʂ‘ɔ$^{55-35}$pa$^{\bullet}$
C12414	秃子(头发脱光的人)		t‘u^{55}tsɿ^{55}
C12415	麻子(人出天花会留下的疤痕)		ma$^{55-35}$tsɿ$^{\bullet}$
C12416	麻子(脸上有麻子的人)		ma$^{55-35}$tsɿ$^{\bullet}$
C12417	豁唇子	兔唇	t‘u^{31}tʂ‘uə̃^{55}
C12420	六指儿	六指子	liəu$^{31-55}$tʂʅ$^{\bullet}$tsɿ$^{\bullet}$
C12421	左撇子		tsuə^{31}p‘iə$^{214-32}$tsɿ$^{\bullet}$

8.13 衣服、穿戴

C13100	(1)服装		
C13101	穿戴		tʂ‘uã^{214}tɛ^{31}
C13102	打扮		ta^{55}pã^{31}
C13103	衣服(总称内外衣内外裤)	衣裳	i$^{214-32}$ʂaŋ^{214}
C13105	中装		tʂuŋ$^{214-24}$tʂuaŋ^{214}
C13106	西装		ɕi$^{214-24}$tʂuaŋ^{214}
C13107	长衫	长袍	tʂ‘aŋ^{55}p‘ɔ^{55}
C13108	马褂儿	马褂	ma^{55}kua^{31}
C13109	旗袍(女装)		tɕ‘i^{55}p‘ɔ^{55}
C13110	棉衣		miã^{55}i^{214}

C13111	棉袄		miã^{55}ŋɔ^{55}
C13112	皮袄		p‘i^{55}ŋɔ^{55}
C13113	大衣		ta^{31}i^{214}
C13114	短大衣		tuã^{55}ta^{31}i^{214}
C13115	衬衫		tʂ‘ə̃^{31}ʂã^{214}
C13116	外衣		uɛ^{31}i^{214}
C13117	内衣		nei^{31}i^{214}
C13118	坎肩		k‘ã^{55}tɕiã^{214}
C13120	汗背心	背心	pei^{31}ɕiə̃^{214}
C13121	衣襟儿	衣襟子	i^{214}tɕiə̃$^{214-32}$tsɿ•
C13122	大襟		ta^{31}tɕiə̃^{214}
C13123	小襟		ɕiɔ^{55}tɕiə̃^{214}
C13124	对襟儿	对襟子	tuei$^{31-55}$tɕiə̃•tsɿ•
C13125	下摆		ɕia^{31}pɛ^{55}
C13126	领子		liŋ$^{214-32}$tsɿ•
C13127	袖子		ɕiəu$^{31-55}$tsɿ•
C13128	长袖		tʂ‘aŋ^{55}ɕiəu^{31}
C13129	短袖		tuã^{55}ɕiəu^{31}
C13130	裙子		tɕ‘yə̃$^{55-35}$tsɿ•
C13132	裤子		k‘u$^{31-55}$tsɿ•
C13134	裤衩儿(贴身穿的)	裤头	k‘u^{31}t‘əu^{55}
C13135	短裤(穿在外面的)		tuã^{55}k‘u^{31}
C13137	连脚裤	勾脚裤	kəu^{55}tɕiɔ^{214}k‘u^{31}
	健美裤		tɕiã^{31}mei^{55}k‘u^{31}
C13138	开裆裤		k‘ɛ$^{214-24}$taŋ^{214}k‘u^{31}
C13140	裤裆		k‘u^{31}taŋ^{214}
C13141	裤腰		k‘u^{31}iɔ^{214}
C13142	裤腰带		k‘u^{31}iɔ$^{214-32}$tɛ•
C13143	裤腿儿	裤腿	k‘u$^{31-55}$t‘uei^{55}

C13144	兜儿(衣服上的口袋)			
		口袋	k'əu$^{31-55}$tɛ$^{\cdot}$	
	布袋		pu$^{31-55}$tɛ$^{\cdot}$	
	裤布袋		k'u$^{31-55}$pu$^{\cdot}$tɛ$^{\cdot}$	
	袄布袋		ŋɔ$^{55-31}$pu$^{\cdot}$tɛ$^{\cdot}$	
C13145	纽扣(中式的)	扣	k'əu^{31}	
C13146	扣襻(中式的)	扣鼻子	k'əu^{31}pi$^{55-35}$tsɿ$^{\cdot}$	
		加扣眼	tɕia^{214}k'əu^{31}iɛ^{55}	
		葡萄疙瘩	p'u$^{55-35}$t'əu$^{\cdot}$ka$^{214-32}$ta$^{\cdot}$	
C13147	扣儿(西式的)	扣	k'əu^{31}	
C13148	扣眼儿(西式的)		k'əu^{31}iɛ^{55}	
C13200	(2)鞋帽			
C13201	鞋		ɕiɛ^{55}	
C13202	拖鞋		t'uə$^{214-32}$ɕiɛ^{55}	
C13203	棉鞋		miã^{55}ɕiɛ^{55}	
C13204	皮鞋		p'i^{55}ɕiɛ^{55}	
C13205	毡鞋	毡靴	tʂã$^{214-24}$ɕyə^{214}	
C13206	布鞋		pu^{31}ɕiɛ^{55}	
C13207	鞋底儿	鞋底	ɕiɛ^{55}ti^{55}	
C13208	鞋帮儿	鞋帮	ɕiɛ^{55}paŋ^{214}	
C13210	鞋拔子	提鞋拔子	t'i^{55}ɕiɛ^{55}pa$^{31-55}$tsɿ$^{\cdot}$	以前妇女们做的鞋都小一些,初穿时穿不上,就用~。
C13211	雨鞋(橡胶做的)		y^{55}ɕiɛ^{55}	
C13212	木屐	呱达板子	kua^{55}ta^{33}pã$^{214-32}$tsɿ$^{\cdot}$	
	木拖鞋		mu^{31}tuə$^{214-32}$ɕiɛ$^{55-35}$	
C13214	鞋带儿	鞋带子	ɕiɛ^{55}tɛ^{31}tsɿ$^{\cdot}$	
C13214	袜子		ua$^{31-55}$tsɿ$^{\cdot}$	
C13215	线袜	线袜子	ɕiã^{31}ua$^{31-55}$tsɿ$^{\cdot}$	
C13216	丝袜		sɿ^{214}ua^{31}	
C13217	长袜		tʂ'aŋ^{55}ua^{31}	

C13218	短袜		tuã^{55}ua^{31}
C13221	裹脚(旧时妇女裹脚的布)		kuə$^{55-31}$tɕiɔ·
C13222	裹腿(军人用的)		kuə$^{55-31}$t‘uei·
C13223	帽子		mɔ$^{31-55}$tsɿ·
C13224	皮帽		p‘i^{55}mɔ^{31}
C13225	礼帽		li^{55}mɔ^{31}
C13226	瓜皮帽		kua^{214}p‘i^{55}mɔ^{31}
C13227	军帽		ɕyə̃^{214}mɔ^{31}
C13228	草帽		ts‘ɔ^{55}mɔ^{31}
C13229	斗笠	窝笠	uə^{55}li·
C13230	帽檐儿		mɔ^{31}iã^{55}
C13300	(3)装饰品		
C13301	首饰		ʂəu$^{55-31}$ʂʅ·
C13302	镯子		tʂuə$^{55-35}$tsɿ·
C13303	戒指		tɕiɛ$^{31-55}$tʂʅ·
C13304	项链		ɕiaŋ^{31}liã^{31}
C13305	项圈	项圈儿	ɕiaŋ^{31}tɕyɛ^{214}
C13306	百家锁(小儿佩戴的)		pei^{55}tɕia^{55}suə^{55}
C13310	胭脂		ia$^{214-32}$tʂʅ·
C13311	粉		fə̃^{55}
C13400	(4)其他穿戴用品		
C13401	围裙		uei$^{55-35}$tɕ‘yə̃·
C13402	围嘴儿	涎嘎拉	ɕiã$^{55-35}$ka·la·
C13403	尿布	褯子	ɕiə$^{31-55}$tsɿ·
C13407	眼镜		iã^{55}tɕiŋ^{31}
C13408	伞		sã^{55}
C13409	蓑衣		suə$^{214-32}$i·
C13410	雨衣(新式的)		y^{55}i^{214}
C13411	手表		ʂəu^{55}piɔ^{55}

8.14 饮食

C14100	(1)伙食		
C14101	伙食		xuə$^{55-31}$ʂʅ^{55}
C14102	吃饭		tʂ'ʅ^{55}fã^{31}
C14103	早饭		tsɔ^{55}fã^{31}
C14104	午饭		u^{55}fã^{31}
C14105	晚饭		uã^{55}fã^{31}
C14106	打尖(途中吃点东西)		
		吃上点心点心	tʂ'ʅ$^{55-31}$ʂaŋ•tiã$^{55-31}$ɕiə̃•tiã$^{55-31}$ɕiə̃•
		加晌饭	tɕia$^{214-32}$ʂaŋ•fã^{31} 干重体力活时,下午三点钟左右加吃的一顿饭。
C14107	食物		ʂʅ$^{55-35}$u•
C14108	零食		liŋ^{55}ʂʅ^{55}
C14109	点心(糕饼之类食品)		tiã$^{55-31}$ɕiə̃•
C14200	(2)米食		
C14201	米饭		mi^{55}fã^{31}
C14202	剩饭(吃剩下的饭)		ʂəŋ^{31}fã^{31}
C14204	(饭)煳了		xu$^{55-35}$liə•
C14205	(饭)馊了	酸咧	suã$^{214-32}$liə^{214}
		变味了	piã^{55}uei^{55}liə•
C14206	锅巴		kuə^{55}pa^{55}
C14207	粥	粘粥	niã$^{55-35}$tʂu•
C14208	米汤(煮饭滗出来的)		mi^{55}t'aŋ^{214}
C14209	米糊(用米磨成的粉做的糊状食物)		
		糊糊	xu$^{55-35}$xu^{55}
C14300	(3)面食		
C14301	面粉		miã^{31}fə̃^{55}
C14302	面条儿	面条	miã^{31}t'iɔ^{55}

C14303 挂面(象线状的干面条) kua^{31}miã^{31}

C14307 面片儿(用面做成的片状食物,吃法与汤面同) miã^{31}p‘iɛ^{31}

棋子 tɕ‘i$^{55-35}$tsɿ$^{\bullet}$

C14308 面糊(用面做成的糊状食物) miã^{31}xu^{55}

C14309 馒头(没馅的) mã$^{55-35}$t‘əu$^{\bullet}$

C14310 包子(有馅的) 水饺 ʂuei^{55}tɕiɔ^{55}

菜包子 ts‘ɛ$^{31-55}$pɔ$^{\bullet}$tsɿ$^{\bullet}$包括素包子和肉包子。

C14311 油条 iəu^{55}t‘iɔ^{55}包括麻花和油条。

C14312 烧饼 ʂɔ$^{214-32}$piŋ$^{\bullet}$

C14313 烙饼(名词) luə^{55}piŋ^{55}

C14314 花卷儿 xua$^{214-24}$tɕyɛ^{214}

C14315 饺子(饺子的总称) tɕiɔ$^{55-31}$tsɿ$^{\bullet}$

C14316 (饺子)馅儿 馅子 ɕiã$^{31-55}$tsɿ$^{\bullet}$

C14317 馄饨 xuə̃$^{55-35}$tuə̃$^{\bullet}$

C14320 元宵(用干粉淋水反复多次摇成,有馅) 汤圆 t‘aŋ^{214}yã^{55}

C14321 汤圆(用湿粉团搓成的,有的有馅,有的无馅) t‘aŋ^{214}yã^{55}

C14322 月饼 yə$^{31-55}$piŋ$^{\bullet}$

C14323 饼干 piŋ^{55}kã^{214}

C14324 酵子(发酵用的面团) 引子 iə̃$^{55-31}$ɿ$^{\bullet}$

接面 tɕiə$^{55-31}$miã$^{\bullet}$

酵母 ɕiɔ^{31}mu^{55}在市场买的加工的酵母。

C14400 (4)肉、蛋(以下调查的动物身体部位的条目,都是从食物角度而言的)

C14401 肉丁 zəu^{31}tiŋ^{214}

C14402　肉片　　ʐəu^{31}pʻε^{31}
C14403　肉丝　　ʐəu^{31}sɿ^{214}
C14404　肉末　　ʐəu^{31}mə^{31}
C14405　肉皮　　ʐəu^{31}pʻi^{55}
C14406　肉松　　ʐəu^{31}suŋ^{214}
C14407　肘子(猪腿靠近身体的部位)
　　　　tʂəu$^{55-31}$tsɿ·
C14408　猪蹄儿　猪蹄　tʂu^{214}tʻi^{55}
C14409　里脊　　li$^{55-31}$tɕi·
C14410　蹄筋　　tʻi$^{55-35}$tɕiə̃·
C14411　牛舌头　niəu^{55}ʂə$^{55-35}$tʻəu·
C14412　猪舌头　tʂu^{214}ʂə$^{55-35}$tʻəu·
C14413　下水(猪牛羊的内脏)　ɕia$^{31-55}$ʂuei·猪牛羊狗马的内脏。
C14414　肺(猪的)　fei^{31}
C14415　肠子(猪的)　tʂʻaŋ$^{55-35}$ɿ·
C14417　排骨(猪的)　pʻε$^{55-35}$ku·
C14418　牛肚儿(带毛状物的那种)
　　　　牛肚子　niəu^{55}tu$^{214-32}$ɿ·
C14419　牛肚儿(光滑的那种)
　　　　牛肚子　niəu^{55}tu$^{214-32}$ɿ·
C14420　肝(猪的)　kã^{214}
C14421　腰子(猪的)　iɔ$^{214-32}$tsɿ^{55}
C14422　鸡杂儿　鸡杂　tɕi^{214}tsa^{55}包括鸡心和鸡肝。
C14423　鸡肫　鸡胗　tɕi$^{214-24}$tʂə̃^{214}也叫鸡合子。
　　　　鸡屎皮子　tɕi^{214}ʂɿ$^{55-31}$pʻi·tsɿ·
C14424　猪血　　tʂu^{214}ɕiə^{55}
C14425　鸡血　　tɕi^{214}ɕiə^{55}
C14426　炒鸡蛋　tʂʻɔ^{55}tɕi^{214}tã^{31}
C14428　卧鸡子儿(水煮的鸡蛋不带壳)
　　　　荷包蛋　xuə$^{55-35}$pɔ·tã^{31}

C14429 煮鸡子儿(连壳煮的鸡蛋)
煮鸡蛋 tʂu^{55}tɕi^{214}tã^{31}
C14431 松花蛋 suŋ$^{214-24}$xua^{214}tã^{31}
C14432 咸鸡蛋 臭鸡蛋 tʂ‘əu^{31}tɕi^{214}tã^{31}
C14433 咸鸭蛋 ɕiã^{55}ia^{214}tã^{31}
C14434 香肠 ɕiaŋ^{214}tʂ‘aŋ^{55}
C14435 鸡蛋汤 tɕi^{214}tã^{31}t‘aŋ^{214}
C14500 (5)菜
C14501 (下饭的)菜 ɕia^{31}fã$^{31-55}$tei$^{\bullet}$ts‘ɛ^{31}
C14502 素菜 su^{31}ts‘ɛ^{31}
C14503 荤菜 xuə̃^{214}ts‘ɛ^{31}
C14504 咸菜 ɕiã$^{55-35}$ts‘ɛ$^{\bullet}$
C14505 小菜儿(非正式菜总称)
小菜 ɕiɔ^{55}ts‘ɛ^{31}
C14506 豆腐 təu$^{31-55}$fu$^{\bullet}$
C14507 豆腐皮(可以用来做腐竹的)
təu$^{31-55}$fu^{55}p‘i^{55}
C14508 腐竹 fu^{55}tʂu^{55}
C14510 豆腐干儿 təu$^{31-55}$fu^{55}kɛ^{214}
C14512 豆腐脑儿 豆腐脑 təu^{31}fu^{55}nɔ^{55}或təu$^{31-55}$fu$^{\bullet}$nɔ^{55}
C14513 豆浆 təu^{31}tɕiaŋ^{214}
C14514 豆腐乳 豆腐脑 təu^{31}fu^{55}nɔ^{55}
豆汁儿 təu^{31}tʂei^{55}
C14515 粉丝(绿豆做的,细条的) fə̃^{55}sɿ^{214}
C14516 粉条(白薯做的,粗条的) fə̃^{55}t‘iɔ^{55}
C14517 粉皮(绿豆做的,片状的) fə̃^{55}p‘i^{55}
C14518 面筋 miã$^{31-55}$tɕiə̃$^{\bullet}$
C14519 凉粉(绿豆做的,凝冻状的)
liaŋ^{55}fə̃^{55}
C14520 藕粉 ŋəu^{55}fə̃^{55}

C14521	豆豉		təu$^{31-55}$tʂʻʅ·
C14523	木耳		mu^{31}ɭə^{55}
C14524	银耳		iə̃^{55}ɭə^{55}
C14525	金针		tɕiə̃$^{214-24}$tʂə̃^{214}
C14526	海参		xɛ^{55}ʂə̃^{214}
C14527	海带		xɛ^{55}tɛ^{31}
C14528	海蜇		xɛ^{55}tʂə^{55}
	莲子		liã$^{214-32}$tsɿ^{55}
C14600	(6)油盐作料		
C14601	滋味(吃的滋味)		
		味道	uei^{31}tɔ^{31}
C14602	气味(闻的气味)		tɕʻi^{31}uei^{31}
C14603	颜色		iã$^{55-35}$ʂei·
C14604	荤油		xuə̃^{214}iəu^{55}
C14605	素油		su^{31}iəu^{55}
C14606	花生油		xua$^{214-24}$ʂəŋ^{214}iəu^{55}
C14608	菜子油		tsʻɛ^{31}tsɿ^{55}iəu^{55}
C14609	脂麻油(可以拌凉菜的那种)		
		香油	ɕiaŋ^{214}iəu^{55}
C14610	盐		iã^{55}
C14611	粗盐		tsʻu^{214}iã^{55}
C14612	精盐		tɕiŋ^{214}iã^{55}
C14613	酱油		ɕiaŋ^{31}iəu^{55}
C14614	脂麻酱	麻脂	ma$^{55-35}$tʂʅ·炸香油的渣子。
C14615	甜面酱		tʻiã^{55}miã^{31}tɕiaŋ^{31}
C14616	豆瓣儿酱	豆瓣酱	təu^{31}pã^{31}tɕiaŋ^{31}
C14617	辣酱		la^{31}tɕiaŋ^{31}
C14618	醋		tsʻu^{31}
C14619	料酒	黄酒	xuaŋ^{55}tɕiəu^{55}
	米酒		mi^{55}tɕiəu^{55}

C14620 红糖 xuŋ^{55}t‘aŋ^{55}

C14621 白糖 pei^{55}t‘aŋ^{55}

C14622 冰糖 piŋ^{214}t‘aŋ^{55}

C14623 糖块(一块块用纸包装好的)

块糖 k‘uɛ$^{31-55}$t‘aŋ·

花糖 xua^{214}t‘aŋ^{55}用花纸包的糖。

C14624 花生糖 xua$^{214-24}$ʂəŋ^{214}t‘aŋ^{55}

C14625 麦芽糖 mei^{31}ia^{55}t‘aŋ^{55}

C14626 作料 tsuə^{31}liɔ^{31}

C14628 桂皮 kuei^{31}p‘i^{55}

C14629 花椒 xua$^{214-32}$tɕiɔ^{214}

C14630 胡椒粉 xu^{55}tɕiɔ^{214}fə̃^{55}

C14700 (7)烟、茶、酒

C14701 烟 iã^{214}

C14702 烟叶 iã^{214}iə^{31}

C14703 烟丝 iã$^{214-24}$sʅ^{214}

C14704 香烟 ɕiaŋ$^{214-24}$iã^{214}

C14705 旱烟 xã^{31}iã^{214}

C14707 水烟袋(铜制的) ʂuei$^{55-31}$iã·tɛ·

C14708 旱烟袋(竹制的)

xã^{31}iã^{214}tɛ^{31}

C14709 烟盒(装香烟的金属盒,有的还带打火机)

iã^{214}xuə^{55}

C14710 烟油子 iã^{214}iəu$^{55-35}$tsʅ·

C14711 烟灰 iã$^{214-24}$xuei^{214}

C14712 火镰(旧时取火用具) xuə^{55}liã^{55}

C14713 火石(用火镰打的那种石头)

xuə^{55}ʂʅ^{55}

C14714 纸煤儿 火石信子 xuə^{55}ʂʅ^{55}ɕiə̃$^{31-55}$tsʅ·

C14715 (沏好的)茶 tʂ‘a^{55}

C14716	茶叶		tʂʻa^{55}iə^{31}
C14717	开水		kʻε^{214}ʂuei^{55}
C14719	倒茶		tɔ^{31}tʂʻa^{55}
C14720	白酒		pei^{55}tɕiəu^{55}
C14722	黄酒		xuaŋ^{55}tɕiəu^{55}

8.15 红白大事

C15100	(1)婚姻、生育		
C15101	亲事		tɕʻiə̃^{214}ʂʅ^{31}
C15102	做媒		tsu^{31}mei^{55}
	说媒		ʂuə^{55}mei^{55}
C15103	媒人		mei$^{55-35}$ʐə̃·
C15104	相亲(男女双方见面，看是否合意)		ɕiaŋ^{55}tɕʻiə̃^{214}
C15105	相貌		ɕiaŋ^{31}mɔ^{31}
C15106	年龄		niã^{55}liŋ^{55}
C15107	订婚		tiŋ^{31}xuə̃^{214}
C15108	定礼		tiŋ^{31}li^{55}
C15109	喜期(结婚的日子)		ɕi^{55}tɕʻi^{214}
C15110	喜酒	婚酒	xuə̃^{214}tɕiəu^{55}
C15112	(男子)娶亲	娶媳妇	tɕʻy^{55}ɕi$^{214-32}$fu·
C15113	(女子)出嫁	出门子	tʂʻu^{55}mə̃$^{55-35}$tsʅ·
C15114	嫁闺女		tɕia^{31}kuə̃$^{214-32}$ny·
C15115	结婚		tɕiə^{55}xuə̃^{214}
C15116	花轿		xua^{214}tɕiɔ^{31}
C15117	拜堂	拜天地	pε^{31}tʻiã^{214}ti^{31}
		行礼	ɕiŋ^{55}li^{55}
		坐时辰	tsuə^{31}ʂʅ$^{55-35}$tʂʻə̃·
C15118	新郎		ɕiə̃^{214}laŋ^{55}

C15119	新娘		ɕiə̃^{214}niaŋ^{55}
C15120	新房		ɕiə̃^{214}faŋ^{55}
C15121	交杯酒	合欢酒	xuə^{55}xuã^{214}tɕiəu^{55}
C15122	暖房		nuã^{55}faŋ^{55}
C15123	回门		xuei^{55}mə̃^{55}
		回娘家	xuei^{55}niaŋ$^{55-35}$tɕia•
C15124	再醮(寡妇再嫁)		
		回头	xuei$^{55-35}$t‘əu•
C15125	续弦(从男方说)		ɕy^{31}ɕiã^{55}
C15126	填房(从女方说)		t‘iã$^{55-35}$faŋ•男方已有小孩，去给小孩当后娘。
C15127	怀孕了	有咧	iəu$^{55-31}$liə•
C15128	孕妇		iə̃^{31}fu^{31}
C15129	小产	小月咧	ɕiɔ$^{55-31}$yə•liə•
		流产咧	liəu^{55}tʂ‘ã$^{214-32}$liə•
		遭着咧	tsɔ$^{214-32}$tʂɔ•liə•
C15130	生孩子		ʂəŋ^{214}xɛ$^{55-35}$tsɿ•
C15131	接生		tɕiə^{55}ʂəŋ^{214}
C15132	胎盘	衣	i^{214}
C15133	坐月子		tsuə^{31}yə$^{31-55}$tsɿ•
C15134	满月		mã$^{55-31}$yə•
C15135	头胎		t‘əu^{55}t‘ɛ^{214}
C15136	双胞胎		ʂuaŋ$^{214-24}$pɔ$^{214-24}$t‘ɛ^{214}
C15137	打胎		ta^{55}t‘ɛ^{214}
C15138	遗腹子(父死后才出生的)		
		背生子	pei^{31}ʂəŋ^{214}tsɿ^{55}
C15139	吃奶		tʂ‘ʅ^{55}nɛ^{55}
C15140	奶头	妈妈头子	ma$^{214-32}$ma^{55}t‘əu$^{55-35}$tsɿ•
C15141	(小孩子)尿床	尿下	niɔ$^{31-55}$ɕia•
C15200	(2)寿辰、丧葬		

C15201	生日		ʂəŋ$^{214-32}$ʐʅ•
C15202	做生日		tsu^{31}ʂəŋ$^{214-32}$i•
C15203	祝寿		tʂu^{214}ʂəu^{31}
C15204	寿星		ʂəu^{31}ɕiŋ^{214}
C15205	丧事	白公事	pei^{55}kuŋ^{214}ʂʅ^{31}
C15206	奔丧		pə̃^{31}saŋ^{214}
	报丧		pɔ^{31}saŋ^{214}
C15207	死了	老了	liɔ$^{55-31}$liɔ•
C15208	灵床		liŋ$^{55-35}$tʂ‘uaŋ•
C15209	棺材		kuã$^{214-32}$ts‘ɛ•
C15210	寿材(生前预制的棺材)		
		棺材	kuã$^{214-32}$ts‘ɛ•
C15211	入殓		lu^{31}liã^{31}
C15212	灵堂		liŋ^{55}t‘aŋ^{55}
C15214	守灵		ʂəu^{55}liŋ^{55}
C15215	做七		tsu^{31}tɕ‘i^{55}
	三七		sã$^{214-32}$tɕ‘i^{55}
	五七		u$^{55-31}$tɕ‘i^{55}
C15216	守孝		ʂəu^{55}ɕiɔ^{31}
C15217	戴孝		tɛ^{31}ɕiɔ^{31}
	持服		tʂ‘ʅ^{55}fu^{55}
C15218	除孝		tʂ‘u^{55}ɕiɔ^{31}
	孝家		ɕiɔ$^{31-55}$tɕia•
C15219	孝子		ɕiɔ^{31}tsʅ^{55}
C15220	孝孙		ɕiɔ^{31}suə̃^{214}
C15221	出殡	出丧	tʂ‘u^{55}saŋ^{214}
C15222	送葬		suŋ^{31}tsaŋ^{31}
C15223	哭丧棒		k‘u^{55}saŋ^{31}paŋ^{31}或k‘u^{55}saŋ^{214}paŋ^{31}
C15224	纸扎(用纸扎的人、马、房子等)		tʂʅ^{55}tʂa^{55}

C15225	纸钱		tʂʅ^{55}tɕʻiã^{55}
C15226	坟地(坟墓所在的地方)		fə̃^{55}ti^{31}
C15227	坟墓		fə̃$^{55-35}$mu•
C15228	碑(不单指墓碑)		pei^{214}
C15229	墓碑		mu^{31}pei^{214}
C15230	上坟		ʂaŋ^{31}fə̃^{55}
		祭先	tɕi^{31}ɕiã^{214}
C15231	自杀	自尽	tsʅ^{55}tɕiə̃^{31}
C15232	投水(自尽)	服毒	fu^{55}tu^{55}
C15233	上吊		ʂaŋ^{31}tiɔ^{31}
C15234	尸骨	骨尸子	ku$^{55-31}$ʂʅ•tsʅ•
C15235	骨灰坛子	骨灰盒子	ku^{55}xuei^{214}xuə$^{55-35}$tsʅ•
		骨灰匣子	ku^{55}xuei^{214}ɕia$^{55-35}$tsʅ•
C15300	(3)迷信		
C15301	老天爷	老天	lɔ^{55}tʻiã^{214}
C15302	灶王爷	灶君	tsɔ^{31}tɕyə̃^{214}
		灶君爷爷	tsɔ^{31}tɕyə̃^{214}iə$^{55-35}$iə•作业写的花里胡哨的，老师说就像~似的。
C15303	佛		fə^{55}
C15304	菩萨		pʻu$^{55-35}$sa•
C15305	观世音	观音菩萨	kuã$^{214-32}$iə̃^{214}pʻu$^{55-35}$sa•
C15306	土地庙		tʻu$^{55-31}$ti^{31}miɔ^{31}~每村都有，一般在村西。
C15307	关帝庙		kuã^{214}ti^{31}miɔ^{31}
C15308	城隍庙		tʂʻəŋ$^{55-35}$xuaŋ•miɔ^{31}
C15309	阎王		iã$^{55-35}$uaŋ•
C15310	祠堂		tsʻʅ$^{55-35}$tʻaŋ^{55}
C15311	佛龛	龛塔子	kʻa$^{214-32}$tʻa•tsʅ•
C15312	香案		ɕiaŋ^{214}ŋã^{31}
C15313	上供		ʂaŋ^{31}kuŋ^{31}

C15314	烛台		tʂu^{55}t‘ɛ^{55}
C15315	蜡烛(敬神的那种)		la$^{31-55}$tʂu·
C15316	线香(敬神的那种)		
		香	ɕiaŋ^{214}
C15317	香炉		ɕiaŋ^{214}lu^{55}
C15318	烧香(动宾)		ʂɔ$^{214-24}$ɕiaŋ^{214}
C15320	求签	抽签儿	tʂ‘əu$^{214-24}$tɕ‘iɛ^{214}
C15321	打卦		ta^{55}kua^{31}
	算卦		suã^{31}kua^{31}
C15322	珓(占卜用,通常用一正一反两片竹片制成)		
		马钱课	ma^{55}tɕ‘iã^{214}k‘ə^{31} 打卦的一种，以前用竹片，现在多用硬币。
C15326	庙会		miɔ^{31}xuei^{31}
C15327	做道场		tsuə^{31}tɔ$^{31-55}$tʂ‘aŋ·
C15328	念经		niã^{31}tɕiŋ^{214}
C15329	测字		tʂ‘ei^{55}tsɿ^{31}
C15330	看风水		k‘ã^{31}fəŋ$^{214-32}$ʂuei^{214}
C15331	算命		suã^{31}miŋ^{31}
C15332	算命先生		suã^{31}miŋ^{31}ɕiã$^{214-32}$ʂəŋ·
C15333	看相的	相面的	ɕiaŋ^{31}miã$^{31-55}$tei·
C15334	巫婆	神妈妈子	ʂə̃$^{55-35}$ma^{55}ma^{55}tsɿ·
C15335	跳神		t‘iɔ^{31}ʂə̃^{55}
C15336	许愿		ɕy^{55}yã^{31}
C15337	还愿		xuã^{55}yã^{31}

8.16 日常生活

C16100	(1)衣		
C16101	穿衣服		tʂ‘uã^{214}i$^{214-32}$fu^{55}
C16102	脱衣服		t‘uə^{55}i$^{214-32}$fu^{55}

C16103	脱鞋		t'uə^{55}ɕiɛ^{55}
C16104	量衣服		liaŋ^{55}i$^{214-32}$fu^{214}
C16105	做衣服		tsuə^{31}i$^{214-32}$fu^{214}
C16106	贴边(缝在衣服里子边上的窄条)		
		贴边儿	t'iə^{55}piɛ^{214}
C16107	滚边(在衣服、布鞋等的边缘特别缝制的一种圆棱的边儿)		
		沿条子	iã^{55}t'iɔ$^{55-31}$tsɿ· 或 iã^{214}t'iɔ^{55}tsɿ·
C16110	纳鞋底子	纳鞋底	na^{31}ɕiɛ^{55}ti^{55}
C16111	钉扣子		tiŋ^{31}k'əu$^{31-55}$tsɿ·
C16112	绣花儿	绣花	ɕiəu^{31}xua^{214}
C16113	打补丁		ta^{55}pu$^{214-32}$tiŋ·
C16114	做被卧		tsu^{31}pei$^{31-55}$uə·
C16115	洗衣服		ɕi^{55}i$^{214-32}$fu·
C16116	洗一水(一次)	洗一镬	ɕi^{55}i^{214}xuə^{31}
C16118	晒衣服		ʂɛ^{31}i$^{214-32}$fu·
C16119	晾衣服		liaŋ^{31}i$^{214-32}$fu·
C16120	浆衣服		ɕiaŋ^{214}i$^{214-32}$fu·
C16121	熨衣服		yə̃^{31}i$^{214-32}$fu·
C16200	(2)食		
C16201	生火	参火	ʂə̃^{214}xuə^{55}
C16202	做饭(总称)		tsu^{31}fã^{31}
C16203	淘米		t'ɔ^{55}mi^{55}
C16204	发面		fa^{55}miã^{31}
C16205	和面		xuə^{31}miã^{31}
C16206	揉面		ʐəu^{55}miã^{31}
C16207	擀面条		kã^{55}miã^{31}t'iɔ^{55}
C16209	蒸馒头	蒸馍馍	tʂəŋ^{214}mə$^{55-35}$mə·
C16210	择菜		tʂei^{55}ts'ɛ^{31}
C16211	做菜(总称)		tsu^{31}ts'ɛ^{31}
C16212	做汤		tsu^{31}t'aŋ^{214}

C16214	饭好了(包括饭菜)		fã^{31}xɔ$^{55-31}$liə$^{•}$
	饭量轻		fã^{31}liaŋ^{31}tɕ‘iŋ^{214}
C16215	开饭		k‘ɛ^{214}fã^{31}
C16216	盛饭		tʂ‘əŋ^{55}fã^{31}
C16217	搛菜		tɔ^{214}ts‘ɛ^{31}
C16218	舀汤		iɔ^{55}t‘aŋ^{214}
C16219	吃早饭		tʂ‘ʅ^{55}tsɔ^{55}fã^{31}
C16220	吃午饭		tʂ‘ʅ^{55}u^{55}fã^{31}
C16221	吃晚饭		tʂ‘ʅ^{55}uã^{55}fã^{31}
C16222	吃零食		tʂ‘ʅ^{55}liŋ^{55}ʂʅ^{55}
C16223	使筷子		ʂʅ^{55}k‘uɛ$^{31-55}$tsʅ$^{•}$
C16224	肉不烂		ʐəu^{31}pu^{214}lã^{31}
C16225	嚼不动		tɕiɔ$^{55-35}$pu$^{•}$tuŋ^{31}
C16226	(吃饭)噎住了		iə$^{55-31}$tʂu$^{•}$liə$^{•}$
C16227	打嗝儿(吃饱后)	打勾都	ta^{55}kəu$^{55-31}$təu$^{•}$
C16228	(吃得太多了)撑着了		tʂ‘əŋ^{214}tsɔ$^{•}$lə$^{•}$
C16229	嘴没味儿	嘴里没有正味	tsuei$^{55-31}$ni$^{•}$mu^{55}iəu^{55}tʂəŋ^{31}uei^{31}
C16230	喝茶		xa^{55}tʂ‘a^{55}
C16231	喝酒		xə^{55}tɕiəu^{55}
C16232	抽烟		tʂ‘əu$^{214-24}$iã^{214}
C16233	饿了	饥困咧	tɕi$^{214-32}$k‘uə̃$^{•}$liə$^{•}$
C16300	(3)住		
C16301	起床		tɕ‘i^{55}tʂ‘uaŋ^{55}
C16302	洗手		ɕi^{55}ʂəu^{55}
C16303	洗脸		ɕi^{55}liã^{55}
C16304	漱口		ʂu^{31}k‘əu^{55}
C16305	刷牙		ʂua^{55}ia^{55}
C16306	梳头		ʂu^{214}t‘əu^{55}

C16307	梳辫子		ʂu^{214}piã$^{31-55}$tsɿ·
C16310	掏耳朵		t‘ɔ^{214}ɭə$^{55-31}$tɔ·
C16311	洗澡		ɕi^{55}tsɔ^{55}
C16313	小便(动词)	尿尿	niɔ^{31}suei^{214}
C16314	大便(动词)	拉屎	la^{214}ʂʅ^{55}
C16315	乘凉	凉快	liaŋ$^{55-35}$k‘uɛ·
C16317	烤火(取暖)		k‘ɔ^{55}xuə^{55}
C16318	点灯		tiã^{55}təŋ^{214}
C16319	熄灯	吹灯	tʂ‘uei$^{214-24}$təŋ^{214}
C16320	歇歇(休息一会儿)	歇歇歇歇	ɕiə$^{214-32}$ɕiə·ɕiə$^{214-32}$ɕiə·
C16321	打盹儿	打盹	ta^{55}tuə̃^{55}
C16322	打哈欠		ta^{55}xa$^{214-32}$tɕ‘iã·
C16323	困了		k‘uə̃$^{31-55}$liə·
C16324	铺床		p‘u^{214}tʂ‘uaŋ^{55}
C16325	躺下	趄下	tɕ‘iə^{31}ɕiə·
C16326	睡着了		ʂuei$^{31-55}$tʂɔ·liə·
C16327	打呼	打呼噜	ta^{55}xu$^{214-32}$lu·
C16328	睡不着		ʂuei$^{31-55}$pu·tʂɔ^{55}
C16329	睡午觉	睡晌觉	ʂuei^{31}ʂaŋ$^{55-31}$tɕiɔ·
C16330	仰面睡	仰个着睡	iaŋ$^{214-32}$kə·tʂɔ·ʂuei^{55}
C16331	侧着睡	窄棱着睡	tʂei$^{214-32}$ləŋ·tʂɔ·ʂuei^{31}
C16332	趴着睡		p‘a$^{214-32}$tʂɔ·ʂuei^{31}
C16333	落枕		luə^{55}tʂə̃^{55}或luə^{31}tʂə̃^{55}
C16334	抽筋了		tʂ‘əu^{214}tɕiə̃$^{214-32}$liə·
C16335	做梦		tsu^{31}məŋ^{31}
C16336	说梦话		ʂuə^{55}məŋ$^{31-55}$xua·
C16337	魇住了	招魇皮虎子咧	tʂɔ^{214}ia$^{31-55}$p‘i·xu$^{55-31}$tsɿ·liə·
C16338	熬夜		ŋɔ^{55}iə^{31}

C16339	开夜车		k‘ɛ^{214}iə^{31}ts‘ə^{214}
C16400	(4)行		
C16401	走路	走道	tsəu^{55}tɔ^{31}
C16402	下地(去地里干活)		ɕia^{31}ti^{31}
C16403	上工		ʂaŋ^{31}kuŋ^{214}
C16404	收工		ʂəu$^{214-24}$kuŋ^{214}
C16405	赶集(到集市上买卖货物)		kã^{55}tɕi^{55}
C16406	走亲戚	走亲亲	tsəu^{55}tɕ‘iə̃$^{214-32}$tɕ‘iə̃$^{\bullet}$
C16407	出去了		tʂ‘u$^{55-31}$tɕ‘y$^{\bullet}$liə$^{\bullet}$
C16408	回家了	走家了	tsəu^{55}tɕia$^{214-32}$liə$^{\bullet}$
C16409	逛街		kuaŋ^{31}tɕiə^{214}
C16410	散步		sã^{31}pu^{31}

8.17 讼事

C17001	打官司	ta^{55}kuã$^{214-32}$sɿ$^{\bullet}$
C17002	告状(动宾)	kɔ^{31}tʂuaŋ^{31}
C17003	原告	yã^{55}kɔ^{31}
C17004	被告	pei^{31}kɔ^{31}
C17005	状子	tʂuaŋ$^{31-55}$tsɿ$^{\bullet}$
C17006	坐堂	tsuə^{31}t‘aŋ^{55}
C17007	退堂	t‘uei^{31}t‘aŋ^{55}
C17008	问案	uə̃^{31}ŋã^{31}
C17009	过堂	kuə^{31}t‘aŋ^{55}
C17010	证人	tʂəŋ^{31}ʐə̃^{55}
C17011	人证	ʐə̃^{55}tʂəŋ^{31}
C17012	物证	u^{31}tʂəŋ^{31}
C17013	对质	tuei^{31}tʂʅ^{31}
C17014	刑事	ɕiŋ^{55}ʂʅ$^{\bullet}$

C17015	民事		miə̃$^{55-35}$ʂʅ·
C17016	家务事(清官难断～事)		tɕia^{214}u^{31}ʂʅ^{31}
C17017	律师	刀笔吏	tɔ^{214}pei^{55}li^{31}
C17018	代书(代人写状子的)		tɛ^{31}ʂu^{214}
C17019	服		fu^{55}
C17020	不服		pu^{35}fu^{55}
C17021	上诉		ʂaŋ^{31}su^{31}
C17022	宣判		ɕyã^{55}p‘ã^{31}
C17023	招认		tʂɔ^{214}ʐə̃^{31}
C17024	口供		k‘əu^{55}kuŋ^{31}
C17025	供(～出同谋)		kuŋ^{31}
C17026	同谋		t‘uŋ^{55}mu^{31}
C17027	故犯		ku^{31}fã^{31}
C17028	误犯		u^{31}fã^{31}
C17029	犯法		fã^{31}fa^{55}
C17030	犯罪		fã^{31}tsuei^{31}
C17031	诬告		u^{214}kɔ^{31}
C17032	连坐		liã^{55}tsuə^{31}
C17033	保释		pɔ^{55}ʂʅ^{55}
C17034	取保		tɕ‘y^{55}pɔ^{55}
C17035	逮捕		tɛ^{55}p‘u^{55}
C17036	押解		ia^{55}tɕiɛ^{55}
C17037	囚车	木笼	mu^{31}luŋ^{55}
C17038	青天老爷	青天大老爷	tɕ‘iŋ$^{214-24}$t‘iã^{214}ta^{31}lɔ$^{55-31}$iə·
C17039	赃官		tsaŋ$^{214-24}$kuã^{214}
C17040	受贿		ʂəu^{31}xuei^{31}
C17041	行贿		ɕiŋ^{55}xuei^{31}
C17042	罚款		fa^{55}k‘uã^{55}
C17043	斩首	砍头	k‘ã^{55}t‘əu^{55}

C17044　枪毙　　　枪排　　tɕʻiaŋ^{214}pʻɛ^{55}

C17045 斩条(插在死囚背后验明正身的木条)

　　　　　　　　　亡命旗子 uaŋ^{55}miŋ^{31}tɕʻi$^{55-35}$tsɿ·

C17046　拷打　　　　　　k'ɔ^{55}ta^{55}

C17047　打屁股(旧时刑罚)

　　　　　　　　　打腚　　ta^{55}tiŋ^{31}

C17048　上枷　　　　　　ʂaŋ^{31}tɕia^{55}

C17049　手铐　　　　　　ʂəu^{55}k'ɔ^{31}

C17050　脚镣　　　　　　tɕiɔ^{55}liɔ^{31}

C17051　绑起来　　　　　paŋ$^{55-31}$tɕʻi·lɛ·

C17052　囚禁起来　　　　tɕʻiəu^{55}tɕiə̃^{31}tɕʻi$^{55-31}$lɛ·

C17053　坐牢　　　　　　tsuə^{31}lɔ^{55}

C17054　探监　　　　　　tʻã^{31}tɕiã^{214}

C17055　越狱　　　　　　yə^{31}y^{31}

C17056　立字据　　　　　li^{31}tsɿ^{31}tɕy^{31}

C17057　画押　　　　　　xua^{31}ia^{55}

C17058　按手印　　　　　ŋã^{31}ʂəu^{55}iə̃^{31}

C17059　捐税　　　　　　tɕyã^{214}ʂuei^{31}

C17060　地租　　　　　　ti^{31}tsu^{55}

C17061　地契　　　　　　ti^{31}tɕʻi^{31}

C17063　纳税　　　　　　na^{31}ʂuei^{31}

C17064　执照　　　　　　tʂʅ^{214}tʂɔ^{31}

C17065　告示　　　　　　kɔ$^{31-55}$ʂʅ·

C17066　通知　　　　　　tʻuŋ$^{214-24}$tʂʅ^{214}

C17067　路条　　　　　　lu^{31}tʻiɔ^{55}

C17068　命令　　　　　　miŋ$^{31-55}$liŋ·

C17069　印(官方图章)　　iə̃^{31}

C17070　私访　　　　　　sɿ^{214}faŋ^{55}

C17071　交代(把经手的事务移交给接替的人)

　　　　　　　　　　　　tɕiɔ^{214}tɛ^{31}

C17072	上任		ʂaŋ^{31}ʐə̃^{31}
C17073	卸任		ɕiə^{31}ʐə̃^{31}
C17074	罢免		pa^{31}miã^{55}
C17075	案卷	档案	taŋ^{31}ŋã^{31}
C17076	传票		tʂ‘uã^{55}p‘iɔ^{31}

8.18 交际

C18001	应酬		iŋ$^{214-32}$tʂ‘əu˙
	场面		tʂ‘aŋ$^{55-31}$miã˙
	场合		tʂ‘aŋ$^{55-31}$xuə˙一般指酒席。
C18002	来往		lɛ^{55}uaŋ^{55}
C18003	看人(去看望人)		k‘ã^{31}ʐə̃^{55}
C18004	拜访		pɛ^{31}faŋ^{55}
C18005	回拜		xuei^{55}pɛ^{31}
C18006	客人	客	k‘ei^{55}①客人。②特指女婿。
C18007	请客		tɕ‘iŋ^{55}k‘ei^{55}~不到，恼煞主人家。
C18008	招待	照顾客	tʂɔ^{55}ku˙k‘ei^{55}
C18009	男客		nã^{55}k‘ei^{55}
C18010	女客		ny^{55}k‘ei^{55}
C18011	送礼		suŋ^{31}li^{55}
	随份子		suei^{55}fə̃$^{31-55}$tsɿ˙我结婚时你送我礼物,你结婚我也送给你,就是随份子。
C18012	礼物		li^{55}u^{31}
C18013	人情		ʐə̃^{55}tɕ‘iŋ^{55}
C18014	做客	出客	tʂ‘u^{55}k‘ei^{55}走亲戚。
		坐席	tsuə^{31}ɕi^{55}
C18015	待客	会客	xuei^{31}k‘ei^{55}
C18016	陪客(动宾)		p‘ei^{55}k‘ei^{214}

C18017	送客		suŋ^{31}k‘ei^{55}
C18018	不送了(主人说的客气话)		
		慢点走啊	mã$^{31-55}$tiɛ^{55}tsəu$^{55-31}$ŋa•
		不送	pu^{55}suŋ^{31}(不客气的话)
C18019	谢谢		ɕiə$^{31-55}$ɕiə^{31}
C18020	不客气	没有外人	mu^{35}iəu^{55}uɛ^{31}ʐə̃^{55}
C18021	摆酒席	摆个小场合	pɛ^{55}kə•ɕiɔ^{55}tʂ‘aŋ$^{55-31}$xuə•
C18022	一桌酒席		i^{214}tʂuə^{55}tɕiəu^{55}ɕi^{55}
C18023	请帖	帖子	t‘iə$^{55-31}$tsʅ•
	请柬		tɕ‘iŋ^{55}tɕiã^{55}
C18024	下请帖		ɕia^{31}tɕ‘iŋ^{55}t‘iə^{55}
C18025	入席		ʐu^{31}ɕi^{55}
C18026	上菜		ʂaŋ^{31}ts‘ɛ^{31}
C18027	斟酒	满酒	mã^{55}tɕiəu^{55}
	倒酒		tɔ^{31}tɕiəu^{55}
C18028	劝酒		tɕ‘yã^{31}tɕiəu^{55}
C18029	干杯		kã^{31}pei^{214}
C18030	行酒令		ɕiŋ^{55}tɕiəu^{55}liŋ^{31}
C18032	(他们两人)不和		
		不滑溏	pu^{55}xua$^{55-35}$t‘aŋ•
		不和睦	pu^{55}xuə^{55}mu^{31}
		不得劲	pu^{55}tei^{55}tɕiə̃^{31}
C18033	冤家	仇家	tʂ‘əu$^{55-35}$tɕia•
C18034	不平(路见～)	不平	pu^{55}p‘iŋ^{55}
C18035	冤枉	冤	yã^{214}
C18036	插嘴		tʂ‘a^{55}tsuei^{55}
C18037	吹毛求疵	吃着埻头找裂纹	tʂ‘ʅ$^{55-31}$tʂɔ•pu$^{55-35}$t‘əu•tʂɔ^{55}liə^{31}uə̃^{31}
C18039	摆架子		pɛ^{55}tɕia$^{31-55}$tsʅ•

C18040	装傻		tʂuaŋ^{214}ʂa^{55} 我～不要紧，你不能把我当傻子、四眼子狗(四角子眼的狗)不咬人——～。
	装圣人		tʂuaŋ^{214}ʂəŋ^{31}ʐə̃^{55}
	装明公		tʂuaŋ^{214}miŋ^{55}kuŋ^{214} 比如人家请你主持,而另个人能力不如你却在出风头,别人会评价他装圣人、装明公、装种。门后头挂葫芦——～。
C18041	出洋相		tʂ‘u^{55}iaŋ^{55}ɕiaŋ^{31}
C18042	丢人		tiəu^{214}ʐə̃^{55}
C18043	巴结		pa$^{55-31}$tɕiə^{55}
		攀高结贵	p‘ã$^{214-24}$kɔ^{214}tɕiə^{55}kuei^{31}
C18044	串门儿	串门子	tʂ‘uã^{31}mə̃$^{55-35}$tsɿ$^{\bullet}$
C18045	拉近乎	套近乎	t‘ɔ^{31}tɕiə̃$^{31-55}$xu$^{\bullet}$
		舔腚	t‘iã^{55}tiŋ^{31} ～溜沟子。
C18048	合伙儿	合伙	xuə^{55}xuə^{55}
	佮伙		kuə^{55}xuə^{55} 男女之间有不正当性关系。
C18051	撵出去	轰出去	xuŋ$^{214-32}$tʂ‘u$^{\bullet}$tɕ‘y$^{\bullet}$
	赶出去		kã$^{214-32}$tʂ‘u$^{\bullet}$tɕ‘y$^{\bullet}$

8.19 商业、交通

C19100	(1)经商行业		
C19101	字号	门儿号	mei^{55}xɔ^{31}
C19104	开铺子		k‘ɛ^{214}p‘u^{55}tsɿ$^{\bullet}$

C19105	铺面(商店的门面)		
		柜上	kuei$^{31-55}$ʂaŋ· 整个营业的地方；掌柜。
C19106	摆摊子	摆地摊子	pɛ^{55}ti^{31}t‘ã$^{214-32}$tsɿ·
	摆野摊子		pɛ^{55}iə$^{55-31}$t‘ã·tsɿ· 不交税、不固定、不规范的摊子。
C19107	跑单帮	打独帮	ta^{55}tu^{55}paŋ^{214}
C19108	做生意	跑买卖	p‘ɔ^{55}mɛ$^{214-32}$mɛ·
		做买卖	tsu^{31}mɛ$^{214-32}$mɛ·
C19109	旅店	旅馆	ly^{55}kuã^{55}
C19110	饭馆	饭店	fã^{31}tiã^{31}
C19111	下馆子	吃饭店	tʂ‘ʅ^{55}fã^{31}tiã^{31}
C19112	堂倌儿	跑堂的	p‘ɔ^{55}t‘aŋ$^{55-35}$t‘ei·
C19121	理发店	理发馆	li^{55}fa^{55}kuã^{55}
		剃头铺子	t‘i^{31}t‘əu^{55}p‘u$^{31-55}$tsɿ·
C19131	煤铺	(煤)炭厂子	t‘ã^{31}tʂ‘aŋ$^{214-32}$tsɿ·
C19132	煤球	合大火	xuə^{55}ta^{31}xuə^{31} 土炉子用的煤。
		炉灰	lu^{55}xuei^{214}
C19133	蜂窝煤		fəŋ$^{214-24}$uə^{214}mei^{55}
C19200	(2)经营、交易		
C19201	开业	开市(过年以后)	k‘ɛ^{214}ʂʅ^{31}
C19202	停业		t‘iŋ^{55}iə^{31}
		趴蛋	p‘a^{214}tã^{31}
		倒闭	tɔ^{55}pi^{31}
C19203	盘点	清资	tɕ‘iŋ$^{214-24}$tsɿ^{214}
C19205	开价	讨价	t‘ɔ^{55}tɕia^{31}
	要价		iɔ^{31}tɕia^{31}
	开价		k‘ɛ^{214}tɕia^{31}

C19206	还价		xuã^{55}tɕia^{31}
C19207	(价钱)便宜		p‘iã$^{55-35}$i$^{\bullet}$
C19210	包圆儿(剩下的全部买了)	论堆	luə̃^{31}tsuei^{214}
C19211	买卖好	钱好挣	tɕ‘iã^{31}xɔ^{55}tʂəŋ^{214}
C19218	路费	盘缠	p‘ã$^{55-35}$tʂ‘ã$^{\bullet}$
C19219	利息	利钱	li$^{31-55}$tɕ‘iã$^{\bullet}$
C19220	运气好		yə̃^{31}tɕ‘i^{31}xɔ^{55}
C19221	欠(～他三元钱)	该	kɛ^{214}
C19222	差(～五角十元,即九元五角)	少	ʂɔ^{55}
	加着		tɕia$^{214-32}$tʂə$^{\bullet}$～十块钱差五毛。
C19223	押金		ia^{55}tɕiə̃^{214}
C19300	(3)账目、度量衡		
C19301	账房	管账的	kuã^{55}tʂaŋ$^{31-55}$tei$^{\bullet}$
		记账的	tɕi^{31}tʂaŋ$^{31-55}$tei$^{\bullet}$
C19302	开销	开支	k‘ɛ$^{214-24}$tʂʅ^{214}
C19303	收账(记收入的账)	往来账	uaŋ^{55}lɛ^{55}tʂaŋ^{31}
	明细账		miŋ^{55}ɕi^{31}tʂaŋ^{31}包括收账和出账。
C19305	欠账	该账	kɛ^{214}tʂaŋ^{31}
C19306	要账		iɔ^{31}tʂaŋ^{31}
		讨债	t‘ɔ^{55}tʂɛ^{31}
C19307	烂账(要不来的账)		lã^{31}tʂaŋ^{31}
		尾账	uei^{55}tʂaŋ^{31}
C19308	水牌(临时记账用的木牌或铁牌)	流水账	liəu^{55}ʂuei^{55}tʂaŋ^{31}
	便签		piã^{31}tɕ‘iã^{214}
	便条		piã^{31}t‘iɔ^{55}

C19309	发票		fa^{55}p‘iɔ^{31}
C19310	收据		ʂəu^{214}tɕy^{31}
C19311	存款(存下的钱)		ts‘uə̃^{55}k‘uã^{55}
C19312	整钱(如十元、百元的钱)	大钱	ta^{31}tɕ‘iã^{55}
C19313	零钱	小钱	ɕiɔ^{55}tɕ‘iã^{55}
C19314	钞票(纸币)		tʂ‘ɔ^{214}p‘iɔ^{31}
C19318	一角钱	一毛	i^{214}mɔ^{55}
	毛票子		mɔ^{55}p‘iɔ$^{31-55}$tsɿ˙
C19319	一块钱		i^{214}k‘uɛ^{31}tɕ‘iã^{55}
C19320	十块钱		ʂʅ^{55}k‘uɛ^{31}tɕ‘iã^{55}
C19321	一百块钱		i^{214}pei^{55}k‘uɛ^{31}tɕ‘iã^{55}
C19324	硬币		iŋ^{31}pi^{31}
		钢镚	kaŋ^{214}pəŋ^{31}
		小银嘎子	ɕiɔ^{55}iə̃$^{55-35}$ka˙tsɿ˙
		小银元	ɕiɔ^{55}iə̃^{55}yã^{55}
C19325	算盘	算盘子	suã^{31}p‘ã$^{55-35}$tsɿ˙
	算盘	小九九	ɕiɔ^{55}tɕiəu^{55}tɕiəu^{55}小计谋。
C19326	天平		t‘iã$^{214-32}$p‘iŋ^{55}
C19327	戥子(等子)	等子秤	təŋ$^{55-31}$tsɿ˙tʂ‘əŋ^{31}有秤砣、秤系、秤杆,和弹簧秤等相对。
C19328	秤		tʂ‘əŋ^{31}
C19329	磅秤		paŋ^{31}tʂ‘əŋ^{31}
C19330	秤盘		tʂ‘əŋ^{31}p‘ã^{55}
C19331	秤星儿	秤星子	tʂ‘əŋ^{31}ɕiŋ$^{214-32}$tsɿ˙你眼不小，和~似的。(说人眼小)
C19332	秤杆儿	秤杆子	tʂ‘əŋ^{31}kã$^{214-32}$tsɿ˙
C19333	秤钩子		tʂ‘əŋ^{31}kəu$^{214-32}$tsɿ˙
C19334	秤锤	秤砣	tʂ‘əŋ^{31}t‘uə^{55}
C19335	秤毫		tʂ‘əŋ^{31}xɔ^{55}

		秤系子	tʂ‘əŋ^{31}ɕi$^{31-55}$tsɿ•
C19336	(称物时)称尾高		
		秤头高	tʂ‘əŋ^{31}t‘əu^{55}kɔ^{214}
		玩秤头	uã^{55}tʂ‘əŋ^{31}t‘əu^{55}短斤少两。
C19337	(称物时)称尾低		
		秤头矮	tʂ‘əŋ^{31}t‘əu^{55}iɛ^{55}
C19338	刮板(平斗斛的木片)		
		煎饼筢子	tɕiã$^{214-32}$piŋ•p‘a$^{55-35}$tsɿ•
C19400	(4)交通		
C19401	铁路		t‘iə^{214}lu^{31}
C19402	铁轨		t‘iə$^{214-24}$kuei^{214}
C19403	火车		xuə^{55}tʂ‘ə^{214}
C19404	火车站		xuə^{55}tʂ‘ə^{214}tʂã^{31}
C19405	公路	汽车路	tɕ‘i^{31}tʂ‘ə^{214}lu^{31}
C19406	汽车		tɕ‘i^{31}tʂ‘ə^{214}
C19407	客车(指汽车的)		k‘ei^{55}tʂ‘ə^{214}
C19408	货车(指汽车的)		xuə^{31}tʂ‘ə^{214}
C19409	公共汽车		kuŋ^{214}kuŋ^{31}tɕ‘i^{31}tʂ‘ə^{214}
C19410	小轿车	小鳖盖子	ɕiɔ^{55}piə^{214}kɛ$^{31-55}$tsɿ•
C19411	摩托车		mə$^{55-35}$t‘uə•tʂ‘ə^{214}
C19412	三轮车(载人的)		
		小蹬蹬	ɕiɔ^{35}təŋ$^{214-32}$təŋ•
C19414	自行车	洋车子	iaŋ^{55}tʂ‘ə$^{214-32}$tsɿ•
C19415	大车(骡马拉的运货的车,北方多用。注意车的各部位名称)		
			ta^{31}tʂ‘ə^{214}
	车圈		tʂ‘ə$^{214-24}$tɕ‘yã^{214}
	车帮子		tʂ‘ə^{214}paŋ$^{214-32}$tsɿ•
	车厢		tʂ‘ə$^{214-24}$ɕiaŋ^{214}
C19417	船(总称)		tʂ‘uã^{55}
C19418	帆		fã^{214}

C19420	桅杆		uei$^{55-35}$kã·
C19421	舵		tuə^{31}
C19422	橹		lu^{55}
C19423	桨		tɕiaŋ^{214}
C19425	跳板（上下船用）		t‘iɔ^{31}pã^{55}
C19426	帆船		fã^{214}tʂ‘uã^{55}
C19428	渔船		y^{55}tʂ‘uã^{55}
C19429	渡船		tu^{31}tʂ‘uã^{55}
C19430	轮船		luə̃^{55}tʂ‘uã^{55}
C19432	渡口		tu^{31}k‘əu^{55}

8.20 文化教育

C20100	(1)学校		
C20101	学校	学堂	ɕiɔ^{55}t‘aŋ^{55}
	学府		ɕiɔ^{55}fu^{55}
	私塾		sɿ^{214}ʂu^{55}
C20102	上学（开始上小学）		ʂaŋ^{31}ɕyə^{55}（ɕiɔ^{55}）
C20103	上学（去学校上课）		ʂaŋ^{31}ɕyə^{55}（ɕiɔ^{55}）
C20104	放学（上完课回家）		faŋ^{31}ɕiɔ^{55}
C20105	逃学		t‘ɔ^{55}ɕiɔ^{55}
C20106	幼儿园（年龄较大）		iəu^{31}ɭə^{55}yã^{55}
C20107	托儿所（年龄较小）		t‘uə^{214}ɭə^{55}suə^{55}
C20109	私塾		sɿ^{214}ʂu^{55}
C20110	学费	书费	ʂu^{214}fei^{31}（新）：交~。
		束修	ʂu^{31}ɕiəu^{214}（老）：交~。
C20111	放假		faŋ^{31}tɕia^{55}
C20112	暑假		ʂu^{214}tɕia^{55}
C20113	寒假		xã^{55}tɕia^{55}
	麦假		mei^{31}tɕia^{55}

	秋假		tɕʻiəu^{214}tɕia^{55}
C20114	请假		tɕʻiŋ^{55}tɕia^{55}
C20100	(2)教室、文具		
C20201	教室		tɕiɔ^{31}ʂʅ^{55}
C20202	上课		ʂaŋ^{31}kʻuə^{31}
C20203	下课		ɕia^{31}kʻuə^{31}
C20204	讲台		tɕiaŋ^{55}tʻɛ^{55}
C20205	黑板		xei^{214}pã^{55}
C20206	粉笔		fə̃^{214}pi^{55}
C20207	板擦儿	黑板擦	xei^{214}pã^{55}tsʻa^{55}
C20208	点名册		tiã^{55}miŋ^{55}tʂʻei^{55}
C20209	戒尺		tɕiɛ^{31}tʂʻʅ^{214}
C20210	笔记本	笔记本儿	pi^{214}tɕi^{31}pei^{55}
C20211	课本		kʻə^{31}pə̃^{55}
C20212	铅笔		tɕʻiã^{214}pi^{55}
C20214	橡皮	皮擦	pʻi^{55}tsʻa^{55}
C20214	铅笔刀(指旋着削的那种)		tɕʻiã^{214}pi^{55}tɔ^{214}
C20215	圆规		yã^{55}kuei^{214}
C20216	三角板		sã^{214}tɕiɔ^{55}pã^{55}
C20217	镇纸		tʂə̃^{31}tʂʅ^{55}
C20218	作文本		tsuə^{31}uə̃^{55}pə̃^{55}
C20219	大字本		ta^{31}tsɿ^{31}pə̃^{55}
C20221	钢笔		kaŋ^{214}pi^{55}
C20222	毛笔		mɔ^{55}pi^{55}
C20223	笔帽(保护毛笔头的)		pi^{55}mɔ^{31}
C20224	笔筒		pi^{55}tʻuŋ^{55}
C20225	砚台		iã^{55}tʻɛ^{55}
C20226	研墨(动宾)		iã^{55}mei^{31}
C20227	墨盒儿	墨盒	mei^{31}xuə^{55}

C20228	墨汁(毛笔用的)		mei^{31}tʂʅ^{55}
C20229	掭笔(动宾)	抿笔	miə̃^{55}pi^{55}写之前先试试。
C20230	墨水儿(钢笔用的)	墨色儿	mei^{55}ʂei^{55}
C20231	书包		ʂu$^{214-24}$pɔ^{214}
C20300	(3)读书识字		
C20301	读书人		tu^{55}ʂu^{214}ʐə̃^{55}
C20302	识字的		ʂʅ^{55}tsɿ$^{31-55}$tei$^{\bullet}$
C20303	不识字的		pu^{214}ʂʅ^{55}tsɿ$^{31-55}$tei$^{\bullet}$
C20304	读书		tu^{55}ʂu^{214}
C20306	背书		pei^{31}ʂu^{214}
C20307	报考		pɔ^{31}k‘ɔ^{55}
C20308	考场		k‘ɔ^{55}tʂ‘aŋ^{55}
C20309	入场(进考场)		ʐu^{31}tʂ‘aŋ^{55}
C20310	考试		k‘ɔ^{55}ʂʅ^{31}
C20311	考卷		k‘ɔ^{55}tɕyã^{31}
C20312	满分		mã$^{214-32}$fə̃$^{\bullet}$
C20313	零分		liŋ$^{55-35}$fə̃$^{\bullet}$
C20314	发榜		fa^{55}paŋ^{55}
C20315	头名		t‘əu^{55}miŋ^{55}
C20316	末名		mə^{31}miŋ^{55}
C20317	毕业		pi^{55}iə^{31}
C20319	文凭		uə̃^{55}p‘iŋ^{55}
C20400	(4)写字		
C20401	大楷		ta^{31}k‘ɛ^{55}
C20402	小楷		ɕiɔ^{55}k‘ɛ^{55}
C20403	字帖		tsɿ^{31}t‘iə^{55}
C20404	临帖		liə̃^{55}t‘iə^{55}
	临墓		liə̃^{55}mu^{31}临写墓碑上的字。
C20405	涂了	划拉咧	xua$^{55-35}$la^{55}liə$^{\bullet}$

C20406	写白字		ɕiə^{55}pɛ^{55}tsɿ^{31}
C20407	写斗字(笔顺不对)	插笔不对	tʂʻa^{55}pi^{55}pu^{35}tuei^{31}
C20408	掉字		tiɔ^{31}tsɿ^{31}
C20409	草稿		tsʻɔ^{55}kɔ^{55}
C20410	起稿子	打草子	ta^{55}tsʻɔ$^{55-31}$tsɿ•
C20412	一点		i^{214}tiã^{55}
C20413	一横		i^{214}xəŋ^{31}
C20414	一竖		i^{214}ʂu^{31}
C20415	一撇		i^{214}pʻiə^{55}
C20416	一捺		i^{214}na^{31}
C20417	一勾		i$^{214-24}$kəu^{214}
C20418	一挑		i^{214}tʻiɔ^{55}
C20419	一画		i^{214}xua^{31}
C20420	偏旁儿	偏旁	pʻiã^{214}pʻaŋ^{55}
C20421	立人儿(亻)	单立人儿	tã^{214}li^{31}ʐei^{55}
C20422	双立人儿(彳)		ʂuaŋ^{214}li^{31}ʐei^{55}
C20423	弯弓张	弓长张	kuŋ^{214}tʂʻaŋ^{55}tʂaŋ^{214}
C20424	立早章		li^{31}tsɔ^{55}tʂaŋ^{214}
C20425	禾旁程		xuə^{55}pʻaŋ^{55}tʂʻəŋ^{55}
C20427	宝盖儿(宀)		pɔ^{55}kɛ^{31}
C20428	秃宝盖儿(冖)		tʻu^{55}pɔ^{55}kɛ^{31}
C20429	竖心旁(忄)		ʂu$^{31-55}$ɕiə̃•pʻaŋ^{55}
C20430	反犬旁(犭)	犬悠旁	tɕʻyã$^{55-31}$iəu•pʻaŋ^{55}
C20431	单耳刀儿(卩)	单耳刀	tã$^{31-55}$ɭə•tɔ^{55}
C20432	双耳刀儿(阝)	双打耳	ʂuaŋ^{214}ta$^{55-31}$ɭə•
C20433	反文旁(攵)		fã^{214}uə̃^{55}pʻaŋ^{55}
C20434	斜玉儿	王字旁	uaŋ^{55}tsɿ•pʻaŋ^{55}
C20435	提土旁		tʻi^{55}tʻu^{55}pʻaŋ^{55}
C20436	竹字头儿	竹字旁	tʂu$^{55-31}$tsɿ•pʻaŋ^{55}

C20437	火字旁		xuə$^{55-31}$tsɿ˙pʻaŋ^{55}
C20438	四点(灬)	四点底	sɿ^{31}tiã^{55}ti^{55}
C20439	三点水儿(氵)	三点水	sã^{214}tiã^{55}ʂuei^{55}
C20440	两点水儿(冫)	两点水	liaŋ^{55}tiã^{55}ʂuei^{55}
C20441	病旁儿(疒)	疾字旁	tɕi$^{55-35}$tsɿ˙pʻaŋ^{55}
C20442	走之儿(辶)		tsəu$^{55-31}$tʂei^{55}
	双走之儿		ʂuaŋ^{214}tsəu$^{55-31}$tʂei^{55}
C20443	绞丝旁(纟)	绞丝儿	tɕiɔ$^{214-32}$sei^{55}
		卵丝旁	liã^{55}tsʻɿ$^{214-32}$pʻaŋ^{55}
C20444	提手旁(扌)		tʻi^{55}ʂəu^{55}pʻaŋ^{55}
C20445	草字头(艹)	草头	tsʻɔ$^{55-31}$tʻəu˙

8.21 文体活动

C21100	(1)游戏、玩具		
C21101	风筝		fəŋ$^{214-32}$tʂəŋ^{214}
C21102	捉迷藏	藏莫拉颜色	tsʻaŋ^{55}mu^{55}la^{55}iã$^{55-35}$ʂei˙
C21104	踢毽儿	踢毽子	tʻi^{55}ɕiã$^{31-55}$tsɿ˙
C21105	抓子儿(用几个小沙包或石子儿,扔起其一,做规定动作后再接住)	拾子	ʂʅ^{55}tsɿ^{55}
C21106	弹球儿	弹球	tʻã^{55}tɕʻiəu^{55}
C21107	打水漂儿(在水面上掷瓦片)	打漂	ta^{55}pʻiɔ^{214}
C21108	跳房子		tʻiɔ^{31}faŋ$^{55-35}$tsɿ˙
C21109	翻绳(两人轮换翻动手指头上的细绳,变出各种花样)	翻棉条	fã^{214}miã$^{55-35}$tʻiɔ˙
C21110	划拳(喝酒时)		xua^{31}tɕʻuã^{55}
C21111	出谜语	抛谜	pʻɔ^{214}mei^{31}
C21112	猜谜儿		tsʻɛ^{214}mei^{31}

C21113	不倒翁	拔不倒子	pa$^{55-35}$pu·tɔ$^{55-31}$tsʅ·
C21114	牌九		p‘ɛ^{55}tɕiəu^{55}
C21115	麻将		ma$^{55-35}$tɕiaŋ·
C21117	压宝		ia^{55}pɔ^{55}
C21118	爆竹	爆仗	pɔ$^{31-55}$tʂaŋ·
C21119	放鞭炮	放火鞭	faŋ^{31}xuə^{55}piã^{214}
	放花		faŋ^{31}xua^{214}鞭炮放完后小孩子扒开没响的鞭炮，把里面的火药点上。
C21121	烟火		iã^{214}xuə^{55}
C21122	放花炮		faŋ^{31}xua^{214}p‘ɔ^{31}
C21200	(2)体育		
C21201	象棋		ɕiaŋ^{31}tɕ‘i^{55}
C21202	下棋		ɕia^{31}tɕ‘i^{55}
C21203	将、帅(分别说音)		tɕiaŋ^{31}、ʂuɛ^{31}
C21204	士		ʂʅ^{31}
C21205	象、相(是否同音)		ɕiaŋ^{31}、ɕiaŋ^{31}
C21206	车		tɕy^{214}
C21207	马		ma^{55}
C21208	炮		p‘ɔ^{31}
C21209	兵、卒(分别说音)		piŋ^{214}、tsu^{55}
C21210	拱卒		kuŋ^{55}tsu^{55}
C21211	上士(士走上去)		ʂaŋ^{31}ʂʅ^{31}
C21212	落士(士走下来)		luə^{31}ʂʅ^{31}
C21214	飞象		fei^{214}ɕiaŋ^{3}
C21214	落象		luə^{31}ɕiaŋ^{31}
C21215	将军		tɕiaŋ^{31}tɕyə̃^{214}
C21216	围棋		uei$^{55-35}$tɕ‘i^{55}
C21217	黑子		xei^{214}tsʅ^{55}
C21218	白子		pei^{55}tsʅ^{55}

C21219	和棋		xuə^{55}tɕʻi^{55}
C21220	拔河		pa^{55}xuə^{55}
C21221	游泳	凫水	fu^{55}ʂuei^{55}
C21222	仰泳		iaŋ^{55}yŋ^{214}
		使踏水	ʂʅ^{55}tʂʻɛ$^{214-32}$ʂuei˙站在水里往前走。
C21223	蛙泳		ua^{55}yŋ^{214}
		打澎澎	ta^{55}pʻəŋ$^{214-32}$pʻəŋ˙
		打毛澎澎	ta^{55}mɔ$^{55-35}$pʻəŋ$^{214-32}$pʻəŋ˙胡乱游。
		使扛水	ʂʅ^{55}kʻaŋ$^{31-55}$ʂuei˙
C21225	潜水		tɕʻiã$^{214-32}$ʂuei˙（有装备的）
	扎猛子		tʂa^{55}məŋ$^{55-31}$tsʅ˙（无装备的）
C21226	打球		ta^{55}tɕʻiəu^{55}
C21228	乒乓球		pʻiŋ$^{214-24}$pʻaŋ^{214}tɕʻiəu^{55}
C21229	篮球		lã^{55}tɕʻiəu^{55}
C21230	排球		pʻɛ^{55}tɕʻiəu^{55}
C21231	足球		tsu^{55}tɕʻiəu^{55}
C21232	羽毛球		y^{55}mɔ^{55}tɕʻiəu^{55}
C21233	跳远		tʻiɔ^{31}yã^{55}
C21234	跳高		tʻiɔ^{31}kɔ^{214}
C21400	（3）武术、舞蹈		
C21401	翻跟头（翻一个跟头）		
		翻倒跟头	fã^{214}tɔ$^{31-55}$kə̃˙tʻəu˙
C21402	打车轮子（连续翻好几个跟头）		
		打旁连	ta^{55}pʻaŋ$^{55-35}$liã˙
C21403	倒立	倒顶	tɔ^{31}tiŋ^{214}
C21404	舞狮子	玩狮豹	uã^{55}ʂʅ$^{214-32}$pɔ˙
C21405	跑旱船		pʻɔ^{55}xã^{31}tʂʻuã^{55}
C21406	高跷		kɔ$^{214-24}$tɕiɔ^{214}
C21407	对刀		tuei^{31}tɔ^{214}
C21408	耍刀		ʂua^{55}tɔ^{214}

C21409	对枪		tuei^{31}tɕʻiaŋ^{214}
C21410	耍枪		ʂua^{55}tɕʻiaŋ^{214}
C21412	扭秧歌儿		niəu^{55}iaŋ$^{214-32}$kuə·
C21413	打腰鼓		ta^{55}iɔ^{214}ku^{55}
C21414	跳舞		tʻiɔ^{31}u^{55}
C21400	(4)戏剧		
C21401	木偶戏	矬古儡子	tsʻuə^{55}ku^{55}luei^{55}tsɿ·
C21402	皮影戏		pʻi^{55}iŋ^{55}ɕi^{31}
C21403	大戏(大型戏曲,角色多,乐器多,演唱内容复杂)		ta^{31}ɕi^{31}
		打拳的	ta^{55}tɕʻuã$^{55-35}$tei·
C21404	京剧		tɕiŋ^{214}tɕy^{31}
C21405	话剧		xua^{31}tɕy^{31}
C21406	戏院		ɕi^{31}yã^{31}
C21407	戏台		ɕi^{31}tʻɛ^{55}
C21408	演员		iã^{55}yã^{55}
C21409	变戏法(魔术)	玩杂耍的	uã^{55}tsa^{55}ʂua$^{55-31}$tei·
C21410	说书		ʂuə^{55}ʂu^{214}
C21411	花脸		xua^{214}liã^{55}
C21412	小丑		ɕiɔ^{55}tʂʻəu^{55}
C21413	老生		lɔ^{55}ʂəŋ^{214}
C21414	小生		ɕiɔ^{55}ʂəŋ^{214}
C21415	武生		u^{55}ʂəŋ^{214}
C21417	老旦		lɔ^{55}tã^{31}
C21418	青衣		tɕʻiŋ$^{214-24}$i^{214}
C21419	花旦		xua^{214}tã^{31}
C21420	小旦		ɕiɔ^{55}tã^{31}
C21421	跑龙套的		pʻɔ^{55}luŋ^{55}tʻɔ$^{31-55}$tei·

8.22 动作

C22100	(1)一般动作		
C22101	站		tʂã^{31}
C22102	蹲	跍蹲	ku$^{214-32}$tei^{55}~下拉屎。
	坐	蹲	tuə̃^{214}即普通话的坐,屁股要着地。
C22103	跌倒了	张倒咧	tʂaŋ$^{214-32}$tɔ·liə·
	张咕噜子咧		tʂaŋ$^{214-32}$ku$^{214-32}$lu·tsɿ·liə·
C22104	爬起来		pʻa$^{55-35}$tɕʻi·lɛ^{55}
C22105	摇头		iɔ^{55}tʻəu^{55}
C22106	点头		tiã^{55} tʻəu^{55}
C22107	抬头		tʻɛ^{55}tʻəu^{55}
C22108	低头	耷拉头	ta$^{214-32}$la^{55}tʻəu^{55}
C22109	回头		xuei^{55}tʻəu^{55}
C22110	脸转过去		liã^{55}tʂuã$^{31-55}$kuə·tɕʻy^{31}
C22111	睁眼		tʂəŋ^{214}iã^{55}
C22112	瞪眼		təŋ^{31}iã^{55}
C22113	闭眼	瞑眼	miŋ^{55}iã^{55}
		瞑上眼	miŋ^{55}ʂaŋ·iã^{55}
		瞑眼咧	miŋ^{55}iã$^{55-31}$liə·
C22114	挤眼儿	挤眼	tɕi^{55}iã^{55}
C22115	眨眼	眨巴眼	tʂa$^{55-31}$pa· iã^{55}
C22116	遇见		y^{31}tɕiã^{31}
C22117	看		kʻã^{31}
C22118	眼睛乱转	两个眼珠子迷迷着转	liaŋ$^{55-31}$kuə·iã^{55}tʂu$^{214-32}$tsɿ·mi$^{55-35}$mi·tʂɔ·tʂuã^{31}
C22119	流眼泪	淌眼泪	tʻaŋ^{55}iã^{55}luei^{31}
C22120	张嘴		tʂaŋ^{214}tsuei^{55}
C22121	闭嘴	合嘴	xa^{55}tsuei^{55}

C22122	努嘴		nu^{55}tsuei^{55}
C22123	噘嘴		tɕyə^{214}tsuei^{55}
C22124	举手		tɕy^{55}ʂəu^{55}
C22125	握手		uə^{214}ʂəu^{55}
C22126	摆手		pɛ^{55}ʂəu^{55}
C22127	撒手		sa^{214}ʂəu^{55}
C22128	伸手		ʂə̃^{214}ʂəu^{55}
C22129	动手(只许动口,不许～)		tuŋ^{31}ʂəu^{55}
C22140	拍手		p‘ɛ^{55}ʂəu^{55}
C22141	背着手儿	倒背着手	tɔ^{31}pei$^{31-55}$tsɔ$^{•}$ʂəu^{55}
C22143	笼着手(双手交叉伸到袖筒里)		
		抄着手	tʂ‘ɔ$^{214-32}$tsɔ$^{•}$ʂəu^{55}
C22144	拔拉	拨拉	pə$^{55-31}$la$^{•}$
C22145	捂住		u$^{55-31}$tʂu$^{•}$
C22146	摩挲(用手～猫背)		
		摩棱	mə$^{55-35}$ləŋ$^{•}$
C22148	把屎(抱持小儿双腿,哄他大便)		
		把把	pa^{55}pa$^{•}$
C22149	把尿		pa^{55}niɔ^{31}
C22140	扶着		fu$^{55-35}$tʂɔ^{55}
C22141	弹指头		t‘ã^{55}tʂʅ$^{55-31}$t‘əu$^{•}$
C22142	攥起拳头		tsuã$^{31-55}$tɕ‘i$^{•}$tɕ‘yã$^{55-35}$t‘əu$^{•}$
C22143	跺脚		tuə^{31}tɕiɔ^{55}
C22144	踮脚		tiã^{214}tɕiɔ^{55}
C22145	跷二郎腿		tɕ‘iɔ^{31}ɭə^{31}laŋ^{55}t‘uei^{55}
C22146	蜷腿		tɕ‘yã^{55}t‘uei^{55}
C22147	抖腿		təu^{55}t‘uei^{55}
C22148	踢腿	□腿	p‘ɛ^{55}t‘uei^{55}
C22149	弯腰		uã$^{214-24}$iɔ^{214}
C22150	伸腰	舒身	ʂu$^{214-32}$ʂə̃^{214}

C22151	撑腰（支持）	撑腰	tʂʻə̃ŋ$^{214-24}$iɔ^{214}
		有后台	iəu^{55}xəu^{31}tʻɛ^{55}
C22152	撅屁股	撅腚	tɕyə^{214}tiŋ^{31}
C22153	捶背		tʂʻuei^{55}pei^{31}
C22154	擤（鼻涕）	擤鼻子	ɕiŋ^{55}pi$^{55-35}$tsɿ˙
C22155	吸溜鼻涕	吸溜鼻子	ɕi$^{214-32}$liəu˙pi$^{55-35}$tsɿ˙
C22156	打喷嚏		ta^{55}pʻə̃$^{214-32}$tʻi˙
C22157	闻（用鼻子～）		uə̃^{31}
C22158	嫌弃	瞧不起人	tɕʻiɔ$^{55-35}$pu˙tɕʻi^{55}ʐə̃^{55}
		嫌	ɕiã^{55}
C22159	哭		kʻu^{55}
		嚎	xɔ^{55}
		泣	tɕʻi^{214}
C22160	扔（把没用东西～了）		
		□	kuɛ^{214}①抛：把东西～了（～出去）。②放：你～得不是个地方、你～在桌上、你～这里。③说：～个侃子（出个歇后语）、～些文词。
C22161	说		ʂuə^{55}
C22162	跑		pʻɔ^{55}
C22163	走	走道	tsəu^{55}tɔ^{31}
C22164	放（～在桌上）		faŋ^{31}
C22165	搀（酒里～水）	掺和	tʂʻã$^{214-32}$xuə˙
		胡掺和	xu^{55}tʂʻã$^{214-32}$xuə˙
C22166	收拾（东西）		ʂəu$^{214-32}$ʂʅ^{214}
C22167	选择		ɕyã^{55}tsə^{55}
		挑选	tʻiɔ^{214}ɕyã^{55}
		选	ɕyã^{55}
C22168	提起（东西）	提溜	ti^{31}liəu˙或tʻi$^{55-35}$liəu˙

C22169	捡起来		tɕiã$^{55-31}$tɕʻi·lɛ^{55}
C22170	擦掉		tsʻa^{55}tiɔ^{31}
C22171	丢失	□	kuɛ^{214}你啥本事没有就知道～钱、咱不能～人。(丢人)
C22172	落(因忘而把东西遗放在某处)		la^{55}
C22173	找着了	找着咧	tʂɔ$^{55-31}$tʂɔ·liə·
C22174	(把东西)藏(起来)	收收起来	ʂəu$^{214-32}$ʂəu·tɕʻi$^{55-31}$lɛ·
C22175	(人)藏(起来)	窝起来	uə$^{214-32}$tɕʻi·lɛ^{55}（人、东西、赃物等）藏起来。
C22200	(2)心理活动		
C22201	知道		tʂʅ^{214}tɔ^{31}
C22202	懂了		tuə̃$^{55-31}$liə·(老)tuŋ$^{55-31}$liə·(新)
C22203	会了		xuei$^{31-55}$liə·
C22204	认得		ʐə̃$^{31-55}$tei·
C22205	不认得		pu^{214}ʐə̃$^{31-55}$tei·
C22206	识字		ʂʅ^{55}tsɿ^{31}
C22207	想想		ɕiaŋ^{55}ɕiaŋ·
C22208	估量	估摸	ku$^{55-31}$mə·
C22209	想主意	琢磨	tʂuə$^{55-35}$mə·
C22210	猜想	瞎猜	ɕia$^{214-24}$tsʻɛ^{214}
		默摸	mei^{31}mə·
C22211	料定		liɔ^{31}tiŋ^{31}
C22212	主张	撑乎	tʂʻəŋ$^{214-32}$xu·
C22214	相信		ɕiaŋ^{55}ɕiə̃^{31}
C22215	沉思	深思	tʂʻə̃$^{214-24}$sɿ^{214}
C22216	犹疑	犹豫不定	iəu$^{55-35}$y·pu^{214}tiŋ^{31}
C22217	留神		liəu^{55}ʂə̃^{55}
C22218	害怕	吓得慌	ɕia$^{31-55}$tei·xuaŋ·

C22219	吓着了		ɕia$^{31-55}$tʂɔ·liə·
C22220	着急	拿急发火	na^{55}tɕi^{55}fa^{55}xuə^{55}~当不了事。
C22221	挂念	挂挂	kua$^{31-55}$kua·一家人~着你。
C22222	放心		faŋ^{31}ɕiə̃^{214}
C22223	盼望	盼着	p‘ã$^{31-55}$tʂɔ·
		盼盼着	p‘ã$^{31-55}$p‘ã·tʂɔ·
C22224	巴不得	恨不能地	xə̃$^{31-55}$pu·nəŋ$^{55-35}$tei·俺~到明日就结婚。
C22225	记着(不要忘)		tɕi$^{31-55}$tʂɔ·
		记明白	tɕi^{31}miŋ$^{55-35}$pei·
		听明白	t‘iŋ^{214}miŋ$^{55-35}$pei·
C22226	忘记了	忘咧	uaŋ$^{31-55}$liə·
C22227	想起来了	想起来咧	ɕiaŋ$^{214-32}$tɕ‘i·lɛ$^{55-35}$liə·
C22228	眼红(嫉妒)	红眼	xuŋ^{55}iã^{55}
C22229	讨厌	讨嫌	t‘ɔ^{55}ɕiã^{55}
C22230	恨		xə̃^{31}
C22232	偏心	偏心眼子	p‘iã$^{214-24}$ɕiə̃^{214}iã$^{55-31}$tsɿ·
C22233	忌妒		tɕi$^{55-35}$tu·
C22235	抱怨	埋怨	mɛ$^{55-35}$yã·
C22236	憋气	窝憋得慌	uə$^{214-32}$piə·tei·xuaŋ·
		肮脏得慌	ŋaŋ$^{214-32}$tsaŋ·tei·xuaŋ·
		肮气	ŋaŋ^{214}tɕ‘i^{31}
C22237	生气		ʂəŋ^{214}tɕ‘i^{31}
C22239	(对人)疼爱	疼	t‘əŋ^{55}
C22240	喜欢		ɕi$^{55-31}$xuã·
C22241	感谢	谢好	ɕiə^{31}xɔ^{55}
C22244	迁就	顺着	ʂuə̃$^{31-55}$tʂɔ·
C22300	(3)语言动作		
C22301	说话		ʂuə^{214}xua^{31}
C22302	聊天	闲扯	ɕiã^{55}tʂ‘ə^{55}

		闲拉呱	ɕiã^{55}la^{55}kua^{55}
C22303	搭茬儿		ta^{55}tʂʻa^{55}
C22304	不做声	不自声	pu^{214}tsɿ^{31}ʂəŋ^{214}
C22305	骗(我～你玩的,不是真的)		
		哄闹着玩	xuŋ$^{55-31}$nɔ·tʂɔ·uã^{55}
C22306	告诉	和你说	xaŋ^{31}ni^{55}ʂuə^{214}
		下舌头	ɕia^{31}ʂə$^{55-35}$tʻəu·
C22307	抬杠	拌嘴	pã^{31}tsuei^{55}
C22308	顶嘴		tiŋ^{55}tsuei^{55}
C22310	打架	打仗	ta^{55}tʂaŋ^{31}
		打红天了	ta^{55}xuŋ$^{55-353}$tʻiã^{214}liə·打得很激烈。
C22311	骂(破口大骂)		ma^{31}
		不讨人话地骂	pu^{214}tʻɔ^{55}ʐə̃^{55}xua$^{31-55}$tei·ma^{31}
C22312	挨骂		iɛ^{214}ma^{31}
C22313	叮对叮对		tiŋ$^{55-31}$tuei·tiŋ$^{55-31}$tuei·商量商量。
C22314	挨说(挨批评)	挨说话	iɛ^{55}ʂuə^{55}xua^{31}
		挨批	iɛ^{55}pʻi^{214}
		挨地瓜	iɛ^{55}ti$^{31-55}$kua·
C22315	唠叨		lɔ$^{55-31}$tɔ·
	罗嗦		luə$^{214-32}$suə·
		粘叨	niã$^{55-35}$tɔ·
C22316	喊(～他来)	叫	tɕiɔ^{31}～他来。
	招呼		tʂɔ$^{214-32}$xu·～他来。
		弄	nəŋ^{31}～他来。

8.23 位置

C23001	上面		ʂaŋ^{31}miã^{31}
C23002	下面		ɕia^{31}miã^{31}

C23003	地下（当心！别掉～了）		ti$^{31-55}$ɕia$^{\cdot}$
C23004	地上（～脏极了）		ti$^{31-55}$ʂaŋ$^{\cdot}$
C23005	天上		tʻiã$^{214-32}$ʂaŋ$^{\cdot}$
C23006	山上		ʂã$^{214-32}$ʂaŋ$^{\cdot}$
C23007	路上		lu$^{31-55}$ʂaŋ$^{\cdot}$
C23008	街上		tɕiə$^{214-32}$ʂaŋ$^{\cdot}$
C23009	墙上		tɕʻaŋ$^{55-35}$ʂaŋ$^{\cdot}$
C23010	门上		mə̃$^{55-35}$ʂaŋ$^{\cdot}$
C23011	桌上		tʂuə$^{214-32}$ʂaŋ$^{\cdot}$
C23012	椅子上		i$^{55-31}$tsɿ$^{\cdot}$ʂaŋ$^{\cdot}$
C23013	边儿上		piɛ^{214}ʂaŋ^{31}
C23014	里面		li^{55}miã^{31}
C23015	外面		uɛ^{31}miã^{31}
C23016	手里		ʂəu$^{55-31}$li$^{\cdot}$
C23017	心里		ɕiə̃$^{214-32}$li$^{\cdot}$
C23018	野外		iə^{55}uɛ^{31}
C23019	大门外	大门儿外	ta^{31}mei^{55}uɛ^{31}
C23020	门儿外		mei^{55}uɛ^{31}
C23021	墙外		tɕʻiaŋ^{55}uɛ^{31}
C23022	窗户外头		tʂʻuaŋ$^{214-32}$xu$^{\cdot}$uɛ$^{31-55}$tʻəu$^{\cdot}$
C23023	车上（～坐着人）		tʂʻə$^{214-32}$ʂaŋ$^{\cdot}$
C23024	车外（～下着雪）		tʂʻə^{214}uɛ^{31}
C23025	车前		tʂʻə^{214}tɕʻiã^{55}
C23026	车后		tʂʻə^{214}xəu$^{31\cdot}$
C23027	前边	前头	tɕʻiã$^{55-35}$tʻəu$^{\cdot}$
C23028	后边	后边儿	xəu^{31}piɛ^{214}
C23029	山前		ʂã^{214}tɕʻiã^{55}
C23030	山后		ʂã^{214}xəu^{31}
C23031	房后		faŋ^{55}xəu^{31}
C23032	背后	后头	xəu$^{31-55}$tʻəu$^{\cdot}$

C23033	以前		i^{214}tɕʻiã^{55}
C23034	以后		i^{214}xəu^{31}
C23035	以上		i^{214}saŋ^{31}
C23036	以下		i^{214}ɕia^{31}
C23037	东		tuŋ^{214}
C23038	西		ɕi^{214}
C23039	南		nã^{55}
C23040	北		pei^{214}
C23041	东南		tuŋ^{214}nã^{55}
C23042	东北		tuŋ$^{214-24}$pei^{214}
C23043	西南		ɕi^{214}nã^{55}
C23044	西北		ɕi$^{214-24}$pei^{214}
C23045	路边儿	路边子上	lu^{31}piɛ$^{214-32}$tsɿ•ʂaŋ^{31}
C23046	当间(儿)	正当央	tʂəŋ^{31}taŋ^{214}iaŋ^{55}
		当央	taŋ^{214}iaŋ^{55}
C23047	床底下		tʂʻuaŋ^{55}ti$^{55-31}$ɕia•
C23048	楼底下		ləu^{55}ti$^{55-31}$ɕia•
C23049	脚底下		tɕiɔ^{55}ti$^{55-31}$ɕia•
C23050	碗底儿(以下两条指器物底部)		
		碗底	uã^{55}ti^{55}
C23051	锅底儿	锅底	kuə^{214}ti^{55}
C23052	缸底儿	缸底	kaŋ^{214}ti^{55}
C23053	旁边	旁边儿	pʻaŋ^{55}piɛ^{214}
C23054	附近		fu^{31}tɕiə̃^{31}
C23055	跟前儿	跟前	kə̃^{214}tɕʻiã^{55}
C23056	什么地方	啥埝儿子	ʂa$^{214-32}$niɛ•tsɿ•
C23057	左边	左边儿	tsuə^{31}piɛ^{214}
C23058	右边	右边儿	iəu^{31}piɛ^{214}
C23059	望里走		uaŋ^{31}li^{55}tsəu^{55}
C23060	望外走		uaŋ^{31}uɛ^{31}tsəu^{55}

C23061	望东走		uaŋ^{31}tuŋ^{214}tsəu^{55}
C23062	望西走		uaŋ^{31}ɕi^{214}tsəu^{55}
C23063	望回走		uaŋ^{31}xuei^{55}tsəu^{55}
C23064	望前走		uaŋ^{31}tɕʻiã^{55}tsəu^{55}
C23065	…以东	东边儿	tuŋ$^{214-24}$piɛ^{214}
	东里		tuŋ$^{214-32}$ni·长山在邹平~。
C23066	…以西	西边儿	ɕi$^{214-24}$piɛ^{214}
		西里	ɕi$^{214-32}$ni·
C23067	…以南	南边儿	nã^{55}piɛ^{214}
		南里	nã$^{55-35}$ni·
C23068	…以北	北边儿	pei^{214}piɛ^{214}
		北里	pei$^{214-32}$ni·

8.24 代词等

C24001	我	俺	ŋã^{55}我，我们。~爹、~走了。
C24002	你		ni^{55}
C24003	他		ta^{55}
C24004	我们		uə$^{55-31}$mə̃·
C24005	咱们	咱	tsã^{55}～老李(老李自己说自己)、～爹～娘。
C24006	你们	□	ŋei^{55}～那孩子、～娘、～婆婆。
C24007	他们		ta$^{55-31}$mə̃·
C24008	您(尊称"你")	□	ŋei^{55}
C24010	我的		uə$^{55-31}$ti·
C24011	人家		ʐə̃$^{55-35}$tɕia·
C24012	大家	大家伙子	ta$^{31-55}$tɕia·xuə$^{55-31}$tsɿ·
		大伙子	ta$^{31-55}$xuə$^{55-31}$tsɿ·
C24013	谁		ʂei^{55}
C24014	这个		tʂə^{31}kuə^{31}

C24015	那个		na^{31}kuə^{31}
C24016	哪个		na^{214}kuə^{31}
C24017	这些		tʂə^{31}ɕiə^{214}
C24018	那些		na^{31}ɕiə^{214}
C24019	哪些		na$^{214-24}$ɕiə^{214}
C24020	这里		tʂə$^{31-55}$li$^{\bullet}$
C24021	那里		na$^{31-55}$li$^{\bullet}$
C24022	哪里		na^{214}li^{55}
C24023	这么(高)		tʂəŋ$^{31-55}$mə$^{\bullet}$
C24024	这么(做)		tʂəŋ^{31}mə$^{\bullet}$
C24025	那么(高)		nəŋ$^{31-55}$mə$^{\bullet}$
C24026	那么(做)		nəŋ^{31}mə$^{\bullet}$
C24027	怎么(做)	咋鼓捣着	tsa^{55}ku$^{55-31}$tɔ$^{\bullet}$tʂɔ$^{\bullet}$
		咋看	tsa^{55}k‘ã^{31}怎么看。
C24029	为什么	为啥	uei^{31}ʂa^{214}
C24030	什么	啥	ʂa^{214}
C24032	多(久、高、大、厚、重)		
		多么	tuə^{214}mei$^{\bullet}$
C24033	我们俩	俺俩	ŋã^{55}lia^{55}
C24034	咱们俩	咱俩	tsã^{55}lia^{55}
C24035	你们俩	□俩	ŋei^{55}lia^{55}
C24036	他们俩	他两个	t‘a^{55}liaŋ$^{55-31}$kuə$^{\bullet}$
C24037	夫妻俩	两口子	liaŋ^{55}k‘əu$^{214-32}$tsɿ$^{\bullet}$
		夫妻	fu$^{214-32}$tɕi$^{\bullet}$
C24038	娘儿俩(母亲和子女)		
		娘俩	niaŋ^{55}lia^{55}
C24039	爷儿俩(父亲和子女)		
		爷俩	iə^{55}lia^{55}
C24040	爷孙俩	爷孙两个	iə^{55}suə̃^{214}liaŋ$^{55-31}$kuə$^{\bullet}$
C24041	妯娌俩		tʂəu$^{55-35}$li$^{\bullet}$lia^{55}

C24043	婆媳俩	婆媳两个	p‘ə^{55}ɕi^{55}liaŋ$^{214-32}$kuə·
C24044	兄弟俩		ɕyŋ^{214}ti^{31}lia^{55}
C24045	哥儿俩	哥俩	kə^{214}lia^{55}
C24046	姐妹俩		tɕiə^{55}mei^{31}liaŋ^{55}
C24047	姐儿俩	姐两个	tɕiə^{55}liaŋ$^{214-32}$kuə·
C24048	兄妹俩		ɕyŋ^{214}mei^{31}lia^{55}
C24049	姐弟俩		tɕiə^{55}ti^{31}lia^{55}
C24050	舅甥俩	舅甥	ɕiəu^{31}ʂəŋ^{214}
C24051	姑侄俩		ku^{214}tʂʅ^{55}lia^{55}
C24052	叔侄俩		ʂu^{214}tʂʅ^{55}lia^{55}
C24053	师徒俩		ʂʅ^{214}t‘u^{55}lia^{55}
C24054	谁们	啥人们	ʂa$^{214-32}$ʐə̃$^{55-35}$mə̃·
C24055	人们		ʐə̃$^{55-35}$mə̃·
	哥们儿		kə$^{214-32}$mei^{55}
C24060	这些个理儿们		
		这些理	tʂə^{31}ɕiə^{214}li^{55}
C24061	那些个事儿们		
		那些事儿	na^{31}ɕiə^{214}ʂei^{31}
C24062	桌子们	(这些)桌子	
			(tʂə^{31}ɕiə^{214})tʂuə$^{55-31}$tsɿ·
C24063	椅子们	(这些)椅子	
			(tʂə^{31}ɕiə^{214})i$^{55-31}$tsɿ·
C24064	书们	书	ʂu^{214}

8.25 形容词

C25001	好(这个比那个～些)		xɔ^{55}
C25002	不错(颇好之意)		
		不赖	pu^{214}lɛ^{31}
C25003	差不多		tʂ‘a$^{214-32}$pu·tuə^{214}

C25004	不怎么样	一般化	i$^{214-24}$pã^{214}xua^{31}
C25005	不顶事	不治事儿	pu^{214}tʂʅ^{31}ʂei^{31}
		不顶事儿	pu$^{214-24}$tiŋ^{214}ʂei^{31}
C25006	坏(不好)	孬	nɔ^{214}
C25007	次(人头儿很~/东西很~)		
		次品	ts‘ɿ^{31}piə̃^{55}
		泚毛	ts‘ɿ^{214}mɔ^{55}
C25008	凑合		ts‘əu$^{31-55}$xuə·
C25009	美(注意形容男女有无不同说法)		
		俊	tɕyə̃^{31}
		好看	xɔ^{55}k‘ã^{31}
		受看	ʂəu^{31}k‘ã^{31}
		细柳条	ɕi^{31}liəu^{55}t‘iɔ^{55}
C25010	丑(难看)		tʂ‘əu^{55}
C25011	要紧		iɔ^{31}tɕiə̃^{55}
	紧急		tɕiə̃^{55}ɕi^{55}
C25012	热闹		ʐə$^{31-55}$nɔ·
C25013	坚固	牢靠	lɔ$^{55-35}$kɔ·
C25014	硬		iŋ^{31}
C25015	软	软和	yã^{214}xuə·
C25016	干净		kã$^{214-32}$tɕiŋ·
C25017	脏(不干净)	窝囊	uə$^{214-32}$naŋ·
C25018	咸		ɕiã^{55}
	有盐味		iəu^{55}iã^{55}uei^{31}
C25019	淡(不咸)		tã^{31}
C25020	香		ɕiaŋ^{214}
C25021	臭		tʂ‘əu^{31}
C25022	酸		suã^{214}
C25023	甜		t‘iã^{55}
C25024	苦		k‘u^{55}

C25025 辣 la^{31}

C25026 稀(粥太～了) ɕi^{214}

C25027 稠(粥太～了) tʂ‘əu^{55}

C25030 肥(指动物:鸡很～) fei^{55}

C25031 胖(指人) p‘aŋ^{31}也指动物，如狗鸡等。

C25032 瘦(不肥,不胖) ʂəu^{31}

C25034 舒服 舒坦 ʂu$^{214-32}$t‘ã^{214}

恣 tsɿ^{31}

C25035 难受 不舒坦 pu^{35}ʂu$^{214-32}$t‘ã^{214}

C25036 腼腆 miã$^{55-31}$p‘iã·

C25037 乖(小孩儿真～)

听话 t‘iŋ^{214}xua^{31}

听说 t‘iŋ^{214}ʂuə^{55}

C25039 (这小伙子)真能 tʂə̃^{214}nəŋ^{55}

C25040 (那个家伙)不行 pu$^{55-35}$ɕiŋ^{55}

C25041 缺德 tɕ‘yə^{55}tei^{55}

伤天害理 ʂaŋ$^{214-24}$t‘iã^{214}xɛ^{31}li^{55}

伤天理 ʂaŋ$^{214-24}$t‘iã$^{214-32}$li^{55}

C25042 机灵 鬼 kuei^{55}

涮精 ʂuã$^{31-55}$tɕiŋ·精神，机灵。

C25043 灵巧(她有一双～的手)

巧 tɕ‘iɔ^{55}

C25044 糊涂 xu$^{55-35}$tu·

C25045 死心眼儿 sɿ^{55}ɕiə̃^{214}iɛ^{55}

C25046 脓包(无用的人)

攮饭才 naŋ^{55}fã^{31}ts‘ɛ^{55}

饭桶 fã^{31}t‘uŋ^{55}

熊蛋 ɕyŋ$^{55-35}$tã·或ɕyŋ^{55}tã^{31}

软蛋 luã^{55}tã^{31}

埋汰 mɛ$^{55-35}$t‘ɛ·没有作为，不精神(多

			指男人）。
C25047	孬种		nɔ^{214}tʂuŋ^{55}
C25048	吝啬鬼	小气鬼	ɕiɔ$^{55-31}$tɕʻi·kuei^{55}
C25049	小气		ɕiɔ$^{55-31}$tɕʻi·
C25050	大方		ta^{31}faŋ^{214}
C25051	整（鸡蛋吃～的）		tʂəŋ^{55}
C25052	浑（～身是汗）		xuə̃^{55}
		满身	mã^{55}ʂə̃^{214}或mã$^{55-31}$ʂə̃^{214}
C25053	凸		tʻu^{55}
C25054	凹		ua^{214}
C25055	凉快		liaŋ$^{55-35}$kʻuɛ·
C25056	背静	安静	ŋã^{214}tɕiŋ^{31}
C25057	活络（活动的，不稳固）		
		活泛	xuə$^{55-35}$fã·
		不死	pu^{214}sɿ^{55}
		不死巴	pu^{214}sɿ$^{55-31}$pa·
C25058	地道（～四川风味）		
		纯正	tʂʻuə̃^{55}tʂəŋ^{31}
	真正		tʂə̃^{214}tʂəŋ^{31}
	正个的		tʂəŋ^{31}kuə^{214}tei·
C25059	整齐	齐板	tɕʻi^{55}pã·
C25060	称心	遂心	suei^{31}ɕiə̃^{214}
C25061	晚（来～了）	迟	tʂʻʅ^{55}
	马后炮		ma^{55}xəu^{31}pʻɔ^{31}
	雨后送伞		y^{55}xəu^{31}suŋ^{31}sã^{55}
	过晌午送饭		kuə$^{31-551}$ʂaŋ$^{55-31}$u·suŋ^{31}fã^{31}
C25062	多		tuə^{214}
C25063	少		ʂɔ^{55}
C25064	大		ta^{31}
C25065	小		ɕiɔ^{55}

C25066	长		tʂʻaŋ^{55}
C25067	短		tuã^{55}
C25068	宽		kʻuã^{214}
C25069	窄		tʂei^{55}
C25070	厚		xəu^{31}
C25071	薄		pə^{55}
C25072	深		tʂʻə̃^{214}
C25073	浅		tɕʻiã^{55}
C25074	高		kɔ^{214}
C25075	低		ti^{214}
C25076	矮		ŋɛ^{55}
C25077	正		tʂəŋ^{31}
C25078	歪		uɛ^{214}
C25079	斜	弯弯斜溜	uã$^{214-32}$uã·ɕiə$^{55-35}$liəu·
C25080	红		xuŋ^{55}
C25081	朱红		tʂu^{214}xuŋ^{55}
C25082	粉红		fə̃^{55}xuŋ^{55}
C25083	深红		tʂʻə̃^{214}xuŋ^{55}
C25084	浅红	粉红	fə̃^{214}xuŋ^{55}
C25085	蓝		lã^{55}
C25086	浅蓝		tɕʻiã^{55}lã^{55}
C25087	深蓝		tʂʻə̃^{214}lã^{55}
C25088	天蓝		tʻiã^{214}lã^{55}
C25089	绿		ly^{31}
C25090	葱心儿绿	葱白子白	tsʻuŋ^{214}pei$^{55-35}$tsɿ·pei^{55}
C25091	草绿		tsʻɔ^{55}ly^{31}
C25092	水绿		ʂuei^{55}ly^{31}
C25093	浅绿		tɕʻiã^{55}ly^{31}
C25094	白		pei^{55}
C25095	灰白		xuei^{214}pei^{55}

C25096	苍白		tsʻaŋ^{214}pei^{55}
C25097	漂白		pʻiɔ^{214}pei^{55}
C25098	灰		xuei^{214}
C25099	深灰		tʂʻə̃$^{214-24}$xuei^{214}
C25100	浅灰		tɕʻiã^{55}xuei^{214}
C25101	银灰		iə̃^{55}xuei^{214}
	藏灰		tsaŋ^{31}xuei^{214}
	藏青		tsaŋ^{31}tɕʻiŋ^{214}
	藏蓝		tsaŋ^{31}lã^{55}
C25102	黄		xuaŋ^{55}
C25103	杏黄		ɕiŋ^{31}xuaŋ^{55}
C25104	深黄		tʂʻə̃^{214}xuaŋ^{55}
C25105	浅黄		tɕʻiã^{55}xuaŋ^{55}
C25106	青		tɕʻiŋ^{214}
C25107	豆青		təu^{31}tɕʻiŋ^{214}
C25108	藏青		tsaŋ^{31}tɕʻiŋ^{214}
C25109	蟹青		ɕiɛ^{31}tɕʻiŋ^{214}
C25110	鸭蛋青	鸭蛋绿	ia^{214}tã^{31}ly^{31}
C25111	紫		tsɿ^{55}
C25113	玫瑰紫		mei$^{55-35}$kuei$\cdot$tsɿ^{55}
C25114	藕荷(色)		ŋəu^{55}xuə^{55}
C25115	古铜(色)		ku^{55}tʻuŋ^{55}
C25116	黑	黑色	xei$^{214-24}$ʂei^{214}

8.26 副词、介词等

C26001	刚(我～来,没赶上)		
		将	tɕiaŋ^{214} ～结婚就生病了。
C26005	净(～吃米,不吃面)		
		光	kuaŋ^{214} ～吃米不吃面。

		净	tɕiŋ^{31} ～吃些好的。
C26006	有点儿(天～冷)		iəu^{55}tɛ^{55}
C26009	差点儿(～摔了)		
		差末点儿	tʂʻa^{214}mə^{55}tɛ^{55}
		加末点儿(更土)	tɕia^{31}mə^{55}tɛ^{55}
C26011	马上(～就来)	麻利着	ma$^{55-35}$li˙tʂɔ˙(催别人)
		快着些	kʻuɛ$^{31-55}$tʂɔ˙ɕiɛ^{55}(催别人)
		接着	tɕiə$^{214-32}$tʂɔ˙
		随后	suei$^{55-35}$xəu^{31}
C26012	趁早儿(～走吧)		
		趁早	tʂʻə̃^{31}tsɔ^{55}
		爽着	ʂuaŋ$^{55-31}$tʂɔ˙不成，咱～啊。(趁早算了吧。)
		不滞工	pu$^{55-35}$tʂʅ$^{55-31}$kuŋ˙不罗嗦,不犹豫。
C26013	早晚(随时:～来都行)		
		啥时候	ʂa^{31}ʂʅ$^{55-35}$xəu˙～来都行。
C26014	眼看(～就到期了)		iã^{55}kʻã^{31}
C26015	幸亏(～你来了,要不然我们就走错了)		
		亏着	kʻuei^{55}tʂɔ^{55}
C26016	当面(有话～说)		taŋ^{55}miã^{31}
C26019	一个人(自己:他～去)		
		自家	tsʅ$^{55-35}$tɕia˙
C26020	顺便儿(请他～给我买本书)		
		顺道	ʂuə̃^{31}tɔ^{31}
C26021	故意(～捣乱)	诚心得为	tʂʻəŋ^{55}ɕiə̃^{214}tei$^{55-35}$uei˙你这是～啊。
		得为	tei$^{55-35}$uei^{55}我就～这样。
C26022	到了儿(他～走了没有,你要问清楚)		
		到底	tɔ^{31}ti^{55}他～走了吗?

C26023 压根儿(他～不知道)

一直就 i^{55}tʂʅ^{31}tɕiəu^{31}

自始至终 tsɿ^{55}ʂʅ^{55}tʂʅ^{31}tʂuŋ^{214}

C26024 实在(这人～好) ʂʅ$^{55-35}$tsɛ·

可 kə^{55}

刚 kaŋ^{214}

着实 tʂɔ^{55}ʂʅ^{55}

C26025 平四十(接近四十:这人已经～了)

p‘iŋ^{55}sɿ^{31}ʂʅ^{55}四十虚岁。

C26026 一共(～才十个人)

总共 tsuŋ^{55}kuŋ^{31}

总共总 tsuŋ^{55}kuŋ^{31}tsuŋ^{55}

统共 t‘uŋ^{214}kuŋ^{31}

C26027 不要(慢慢儿走,～跑)

不也 pu$^{55-35}$iə^{31}

C26028 白(不要钱:～吃) pɛ^{55}(多)pei^{55}(少)

C26029 白(空:～跑一趟) pɛ^{55}(多)pei^{55}(少)

C26030 偏(你不叫我去,我～去)

就 tɕiəu^{31}

就是 tɕiəu^{31}ʂʅ^{31}

C26031 胡(～搞、～说)

胡 xu^{55}

C26032 先(你～走,我随后就来)

先 ɕiã^{214} ～不说、～不咋呼。

C26033 先(他～不知道,后来才听人说的)

先前 ɕiã^{214}tɕ‘iã^{55}不能用“先”。

C26034 另外(～还有一个人)

还 xã^{55}

C26035 被(～狗咬了一口)

叫 tɕiɔ^{31}

C26036　把（～门关上）　pa^{55}

C26037　对（你～他好，他就～你好）

对　tuei^{31}

待　tɛ^{31}

对待　tuei^{31}tɛ^{31}

C26038　对着（他～我直笑）

看着　kʻã$^{31-55}$tʂɔ·

望着　uaŋ$^{31-55}$tʂɔ·

C26039　到（～哪儿去？）

到（少）　tɔ^{31}

上（多）　ʂaŋ^{31}你～哪来？你～哪去来？

C26040　到（～哪天为止？）

待到　tɛ^{31}tɔ^{31}（老）

到　tɔ^{31}（新）

C26042　头（在…之前：～吃饭，先洗手）

头既　tʻəu$^{55-35}$tɕi·

C26045　自从（～他走后，我一直不放心）

自耽　tsɿ^{31}tã^{55}

C26059　管…叫（有些地方管白薯叫山药）

kuã^{55}…tɕiɔ^{31}

C26060　拿…当（有些地方拿麦秸当柴烧）

na^{55}…taŋ^{55}

拿着…当　na$^{55-35}$tʂɔ·…taŋ^{55}拿着黄鼬当马骑。

C26061　从小（他～就能吃苦）

打小　ta^{55}ɕiɔ^{55}

C26062　望外（老王钱多，不～拿）　uaŋ^{31}uɛ^{31}

上外　ʂaŋ^{31}uɛ^{31}

C26063　赶（你得天黑以前～到）　kã^{55}

8.27 量词

C27001	一把(椅子)		i^{214}pa^{55}
C27002	一枚(奖章)		i^{214}mei^{55}
C27003	一本(书)		i^{214}pə̃^{55}
C27004	一笔(款)		i^{214}pei^{55}
C27005	一匹(马)		i$^{214-24}$p‘i^{214}
C27006	一头(牛)		i^{214}t‘əu^{55}
C27007	一封(信)		i$^{214-24}$fəŋ^{214}
C27008	一服(药)		i^{214}fu^{31}
		一剂	i^{214}tɕi^{31}
C27009	一帖(药)		i^{214}t‘iə^{55}
C27010	一味(药)		i^{214}uei^{31}
C27011	一道(河)	一条	i^{214}t‘iɔ^{55}
C27012	一顶(帽子)		i^{214}tiŋ^{55}
C27014	一档子(事)		i^{214}taŋ$^{31-55}$tsɿ˙
	一码事	一码事儿	i^{214}ma^{55}ʂei^{31}
C27015	一朵(花儿)		i$^{214-24}$tuə^{214}
	一束		i^{214}ʂu^{31}
	一枝子		i^{214}tʂʅ$^{214-32}$tsɿ˙
C27016	一顿(饭)		i^{214}tuə̃^{31}
C27017	一条(手巾)		i^{214}t‘iɔ^{55}
C27018	一辆(车)		i^{214}liaŋ^{31}(胶皮的)
	一挂(车)		i^{214}kua^{31}(大车牛车,木头轮子的)
C27019	一子儿(香)	一杆	i^{214}kã^{55}
		一鲁	i^{214}lu^{31}
C27026	一出(戏)		i^{214}tʂ‘u^{55}
C27028	一身(棉衣)		i$^{214-24}$ʂə̃^{214}
C27032	一棵(树)		i$^{214-24}$k‘ə^{214}
C27033	一颗(米)		i$^{214-24}$kə^{214}

C27057	一刀(纸)		i$^{214-24}$tɔ^{214}
C27063	一把(米)		i^{214}pa^{55}
	一把连子		i^{214}pa^{55}liã$^{55-35}$tsɿ˙一般年纪一起长大的人。从小～长起来的。
C27067	一捆(行李)		i^{214}tɕ‘yə̃^{55}
C27069	一挑(水)	一挑子水	i^{214}t‘iɔ^{214}tsɿ˙ʂuei^{55}
C27071	一进(院子)	一磴院子	i^{214}təŋ^{31}yã$^{31-55}$tsɿ˙
		一磴宅子	i^{214}təŋ^{31}tʂei$^{55-35}$tsɿ˙
C27072	一挂(鞭炮)	一挂拉子	i^{214}kua$^{31-55}$la˙tsɿ˙
		一枝子	i^{214}tʂʅ$^{214-32}$tsɿ˙过去，一枝子是一小包，好几枝子接起来是一挂拉子，放在竹竿上放。
C27074	一句(话)		i^{214}tɕy^{31}
C27075	一位(客人)		i^{214}uei^{31}
C27076	一双(鞋)		i$^{214-24}$ʂuaŋ^{214}
C27077	一对(花瓶)		i^{214}tuei^{31}
C27078	一副(眼镜)		i^{214}fu^{31}
C27079	一套(书)		i^{214}t‘ɔ^{31}
C27080	一种(虫子)	一户(虫子)	i^{214}xu^{31}（tʂ‘uŋ$^{55-35}$tsɿ˙）
C27081	一伙儿(人)	一伙	i^{214}xuə^{55}
C27119	一堆(雪)		i$^{214-24}$tsuei^{214}
C27155	一篮子(梨)		i^{214}lã$^{55-35}$tsɿ˙
C27159	一口袋(干粮)		i^{214}k‘əu$^{55-31}$tɛ˙
C27164	一坛子(酒)		i^{214}t‘ã$^{55-35}$tsɿ˙
C27165	一桶(汽油)		i^{214}t‘uŋ^{55}
C27167	一盆(洗澡水)		i^{214}p‘ə̃^{55}
C27168	一壶(茶)		i^{214}xu^{55}
C27169	一锅(饭)		i$^{214-24}$kuə^{214}
C27170	一笼(包子)		i^{214}luŋ^{55}

C27171	一盘(水果)		i^{214}p‘ã^{55}
C27177	一勺子(汤)		i^{214}ʂɔ$^{55-35}$tsɿ$^{\bullet}$
C27179	个把两个	一个两个	i^{214}kuə^{31}liaŋ^{55}kuə^{31}
		一两个	i^{214}liaŋ^{55}kuə^{31}
C27180	百把来个	百儿八十	pei^{55}ɭə^{55}pa^{55}ʂʅ^{55}
C27181	千把人	千儿八百	tɕ‘iã$^{214-32}$ɭə$^{\bullet}$pa$^{55-31}$pei$^{\bullet}$
C27183	里把路	里数路	li$^{55-31}$ʂu$^{\bullet}$lu^{31}
C27184	里把二里路	一二里	i^{214}ɭə$^{31-55}$li$^{\bullet}$
C27185	亩把二亩	亩数	mu$^{55-31}$ʂu$^{\bullet}$
		一二亩	i^{214}ɭə$^{31-55}$mu$^{\bullet}$

参考文献

一、古籍

金尼阁　1626《西儒耳目资》，北京：文字改革出版社，1957年影印本。

王鹏飞　1856《等韵便读》，三瑞堂，咸丰丙辰年（1856）版。

张象津　1836《白云山房集》，择经堂，道光十六年（1836）版。

周云炽　1763《韵略新抄便览》，成文堂，光绪庚子（1900）版。

高奣映《等音声位合汇》，载于《丛书集成续编》第19册，上海：上海书店出版社，1994。

二、今人论著

白钟仁　2001《北宋山东诗文词用韵研究》，南京大学博士论文。

曹剑芬　1986《普通话轻声音节特性分析》，《应用声学》，1986（4）。

———　1995《连读变调与轻重对立》，《中国语文》，1995（4）。

曹树基　1997《中国移民史》第五卷，福州：福建人民出版社。

曹延杰　1991《德州方言志》，北京：语文出版社。

———　2003《宁津方言志》，北京：中国文史出版社。

巢宗祺　1986《苏州方言中"辣笃"的形成》，《方言》，1986（4）。

陈　宁　2006《山东博山方言的子变韵及相关问题》，《方言》，2006（4）。

陈忠敏　2002《方言间的层次对应——以吴闽语虞韵读音为例》，载于《闽语研究及其与周边方言的关系》，丁邦新、张双庆编，香港：香港中文大学出版社。

———　2003《吴语及邻近方言鱼韵的读音层次——兼论"金

陵切韵”鱼韵的音值》，载于《语言学论丛》第27辑，北京大学汉语语言学研究中心《语言学论丛》编委会编，北京：商务印书馆。

丁邦新　1992《汉语方言史和方言区域史研究》，《中国境内语言暨语言学（一）汉语方言》，中央研究院历史语言研究所编辑委员会，台北：中央研究院历史语言研究所。

——　1998《汉语方言接触的几个类型》，载于《语言学论丛》第20辑，北京大学汉语语言学研究中心《语言学论丛》编委会编，北京：商务印书馆。

丁启阵　1991《秦汉方言》，台北：东方出版社。

丁声树　1981《古今字音对照手册》，北京：中华书局。

董达武　1992《周秦两汉魏晋南北朝方言共同语初探》，天津：天津古籍出版社。

董绍克　1991《阳谷方言志》，北京：中国广播电视出版社。

——　1993《高密方言的儿化》，《山东师大学报》（社会科学版），1993（1）。

——　1997《山东方言词典》，北京：语文出版社。

董遵章　1985《元明清白话著作中山东方言例释》，济南：山东教育出版社。

冯良珍　佐藤昭 1989《霍县方言的变读》，《山西方言研究》，山西人民出版社。

高本汉　1915～1926《中国音韵学研究》，赵元任、罗常培、李方桂合译，缩印第一版，北京：商务印书馆，1995。

高青县地方史志编纂委员会编　1991《高青县志》，北京：中国社会出版社。

高慎贵　1996《新泰方言志》，北京：语文出版社。

高文达　1992《济南方言志》，《山东史志丛刊》增刊。

耿振生　1992《明清等韵学通论》，北京：语文出版社。

龚千炎　1991《谈现代汉语的时制表示和时态表达系统》，《中国语文》，1991（4）。

何大安　2004《规律与方向——变迁中的音韵结构》，北京：北京大学出版社。

何耿镛　1984《汉语方言研究小史》，太原：山西人民出版社。

贺　巍　1982b《获嘉方言的一种变韵》，载于《中国语言学报》第1期，朱德熙、周祖谟、王均编，北京：商务印书馆。

———　1995《山东皖北苏北的官话（稿）》，《方言》，1995（3）。

———　2005《官话方言的分区》，《方言》，2005（2）。

侯精一　1985《长治方言志》，北京：语文出版社。

———　温端政　1993《山西方言调查研究报告》，太原：山西高校联合出版社。

胡明扬　2003《“着”、“在那里”和汉语方言的进行态》，载于戴昭明《汉语方言研究和探索——首届国际汉语方言语法学术讨论会论文集》，哈尔滨：黑龙江人民出版社。

华学诚　2003《周秦汉晋方言研究史》，上海：复旦大学出版社。

黄笑山　1995《〈切韵〉和中唐五代音位系统》，台北：台湾文津出版社。

忌　浮　2006《〈韵助略集〉与十八世纪初叶的山东长山方音》，《南开语言学刊》，2006（4）。

季永海　1999《汉语儿化音的发生与发展——兼与李思敬先生商榷》，《民族语文》，1999（5）。

蒋冀骋　吴福祥　1997《近代汉语纲要》，长沙：湖南教育出版社。

蒋绍愚　曹广顺　2005《近代汉语语法史研究综述》，北京：商务印书馆。

蒋星煌　1985《中国戏曲史探微》，济南：齐鲁书社。

[韩]金熏镐　1994《〈西儒耳目资〉的成书及其体制》，《河北学刊》，1994（4）。

———　1996《〈西儒耳目资〉非山西方言辨析》，《语文研究》，1996（2）。

蓝　纯　1999《从认知角度看汉语的空间隐喻》，《外语教学与研究》，1999年(4)。

李　平　1985《金元山东词人用韵考》，《语言研究》，1985（2）。

李　荣　1985《官话方言的分区》，《方言》，1985（1）。

李恕豪　2003《扬雄〈方言〉与方言地理学研究》，成都：巴蜀书社。

李思敬　1986《汉语“儿”[ɚ]音史研究》，北京：商务印书馆。

李新魁　1979《论近代汉语照系声母的音值》，《学术研究》，1979（6）。

——— 1983a《汉语等韵学》，北京：中华书局。

——— 1983b《中原音韵音系研究》，郑州：中州书画社。

——— 1991《实用诗词曲格律辞典》，广州：花城出版社。

李行杰　1997《青岛市志·方言志》，北京：新华出版社。

——— 1997《胶南方言的儿化问题》，《青岛大学师范学院学报》，1997（3）。

林　焘　1985《探讨北京话轻声性质的初步试验》，载于《北京语音实验录》，北京：北京大学出版社。

林　亦　2004《百年来的东南方音史研究》，南京：南京大学出版社。

林茂灿　颜景助　1980《北京话轻声的声学性质》，《方言》，1980（3）。

——— 颜景助　1990《普通话轻声与轻重音》，《语言教学与研究》，1990（3）。

林语堂　1925《汉代方音考》，《语丝》，1925（31）。

——— 1927《西汉方音区域考》，《贡献》，1927（2）。

——— 1933《燕齐鲁卫阳声转变考》，载于《语言学论丛》第十九辑，北京：商务印书馆，1988。

刘丹青　2001《语法化中的更新、强化与叠加》，《语言研究》，2001（2）。

刘民刚　2004《上海话语音简史》，上海：学林出版社。

刘晓南　1999《宋代闽音考》，长沙：岳麓书社。

刘雪霞　2006《河南方言语音的演变与层次》复旦大学博士学位论文。

刘勋宁　1994《陕北清涧话人称代词和指人名词语尾[.mi]探源》，载于《中国境内语言暨语言学（二）：历史语言学》，李壬癸、黄居仁、汤志真编，台北市：中央研究院历史语言研究所。

鲁国尧　1979《宋代辛弃疾等山东词人用韵考》，《南京大学学报》，1979（2）。

———　1985a《明代官话及其基础方言问题——读〈利玛窦中国札记〉》，《南京大学学报》，1985（9）。

———　1985b《与宁继福先生关于中原音韵的通信》，载于宁继福《中原音韵表稿》，长春：吉林文史出版社。

———　1994《鲁国尧自选集》，郑州：河南教育出版社。

陆志韦　1948《金尼阁〈西儒耳目资〉所记的音》，《燕京学报》，1948（32）。

吕叔湘　1941《释〈景德传灯录〉中在着二助词》，载于《汉语语法论文集增订本》，北京：商务印书馆，1984。

———　1980《现代汉语八百词》，北京：商务印书馆。

———　1984《汉语语法论文集增订本》，北京：商务印书馆。

———　江蓝生　1985《近代汉语指代词》，上海：学林出版社。

罗常培　1933《汉语方音研究小史》，《罗常培语言学论文集》，北京：中华书局，1963。

———　周祖谟　1958《汉魏晋南北朝韵部演变研究》，北京：科学出版社。

———　1961《唐五代西北方音》，北京：科学出版社。

———　1930《耶稣会士在音韵学上的贡献》，《中央研究院历史语言所集刊》第一本第三分，又见于《罗常培语言学论文集》，商务印书馆2004。

罗福腾　1992《牟平方言志》，北京：语文出版社。

马　静　吴永焕　2003《临沂方言志》，济南：齐鲁书社。

[法]马伯乐　2005《唐代长安方言考》，聂鸿音译，北京：中华书局。

马凤如　2000《金乡方言志》，济南：齐鲁书社。

孟庆泰　罗福腾　1994《淄川方言志》，北京：语文出版社。

宁继福　1985《中原音韵表稿》，长春：吉林文史出版社。

潘悟云　1989《温州方言的指代词》，《温州师院学报》（哲学社会科学版），1989（2）。

逄振镐　1995《东夷文化史》，北京：中国社会科学出版社。

朴炯春　2001《中古知庄章三组声母在今山东方言中的读音研究》，山东大学博士论文。

钱乃荣　1997《上海话语法》，上海：上海人民出版社。

钱永文　2006《莒县话儿化音节的结构》，《甘肃高师学报》，2006（4）。

钱曾怡　高文达　张志静《山东方言的分区》，《方言》，1985（4）。

——　1995《论儿化》，《中国语言学报》，1995（5）。

——　张树铮　罗福腾　2001《山东方言研究》，济南：齐鲁书社。

——　曹志耘　罗福腾　2002《诸城方言志》，长春：吉林人民出版社。

——　罗福腾　曹志耘　1984《山东诸城、五莲方言的声韵特点》，《中国语文》，1984（3）。

——　罗福腾　1992《潍坊方言志》，潍坊：潍坊市新闻出版局。

——　太田斋　陈洪昕等　2005《莱州方言志》，济南：齐鲁书社。

——　1993《博山方言研究》，北京：社会科学文献出版社。

——　1995《山东方言的分区》，《方言》，1995（4）。

——　2002《河北省东南部39县市方音概况》，载《汉语方言研究的方法与实践》，北京：商务印书馆。

乔全生　2000《山西方言“儿化、儿尾”研究》，《山西大学学报》（哲社版），2000（2）。

——　1995《山西方言“子尾”研究》，《山西大学学报》（哲社版），1995（3）。

[美]容　新　1997《普通话助词“了”所表达的时间范围及时态》，《中国语言学论丛》第一辑，北京：北京语言文化大学出版社。

山东省邹平县地方史志编纂委员会　1992《邹平县志》，北京：中华书局。

邵荣芬　1982《切韵研究》，北京：中国社会科学出版社。

沈慧云　1983《晋城方言的子尾变调》，《语文研究》，1983（4）。

沈家煊　1994《“语法化”研究综观》，《外语教学与研究》，1994（4）。

——　1999《不对称和标记论》，南昌：江西教育出版社。

沈兼士　1945《广韵声系》，北京：中华书局。

石明远　1995《莒县方言志》，北京：语文出版社。

史有为　2005《汉语方言“达成”类情貌的类型学考察》，载于徐杰主编《汉语研究的类型学视角：第一届肯特岗国际汉语语言学圆桌会议论文集》，北京：北京语言大学出版社。

宋恩泉　2005《汶上方言志》，济南：齐鲁书社。

孙祚民　1992《山东通史》，济南：山东人民出版社。

唐娟华　2004《山东方言动词的完成体》，北京语言大学硕士论文。

田希诚　1992《霍州方言的小称变韵》，《山西大学学报》，1992（1）。

汪国胜　1999《湖北方言的“在”和“在里”》，《方言》，1999（2）。

汪启明　1998《先秦两汉齐语研究》，成都：巴蜀书社。

王　力　1980《汉语史稿》，北京：中华书局。

——　1985a《中国现代语法》，北京：商务印书馆。

——　1985b《汉语语音史》，北京：中国社会科学出版社。

——— 1988《汉语史稿》，载于《王力文集》第九卷，济南：山东教育出版社。

王　森　1998《郑州荥阳（广武）方言的变韵》，《中国语文》，1998（4）。

王寀廷纂，张儒玉、袁励傑修　1933《民国重修新城县志》，载于《中国地方志集成　山东府县志辑》二十六卷首一卷。

王福堂　1999《汉语方言语音的变化和层次》，北京：语文出版社。

王洪君　1999《汉语非线性音系学》，北京：北京大学出版社。

——— 2004《从山西闻喜的小方言差异看子变音的衰变》，《语文研究》，2004（1）。

王淑霞　1995《荣成方言志》，北京：语文出版社。

王统照　1980《王统照文集》，济南：山东人民出版社。

王韫佳　1998《海安话轻声与非轻声关系初探》，《方言》，1998（3）。

温昌衍　2006《江西石城（高田）方言的完成变调》，《中国语文》，2006（1）。

吴福祥　1999《试论现代汉语动补结构的来源》，《首届汉语语言学国际研讨会文集》，北京：中国社会科学出版社。

吴永焕　2001《山东方言入声调研究》，山东大学博士论文。

谢云声　1928《闽歌甲集》，广州：国立中山大学语言历史学研究所出版社。

辛永芬　2006《河南浚县方言的动词变韵》，《中国语文》，2006（1）。

邢向东　2002《神木方言研究》，北京：中华书局。

徐烈炯　邵敬敏　1997《上海方言"辣、辣辣、辣海"的比较研究》，《方言》，1997（2）。

徐明轩　朴炯春 1997《威海方言志》，汉城：韩国学古房。

徐通锵　1991《历史语言学》，北京：商务印书馆。

许宝华　1984《论入声》，载于中国音韵学研究会编《音韵学研究》第一辑，北京：中华书局。

——— 汤珍珠 1988《上海市区方言志》，上海：上海教育出版社。

——— 宫田一郎 1999《汉语方言大词典》，北京：中华书局。

杨福绵 1995《罗明坚、利玛窦〈葡汉辞典〉所记录的明代官话》，《中国语言学报》第5期，商务印书馆，1995。

杨耐思 1957《谈〈西儒耳目资〉》，《中国语文》，1957（4）。

——— 1981《中原音韵研究》，北京：中国社会科学出版社。

——— 曹广顺 1991《近代汉语研究讲座》，承德教育学院学报，1991（2～4）。

——— 曹广顺 1992《近代汉语研究讲座》，承德教育学院学报，1992（1～4）。

杨秋泽 1990《利津方言志》，北京：语文出版社。

殷焕先 1995《山东省志·方言志》，济南：山东人民出版社。

于克仁 1992《平度方言志》，北京：语文出版社。

俞 敏 1987《驻防旗人和方言的儿化韵》，《中国语文》，1987（5）。

俞光中 1986《〈水浒全传〉句末的“在这（那）里”考》，《中国语文》，1986（1）。

虞万里 1988《文献中的山东古方音》，《古汉语研究》，1988（1）。

袁家骅 2001《汉语方言概要》第二版，北京：语文出版社。

曾晓渝 1991《论〈西儒耳目资〉的语音基础及明代官话的标准音》，《西南师范大学学报》1991（1）。

扎多延科 1958《汉语弱读音节和轻声的实验研究》，《中国语文》，1958（12）。

张成材 1958《商县方言动词完成体的内部曲折》，《中国语文》，1958（6）。

张鹤泉 1995《聊城方言志》，北京：语文出版社。

张鸿魁 1987《〈金瓶梅〉的方音特点》，《中国语文》，1987（2）。

——— 2001《〈万韵书〉述略》，《中国语文》，2001（6）。

——— 2005《明清山东韵书研究》，济南：齐鲁书社。

张树铮 1995《寿光方言志》，北京：语文出版社。

——— 1996《山东寿光北部方言的儿化》，《方言》，1996（4）。

——— 1999《方言历史探索》，呼和浩特：内蒙古人民出版社。

——— 2005《清代山东方言语音研究》，济南：山东大学出版社。

——— 2007《山东方言语音特征的扩散方向和历史层次》，《山东大学学报》，2007（5）。

张廷兴 1999《沂水方言志》，北京：语文出版社。

张卫东 1991《论〈西儒耳目资〉的记音性质》，载于《王力先生九十诞辰纪念文集》，济南：山东教育出版社。

张祥晋 1936《七音谱》，松石堂。

张亚军 2002《副词与限定描状功能》，合肥：安徽教育出版社。

张谊生 2004《现代汉语副词探索》，上海：学林出版社。

张玉来 1995《韵略汇通音系研究》，济南：山东教育出版社。

——— 1999《韵略易通研究》，天津：天津古籍出版社。

张志静 丁振芳 1992《曲阜方言志》，《山东史志丛刊》增刊。

张志毅 张庆云 2005《词汇语义学》（修订本），北京：商务印书馆。

章黎平 2001《广韵止摄字在胶辽官话中的演变》，山东师范大学硕士论文。

赵光智 2002《山东安丘方言的儿化现象》，《潍坊学院学报》，2002（1）。

赵清治 1998《长葛方言的动词变韵》，《方言》，1998（1）。

赵日新 沈 明 扈长举 1990《即墨方言志》，北京：语文出版社。

赵学玲 2003《山东方言入声调研究》，山东大学硕士论文。

赵元任 丁声树 1948《湖北方言调查报告》，北京：商务印书馆。

郑张尚芳 1979《温州方言的儿尾》，《方言》1979（3）。

——— 1980《温州方言儿尾词的语音变化（一）》，《方言》，1980（4）。

——— 1981《温州方言儿尾词的语音变化（二）》，《方言》，1981（1）。

中国社会科学院和澳大利亚人文科学院合编 1987《中国语言地图集》，香港：（香港）朗文出版（远东）有限公司。

周 贻 1986《周贻小说戏曲论集》，沈燮元编，济南：齐鲁书社。

周赛红 2005《湘方言音韵比较研究》，湖南大学博士论文。

周祖谟 1966《问学集》，2004年第3次印刷，北京：中华书局。

朱晓农 2004《亲密与高调——对小称调、女国音、美眉等语言现象的生物学解释》，《当代语言学》，2004（3）。

竺家宁 2005《中古汉语的“儿”后缀》，《中国语文》，2005（4）。

邹平县长山镇地方史志编纂委员会办公室 1988《长山镇志》（征求意见稿）。

三、英文论著

William o’Grady and John Archibald.2000.Contemporary Linguistic Analysis An Introduction.Fourth Edition.Canada，Mass：Pearson Education Canada Inc.（威廉·欧瑞德、约翰·阿芬德 2000《当代语言学入门》（第四版），加拿大，加拿大皮尔逊教育有限公司。）

John Clark and Colin Yallop 2000.An Introduction to Phonetics and Phonology.Second Edition.（约翰·克拉克、考因·亚勒著 2000《语音学与音系学入门》（第二版），史宝辉导读，北京：外语教学与研究出版社。）

后 记

这本书稿是在博士论文的基础上写成的。从博士毕业到现在，倏忽已过三年。回想三年的读博历程，感慨良多，但更多的是感激。

首先要感谢导师黄笑山先生。每次把小论文交给老师后，他总会不厌其烦地指导我们修改，而且总没有满意的时候。毕业论文数易其稿，老师看得更是仔细，大到论文框架，小到文章标点，都一一审定。长期的过量工作已经损害了他的健康，可他仍旧无怨无悔，默默奉献。每当看到老师疲惫的面容，我的内心就充满了惭愧和感激。惭愧的是为什么自己不写得好一些，这样可以减少他的工作量；感激的是每当我们需要老师指导的时候，他都会不遗余力地帮助我们。不管是治学方面还是为人方面，他都是我们的楷模。

三年求学期间，有幸得到方一新、王云路、张涌泉、颜洽茂、陈忠敏、姚永铭、陈东辉等诸位先生的教诲，他们展示给学生的，不只是深厚的学术造诣，更有严谨踏实的治学态度和敦厚淳良的品质。王云路先生的课尤使我获益良多。她让我们把自己论文拿到课堂上讨论，然后一一点评优点和不足，提出改进的建议，本论文的一部分就曾在课上讨论过，王先生的指导使我的论文质量大大提高，非常感谢王先生！

同时还要感谢鲁国尧先生、李开先生、刘晓南先生，我曾用半年时间去南京大学聆听了诸位先生的授课，获益颇多。感谢丁邦新先生、费国华先生、朱晓农先生、罗福腾先生，他们耐心解答我的问题，使我避免了很多谬误。我的硕士导师陈克守先生帮我看了文章初稿，提出了一些中肯的意见，在此一并致以诚挚的谢意！

在搜集资料阶段，我得到了张鸿魁先生、钱曾怡先生、张树铮先生的无私帮助。张鸿魁先生慷慨地把他苦心收集的《韵助略集》、《等韵便读》、《增补万韵新书》、《音律撮要》等山东方言韵书复印给我；钱曾怡先生耐心回答我的问题，听说我是莒县人后，还对我作了方言调查，并把《诸城方言志》、《莱州方言志》赠送与我；张树铮先生让我复印他的山东方言志丛书，把他的著作《寿光方言志》和参编著作《山东方言研究》赠送与我。他们以学术为天下公器的精神实在令人感动！

可以说，没有诸位先生的教诲和帮助，就没有论文的最后成稿。师恩难报万一，未来的日子里只有用努力工作来报答各位老师的培育之恩。

在调查阶段，我得到了长山诸位发音人的帮助。他们多次耐心配合我的方言调查而不要任何报酬，使我获得了长山话的第一手材料；他们丰富生动的言语使我如沐春风，丝毫感觉不到时间的流逝。

本文涉及好几个数据库，数据处理如用传统方法费时费力还容易出错，师弟金少华帮助我设计程序，匹配数据，使我的工作效率大大提高，他对本文的贡献自不待言。在论文写作阶段，还得到了王月婷、宫钦第、周傲生、赵庸、辛彩凤、田奉良等诸位师兄弟姐妹的鼓励和支持，让我感受到无限的温暖。

感谢我的父母及公婆，在我们夫妇两人异地读博的三年中，他们负起了照顾女儿的重担，是他们浓浓的爱弥补了女儿远离父母的缺失，使她健康活泼地成长。感谢爱人李仕春，在我为写不出好文章而抱怨时，他会默默倾听并帮我分析原因。在寒暑假里，他主动干家务照顾孩子，让我有充足的时间学习。

由于水平有限，资质驽钝，缺点错误肯定不少，乞请各位专家学者指正！